张宇亭　安晓宇　刘正滨　等　编著

土工离心模拟试验技术在水运工程中的应用

Application of Geotechnical Centrifuge Simulation Test Technology in Water Transport Engineering

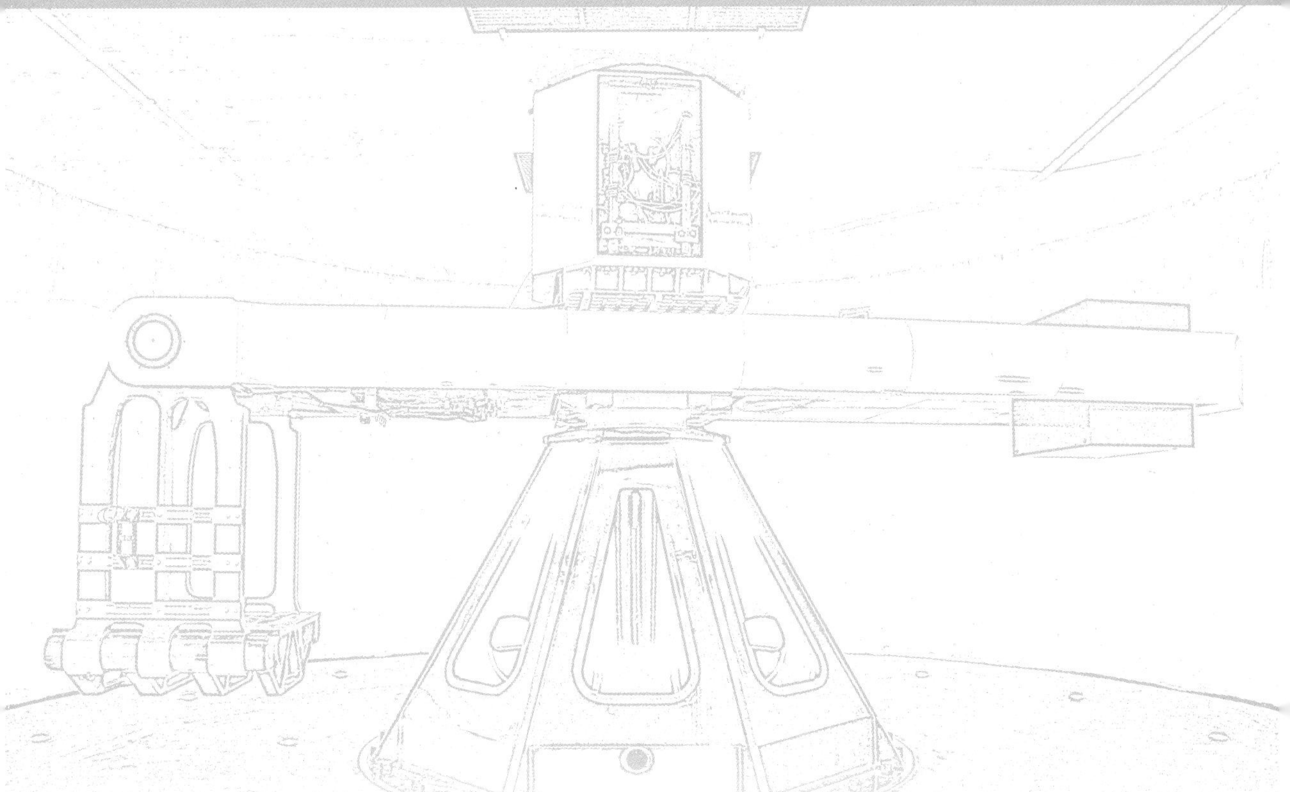

人民交通出版社股份有限公司

北京

内 容 提 要

本书简要介绍了土工离心模拟试验技术的发展历史、试验原理、设备组成和模拟试验技术，重点介绍了交通运输部天津水运工程科学研究院 TK-C500 型土工离心机在岩土工程和水运工程交叉学科领域中的应用研究成果。

本书可供岩土工程专业试验研究、工程设计和施工的工程技术人员使用。

图书在版编目(CIP)数据

土工离心模拟试验技术在水运工程中的应用 / 张宇亭等编著. — 北京 : 人民交通出版社股份有限公司, 2021.7

ISBN 978-7-114-17007-2

Ⅰ. ①土… Ⅱ. ①张… Ⅲ. ①离心模型—土工试验—应用—水路运输—研究 Ⅳ. ①U6

中国版本图书馆 CIP 数据核字(2021)第 015108 号

Tugong Lixin Moni Shiyan Jishu zai Shuiyun Gongchengzhong de Yingyong

书　　名：土工离心模拟试验技术在水运工程中的应用
著 作 者：张宇亭　安晓宇　刘正滨　等
责任编辑：潘艳霞
责任校对：孙国靖　魏佳宁
责任印制：张　凯
出版发行：人民交通出版社股份有限公司
地　　址：(100011)北京市朝阳区安定门外外馆斜街 3 号
网　　址：http://www.ccpcl.com.cn
销售电话：(010)59757973
总 经 销：人民交通出版社股份有限公司发行部
经　　销：各地新华书店
印　　刷：北京交通印务有限公司
开　　本：787 × 1092　1/16
印　　张：9.75
字　　数：219 千
版　　次：2021 年 7 月　第 1 版
印　　次：2021 年 7 月　第 1 次印刷
书　　号：ISBN 978-7-114-17007-2
定　　价：60.00 元
(有印刷、装订质量问题的图书由本公司负责调换)

交通运输行业高层次人才培养项目著作书系
编审委员会

本书编写委员会

主　　编：张宇亭　安晓宇　刘正滨

副 主 编：纪文栋　刘晓强　刘兆磊

编写组成员：裴文斌　冯伟伟　邢东亮
刘广波　杨立功　左殿军
曹　杰　张小涛　曲树盛
戴启权　李建东　孟　毅
王　欢　边天奇　元光宗
晋亚斐　赵　跃

书系前言

Preface of Series

进入21世纪以来，党中央、国务院高度重视人才工作，提出人才资源是第一资源的战略思想，先后两次召开全国人才工作会议，围绕人才强国战略实施做出一系列重大决策部署。党的十八大着眼于全面建成小康社会的奋斗目标，提出要进一步深入实践人才强国战略，加快推动我国由人才大国迈向人才强国，将人才工作作为"全面提高党的建设科学化水平"八项任务之一。十八届三中全会强调指出，全面深化改革，需要有力的组织保证和人才支撑。要建立集聚人才体制机制，择天下英才而用之。这些都充分体现了党中央、国务院对人才工作的高度重视，为人才成长发展进一步营造出良好的政策和舆论环境，极大激发了人才干事创业的积极性。

国以才立，业以才兴。面对风云变幻的国际形势，综合国力竞争日趋激烈，我国在全面建成社会主义小康社会的历史进程中机遇和挑战并存，人才作为第一资源的特征和作用日益凸显。只有深入实施人才强国战略，确立国家人才竞争优势，充分发挥人才对国民经济和社会发展的重要支撑作用，才能在国际形势、国内条件深刻变化中赢得主动、赢得优势、赢得未来。

近年来，交通运输行业深入贯彻落实人才强交战略，围绕建设综合交通、智慧交通、绿色交通、平安交通的战略部署和中心任务，加大人才发展体制机制改革与政策创新力度，行业人才工作不断取得新进展，逐步形成了一支专业结构日趋合理、整体素质基本适应的人才队伍，为交通运输事业全面、协调、可持续发展提供了有力的人才保障与智力支持。

"交通青年科技英才"是交通运输行业优秀青年科技人才的代表群体，培养选拔"交通青年科技英才"是交通运输行业实施人才强交战略的"品牌工程"之一，1999年至今已培养选拔282人。他们活跃在科研、生产、教学一线，奋发有为、锐意进取，取得了突出业绩，创造了显著效益，形成了一系列较高水平的科研成果。为加大行业高层次人才培养力度，"十二五"期间，交通运输部设立人才培养专项经费，重点资助包含"交通青年科技英才"在内的高层次人才。

人民交通出版社以服务交通运输行业改革创新、促进交通科技成果推广应用、支持交通行业高端人才发展为目的，配合人才强交战略设立“交通运输行业高层次人才培养项目著作书系”（以下简称“著作书系”）。该书系面向包括“交通青年科技英才”在内的交通运输行业高层次人才，旨在为行业人才培养搭建一个学术交流、成果展示和技术积累的平台，是推动加强交通运输人才队伍建设的重要载体，在推动科技创新、技术交流、加强高层次人才培养力度等方面均将起到积极作用。凡在“交通青年科技英才培养项目”和“交通运输部新世纪十百千人才培养项目”申请中获得资助的出版项目，均可列入“著作书系”。对于虽然未列入培养项目，但同样能代表行业水平的著作，经申请、评审后，也可酌情纳入“著作书系”。

高层次人才是创新驱动的核心要素，创新驱动是推动科学发展的不懈动力。希望“著作书系”能够充分发挥服务行业、服务社会、服务国家的积极作用，助力科技创新步伐，促进行业高层次人才特别是中青年人才健康快速成长，为建设综合交通、智慧交通、绿色交通、平安交通做出不懈努力和突出贡献。

交通运输行业高层次人才培养项目
著作书系编审委员会
2014 年 3 月

作者简介

Author Introduction

张宇亭，博士，高级工程师，访问学者，交通运输部天津水运工程科学研究院岩土工程研究中心副主任，国际土力学及岩土工程学会会员，中国土木工程学会港口工程分会理事，天科院青年首席专家，中国水运建设行业协会专家库专家，天津市科技专家库专家，2018年被聘为河海大学研究生导师。

主要从事港口与海洋岩土工程专业方向的研究工作，针对沿海地区的软土地基变形机理和加固处理技术开展了深入的研究，提出了一套依托离心模型试验的系统的研究方法。发表高水平学术论文二十多篇，出版专著三部，授权专利技术十多项，获得省部级科技进步奖二等奖三项，三等奖一项。

前　言

Foreword

土工离心模拟试验技术是研究水运工程中岩土工程问题的重要手段，具有应力应变相同、变形相似、破坏机理相同的特点，可以准确地反映结构受力状态、岩土性状以及土与结构相互作用等，在以自重为主要荷载的岩土工程研究中占有独特的地位。

我国土工离心模拟试验技术的发展始于19世纪80年代，1982年朱维新等人完成的厦门港铁路堤岸坡稳定试验，1984年南京水利科学研究院完成的国家“七五”科技攻关项目“西北口面板堆石坝关键技术研究”。进入21世纪，我国在土工离心机和离心模型试验研究领域取得了长足的发展，目前我国拥有土工离心机的数量达20余台，南京水利科学研究院、中国水利水电科学研究院、浙江大学、香港科技大学等拥有400～450g·t离心机，这些离心机为我国水运工程建设提供了强大的设备支持。在最近的二三十年里，离心模型试验在土工结构机理和规划设计参数研究、设计方案优化比选、数学模型验证等方面得到了广泛的应用。

本书简要介绍了土工离心模拟试验技术的发展历史、试验原理、设备组成和模拟试验技术，同时针对在水运工程试验研究中遇到的几个经典案例进行了详细的介绍和分析。既突出了理论性和先进性，又系统地总结了土工离心模拟试验技术解决水运工程岩土技术难题的成果。本书工程实例的撰写得到了山东港口集团和交通运输部公路科学研究院的大力支持。另外，由于作者学识有限，错误在所难免，书中如有谬误之处，还请各位读者朋友不吝指正。

作　者

2020年12月

目　录

Contents

第1章　土工模型试验技术

1.1　概论

土工离心模型试验技术是近二三十年迅速发展起来的一项崭新的土工物理模型技术，通过施加在模型上的离心惯性力使模型的重度变大，从而使模型的应力与原型一致，这样就可以用模型反映、表示原型。离心模型是各类物理模型中相似性最好的模型。我国岩土力学研究的开拓者黄文熙先生称，“离心模型是土工模型试验技术发展的里程碑”。离心模型方法在国内外受到广泛的重视，模型试验技术也有了飞速的发展与进步，试验的研究内容已涉及了几乎所有的岩土工程研究领域，它在岩土工程、岩土力学研究中的作用与意义重大。主要表现为以下几个方面：

(1)新现象研究。研究自然现象与复杂工程结构物的工作机理和破坏机理，为建立解释这些复杂现象的理论提供定性依据。

(2)模拟原型。研究实际工程问题，比选验证优化设计方案，了解工程运行状况，预测未来的运行安全性与可靠性。

(3)参数研究。针对某些理论和工程设计中的关键技术参数，用离心模型可以提供非常有用的数据资料，解决工程技术难题。

(4)验证新理论和新方法。用模型试验的结果验证理论与计算方法，检验数学模型。

到目前为止，许多复杂的岩土工程问题，如桩土相互作用问题、地基—结构—波浪相互作用问题、非线性破坏过程、地震反应问题等，运用计算机数值计算仍有不少困难，而利用模型试验却可以得到直观、清晰的结果。

1.2　我国离心模拟技术的发展

早在20世纪50年代，我国就曾考虑将离心模拟应用到结构工程方面的研究，但国内首次离心模型试验是1982年由南京水利科学研究院的朱维新等人完成的厦门港铁路堤岸坡稳定试验。我国早期的一些离心模型试验基本都是借助用于结构研究的光弹离心机，如华东水利学院25g·t光弹离心机、南京水利科学研究院20g·t光弹离心机、长江科学院300 g·t光弹和土工两用离心机。当时，国内缺乏专用土工离心机，20世纪80年代的很多试验都是通过改造光弹离心机而完成的。1984年，长江科学院对其300g·t光弹离心机进行了改造，加工制造了专门用于土工试验的吊斗和测试设备，使其能够适应土工模型试验的需要。此后，陆续进行了一些改造，至20世纪80年代中期，配备了一套完整的控制与量测设备，包括：主机控制设备、光学及录像系统、数据采集系统、液压滑环与传输系统。

我国离心机建设情况见表1.2-1。

我国离心机建设情况　　表 1.2-1

使用单位	有效半径(m)	加速度(g)	有效负载(kg)	容量(g·t)	建成时间(年)
成都理工大学	5.0	250	2000	500	2010
天津水运工程科学研究院	5.0	250	2000	500	2017
大连理工大学	0.7	600	750	450	2009
中国水利水电科学研究院	5.03	300	1500	450	1991
南京水利科学研究院	5.5	200	2000	400	1992
香港科技大学	4.2	150	4000	400	2001
浙江大学	4.5	150	2700	400	2010
地震局工程力学所	5.5	100	3000	300	2012
长江科学院	3.7	200	1000	200	2010
同济大学	3.0	200	750	150	2007
长沙理工大学	3.5	200	750	150	2007
西南交通大学	2.7	200	500	100	2002
天津大学	2.7	200	1000	100	2020
长安大学	2.7	200	300	60	2004
重庆交通大学	2.7	200	300	60	2006
南京水利科学研究院	2.7	200	600	60	2011
南京水利科学研究院	2.0	250	200	50	1989
清华大学	2.0	250	200	50	1992
四川大学	2.0	250	100	25	1990

从 20 世纪 80 年代后期开始，国内兴起了建设土工离心机的高潮。第一台土工专用离心机是南京水利科学研究院的 NS-89 型 50g·t 离心机。该设备于 1984 年开始筹备，1987 年 10 月开始建设，1989 年 9 月完成了安装调试，建设的主要目的是为了完成国家“七五”科技攻关项目“西北口面板堆石坝关键技术研究”。该机容量为 50g·t，最大离心加速度 200g，最大负载为 250kg，有效转动半径为 2.0m。该机采用一台 55kW 的电机驱动，配备了 40 通道的电力与信号滑环，以及 3 通道的液压滑环，速度控制从 30g ~ 200g 实现无级调速。该机配备了当时较为先进的数据采集系统和高速摄影系统。

1986 年，由水利部立项，开始建设中国水利水电科学研究院 450g·t 大型土工离心机，并由航空航天部 511 研究所设计。该机设计加速度为 300g，最大负载为 1.5t，有效半径为 5m，容量为 450g·t。该机于 1991 年 3 月调试完成。利用该设备，相关科研人员完成了许多重要的工程项目研究，如小浪底水库斜心墙堆石坝、天生桥一级面板堆石坝、山峡围堰等 20 多项离心模型试验。

1987 年，水利部和交通部共同立项，开始建设南京水利科学研究院 400g·t 大型土工离心机，并由航空航天部 602 研究所负责设计。该机设计加速度为 200g，最大负载为 2t，有效半径为 5.5m，容量为 400g·t。该机于 1992 年底调试完成，最大的特点是配备了动态平衡系统，用于离心模型试验过程中控制不平衡力。迄今为止，该机仍是亚洲有效半径最大的离心机。为了探索大型离心机的各项性能指标，为设计优化服务，在建设该台 400g·t 大型土工离心机之前，建设了一台 5g·t 小型离心机，该机最大加速度为 500g，最大负载为 10kg，容量为 5 g·t，相当于 400g·t 离心机的模型机。利用该设备，相关科研人员完成了许多重要的科研项目，如港口码头工程、防波堤工程、土石坝溃决等。

20 世纪 80～90 年代，除了以上介绍的两台大型土工离心机外，我国还建设了一些中小型土工离心机、如清华大学 50g·t 土工离心机、成都科技大学 25g·t 土工离心机、上海铁道学院 20g·t 离心机。

进入 21 世纪，国内土工离心机的建设迅猛发展，相继建成多台大型设备，如大连理工大学 450g·t 鼓形土工离心机、交通运输部天津水运工程科学研究院和成都理工大学 500g·t 土工离心机、浙江大学和香港科技大学 400g·t 土工离心机等，这些设备的研发有力推动了我国土工离心模拟技术的发展。

1.3　我国港口工程离心模拟技术的发展

我国离心模拟技术在港口工程中的应用可以追溯到 20 世纪 80 年代初，早期的试验主要是围绕一些具体的工程问题开展机理性研究。由于当时超重力条件下的量测手段和模拟技术比较落后，大多数物理量的测试只能做到定性。1983 年，广东深圳蛇口工业区五湾码头建成后发生较大的水平及垂直位移，重力式岸墙基础外移，造成码头坍塌，破坏范围达 48m。为了从该起事故中取得经验教训，并为工程修复提供依据，事故发生后南京水利科学研究院朱维新、易进栋等人利用改造的光弹离心机对坍塌段进行了两组离心模型试验研究，发现码头坍塌的原因是码头地基本身不稳定乃至发生深层滑动所致。该试验开启了我国离心模拟技术在港口工程中应用的先河。

1985 年，涂敏强利用南京水利科学研究院 30g·t 光弹离心机完成了国内该领域第一篇硕士毕业论文《用离心模型试验方法研究软黏土的固结变形》。文中为了研究软黏土的固结，分别进行了均布荷载及条形荷载两种试验，采用差动变压式位移传感器（LVDT）和应变式孔隙水压力传感器，测量了软黏土的固结变形和土体中孔隙水压力，并用太沙基的单向固结理论、传统的分层总和法和剑桥模型、弹性模型分别对地基的固结进行了计算。1990 年，蔡正银利用南京水利科学研究院 5g·t 土工离心机完成了硕士毕业论文《自重应力作用下饱和软粘土的变形特性研究》。

1991 年，魏汝龙、杨守华等人利用南京水利科学研究院 50g·t 土工离心机进行了湛江港一区南码头二期工程离心模型试验，这是国内最早进行的高桩梁板式码头离心模型试验。针对设计提出的顺岸码头方案和突堤码头方案 8 组离心模型试验，对设计方案进行了优化。试验过程中实测了桩身应变、码头面板沉降及水平位移、土体变形等。为了模拟码头堆场荷载的施加过程，开发了通过电磁阀往矩形紫铜盒注水的装置。

1995 年，蔡正银、章为民等人利用南京水利科学研究院 50g·t 土工离心机，针对天津港北大防波堤新建工程提出的框格防波堤新结构开展了 7 组离心模型试验研究，实测了堤体沉降、侧向位移、基底土压力、地基中的孔隙水压力等。通过试验优化了设计方案，提出了加筋土工布的模拟方法。

1999 年，徐光明、赖钟忠等人利用南京水利科学研究院 50g·t 土工离心机进行了国家重点科技计划项目“深水枢纽港建设关键技术及示范工程”专题——示范工程大圆筒结构码头离心模型试验。无底混凝土大圆筒码头结构是有底沉箱结构形式的一种延伸，由于它可以直接沉入水中，因此能满足深水地基中存在软土等不利条件下的建港需要。试验共进行了9 组，分别模拟了各种条件下大圆桶码头在港池开挖和设计荷载组合作用两种工况下的稳定和变形性状。

离心模拟技术在港口工程中真正的推广应用始于 21 世纪初，在我国深水板桩码头新结构开发、桶式基础防波堤建设过程中发挥了重要作用。2001 年，为了将京唐港 14 号、15 号板桩码头泊位从 2 万吨级改造成 5 万吨级，中交第一航务工程勘察设计院有限公司设计了一种半遮帘式板桩码头新结构。对于这一新的设计，涉及的主要关键技术问题是码头结构和地基土的相互作用，归结为遮帘式板桩结构的挡土机理，而设计上缺乏规范。为了对设计方案进行论证，蔡正银、李景林等人先后进行了 3 组离心模型试验，并与数值分析进行了对比。在模型试验过程中，采用微型传感器测量了码头前墙锚碇点位移、锚杆拉力、前墙和遮帘桩上的土压力、前墙和遮帘桩的弯矩等物理量。通过研究，充分论证了该种码头结构的整体稳定性，得到了码头的变形和受力情况，为结构的设计奠定了坚实的基础。

2003 年，国内第一个 10 万吨级全遮帘式深水板桩码头新结构诞生，蔡正银、李景林等人针对设计方案开展了 6 组离心模型试验，论证了码头前墙的厚度、遮帘桩的尺寸、遮帘桩与前墙的间距等对遮帘式板桩结构受力和变形特性的影响，并通过试验提出了码头结构的优化思路，推荐了最佳的码头结构设计方案。2004 年 7 月，根据推荐方案设计的京唐港 32 号泊位开始施工，2015 年 1 月 9 日通过了工程验收，该码头泊位的建设标志着我国在深水板桩码头研究领域的重大突破。为了提高试验的量测水平，开发了拉杆拉力传感器和微型土压力传感器，大大提高了测试精度。此后，10 万吨级遮帘式板桩码头离心模型试验继续开展，包括曹妃甸 10 万吨级通用散货泊位板桩方案离心模型试验、曹妃甸煤码头起步工程——钢板桩方案离心模型试验。

2003 年，刘守华、蔡正银等人进行了上海国际航运中心洋山深水港区一期工程地基处理大型离心模型试验研究。他们共进行了三组试验，分别模拟了洋山港抛砂和吹砂的陆域形成过程，以及吹填砂土的压缩量、不同深度的压实度、承载力变化等，为洋山港后期地基处理方案的确定提供了技术支撑。

2003 年，李景林、王剑平等人开展了营口港鲅鱼圈港区 S04 ~ S06 泊位工程码头稳定离心模型试验研究。该码头设计为重力式深水方块码头，共进行了 6 个设计方案的离心模型试验，研究了各工况下码头前沿水平变位、垂直变位和后方地面沉降、码头方块侧向土压力分布、基床顶底面的压力分布等，推荐了最优的设计方案。

2005 年，国内第一个 10 万吨级分离卸荷式深水板桩码头新结构诞生。徐光明、蔡正银等人针对该种码头新结构的特点，开展了 20 多组离心模型试验研究，研究揭示了该种码头结构的卸荷机理与土压力作用规律。利用新结构建成的京唐港 18 号、19 号泊位卸荷式地连墙板桩码头 2006 年建成投产运行。

2012 年，国家 863 计划“20 万吨级深水板桩码头关键技术研究”正式立项。该研究提出了一种带肋板的分离卸荷式板桩码头方案，这是国内外目前最大吨位的深水板桩码头。为了研究该种码头结构的受力与变形特性，科研人员进行了大量的离心模型试验研究。

2013年,连云港徐圩港区拟在深厚软土地基上建设深水防波堤,针对缺乏建筑材料和绿色港口建设的需要,设计单位中交第一航务工程勘察设计院有限公司设计了一种全新的桶式基础防波堤。为了研究该种新结构在波浪荷载作用下的稳定性,以及桶体下沉和单侧回填条件下桶体的变形与受力特性,蔡正银、徐光明等人先后开展了模拟桶体下沉过程、拟静力法波浪荷载模拟、非接触式波浪荷载模拟、桶体单侧回填模拟等离心模型试验。通过试验得到了桶体单侧回填过程中的侧壁摩阻力和摩擦系数、桶体在波浪荷载作用下的稳定性和受力变形特性、单侧回填条件下桶体的受力与变形特性等,并对回填方案进行了论证,提出了新的优化方案。离心模型试验为该种新结构的设计优化提供了强有力的技术支撑。

2016年,交通运输部建设科技项目"在役高桩码头结构整体安全性评估技术"正式立项。该项目针对长时间运行的老旧码头,这些码头已接近或达到设计使用年限,整体或局部已有损伤,这些损伤给码头结构带来的缺陷,尤其是承重构件的缺陷,将影响码头的安全运行。为了研究天津港某泊位前承台缺陷桩的承载性能,从而评估码头整体安全性,张宇亭、安晓宇等人开展试验,模拟在船舶系缆力作用下,带缺陷桩的前承台承载特性及整体稳定性,得到了桩身应变、前承台整体位移、桩身弯矩、结构位移等码头变形特性,揭示了码头结构失稳模式及地基土破坏形态,为老旧码头的安全性评估提供了技术支撑。

2017年,北京交通大学973课题"高水压越江海长大盾构隧道工程安全的基础研究"以琼州海峡隧道可行性方案论证为背景,研究了高水压条件下隧道开挖面支护压力大小以及隧道开挖面前方土体破坏形式。张宇亭、安晓宇等人开发出一套在离心场下水力加压系统,采用专用压力容器结合水力增压泵进行模拟,通过离心机模拟环境加速度,最大可模拟2.0MPa水压。试验观测了100~200m水压力条件下,隧道开挖面土压力分布和泥膜形成等情况,用于验证深水区地下盾构施工方案以及隧道开挖面上覆土层厚度等参数。

2018年,在深圳妈湾跨海通道工程的可行性研究中,针对跨海盾构隧道合理覆土厚度、航道开挖卸载与岸壁构筑加载作用对隧道结构受力与变形的影响等问题,张宇亭、安晓宇等人开发出一套在离心场下航道开挖试验装置,模拟了航道开挖的施工过程。试验得出航道开挖施工引起隧道的受力变形特性,为设计方案优化提供了有力的技术支撑。

2019年,常州至泰兴跨长江大桥进入施工图设计阶段,作为当时世界上单跨(1176m)最大的斜拉索桥,沉井基础的稳定性至关重要,为论证上部桥梁荷载长期作用下沉井基础的沉降及稳定性。张宇亭、安晓宇等人开展了一系列试验,得到了分级荷载作用下沉井基础的沉降量,以及长期荷载作用下基础的稳定性。为设计方案的验证提供了准确的数据,为工程的顺利开工提供了技术保障。

为了改进和完善现行的斜拉板桩码头设计计算方法,全面掌握影响斜拉板桩结构工作性状的各种因素和作用规律,2007年徐光明、蔡正银等人开展了斜拉板桩码头结构力学特性离心模拟试验。

2020年,在总结港口工程离心模型试验技术的基础上,南京水利科学研究院、中国水利水电科学研究院、交通运输部天津水运工程科学研究院、浙江大学、清华大学等单位组织力量,修编了我国第一本水运行业离心模型试验标准《港口工程离心模型试验技术规程》,奠定了离心模拟技术在港口工程中的地位。

1.4 港口工程离心模拟新技术

1.4.1 地基模型制备技术

相关单位研发了用于离心模型试验大中型平面应变试验模型箱的黏土地基土层固结仪及土层模拟技术，相比于利用离心机高速旋转提供的超重力场环境固结土样，能较好地模拟黏土地基的固结过程，显著提升黏土地基土样制备质量，实现港口工程离心模型试验地基土层的准确模拟。根据刚度相似原理，提出采用铝合金替代港工结构钢筋混凝土材料，实现港工结构物的精细化模拟。

在港工结构物离心模拟试验中，模型地基土层的模拟质量直接决定着离心模型试验结果的质量，选用合适模型地基制备材料，采取恰当制备技术和控制好关键的技术指标极其重要。按照土工离心模型相似准则，只有当模型地基土层所有的物理力学性质与原型地基土层对应的指标完全相同时，模型所表现出的性状才能完全代表原型。由于土的物理力学性质的复杂性，要满足模型地基土层与原型地基土层所有的物理力学性质指标完全相同这一要求目前尚难做到，但针对不同的研究对象，可以实现模型与原型的关键地基土层的主要物理力学性质指标一致或接近。对于土体强度控制的模型试验，应将地基土层的强度作为模型制备时主要控制指标；对于研究结构物变形性状的离心模型试验，在地基土层制备时，控制其变形指标满足相似要求。为使模型地基土层主要物理力学性质指标与原型土层对应的指标一致或接近，应根据不同类型的地基土层，考虑其材料的选取、制备方法和程序。

地基土层的模拟技术特点为：

(1)黏土层制备时采用大尺寸平面应变型模型土样固结仪(图1.4-1)在地面预压固结，可较快地达到所要求的强度控制指标，且地基土强度均匀。

(2)地基中的砂土层制备时采用分层夯实法或者砂雨法(图1.4-2)。分层夯实法相对简单，将砂土层细分成几个分层，每个分层厚度不超过5cm，计算好每个分层所需土体质量，用击实锤均匀击实到所要求的厚度。砂雨法采用干密度控制，即保持某一固定落高，将砂土试样均匀散落至模型箱内，所需落高大小是根据所需的密度，并通过砂土层密度与落高的关系曲线确定。

图1.4-1 大尺寸平面应变模型土样固结仪

图1.4-2 砂雨法撒砂

(3)人工填筑土层制备时采用分层夯实法。配料时,按照制备含水率和所需干密度计算加水量和土料用量,混合拌匀密封,待土料含水率均匀后使用。制备时,将整个土层细分成几个分层,每个分层厚度不超过5cm,采用分层击实法制作(图1.4-3)。每个分层制作完成后,对层面进行刮毛处理(图1.4-4)。

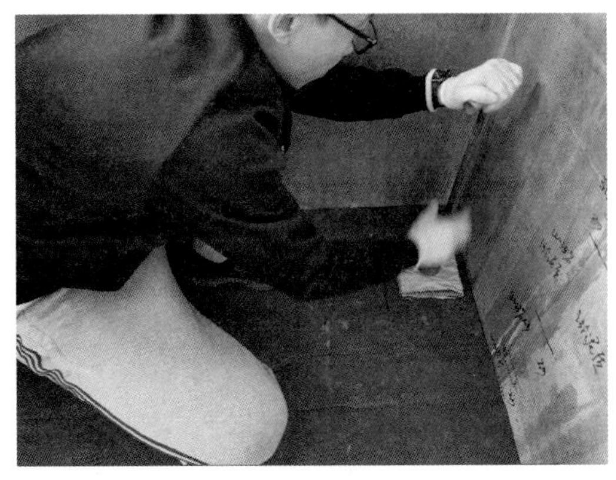

图1.4-3　分层击实土样

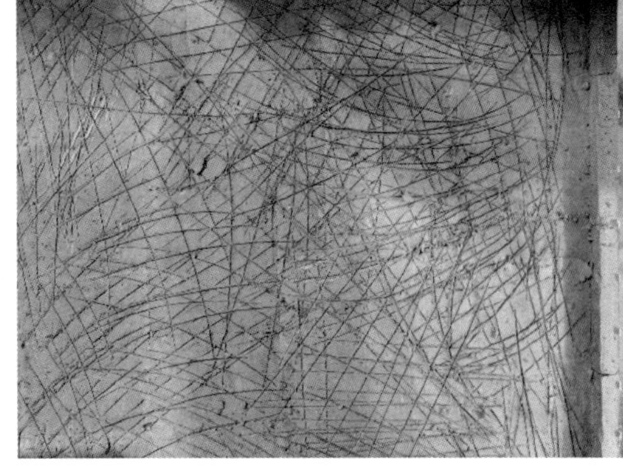

图1.4-4　表面刮毛

1.4.2　结构模型制造技术

涉及水运工程领域的结构类型多种多样,其所采用的材料也有多种,如金属材料、混凝土材料、有机材料(沥青、高分子等)及土工合成材料等,按结构的力学性质可分为抗压型结构、抗拉型结构、抗弯型结构、抗剪型结构及抗扭型结构。

土工离心模拟的基本原理是将原型材料按一定比尺制成模型并置于超重力场中,使模型应力状态与原型应力状态相似。因此,对于离心模型试验中结构模型的制作,除了考虑其自重体积力的相似性以外,还需要考虑其建筑功能,保证其力学性质的相似性。严格意义上来说,对于任意一个离心结构模型,其抗拉、压、弯、剪、扭的力学性质需同时满足与原型相似,但事实上,除了采用与原型相同材料的模型,采用替代材料进行模型制作时,这些力学性质的相似性难以同时满足。因此,对于替代材料,往往考虑其建筑功能满足主要力学性质的相似性。

当模型材料与原型材料相同时,ng 加速度下,结构外观尺寸、各截面尺寸缩小 n 倍后:

原型、模型材料的抗拉、压刚度

$$(EA)_{\mathrm{p}} = n^2 (EA)_{\mathrm{m}} \tag{1.4-1}$$

原型、模型材料的抗弯刚度

$$(EI)_{\mathrm{p}} = n^4 (EI)_{\mathrm{m}} \tag{1.4-2}$$

原型、模型材料的抗剪刚度

$$(GA)_{\mathrm{p}} = n^2 (GA)_{\mathrm{m}} \tag{1.4-3}$$

原型、模型材料的抗扭刚度

$$(GI_{\rho})_{\mathrm{p}} = n^4 (GI_{\rho})_{\mathrm{m}} \tag{1.4-4}$$

式(1.4-1) ~ 式(1.4-4)中,E 为弹性模型;G 为剪切模型;A 为截面面积;I 为截面惯性矩;I_{ρ}为极惯性矩。

当模型材料与原型材料相同时，模型材料的弹性模型、剪切模型与原型相同，截面面积与原型之间比尺为 $1:n^2$，惯性矩、极惯性矩与原型之间比尺为 $1:n^4$。

而多数情况下，模型材料难以与原型材料相同，如薄壁钢筋混凝土材料，当模型材料采用钢筋混凝土且模型比尺较大时，制作出来的钢筋混凝土模型截面尺寸很小，进行模型试验时很容易破碎，这时往往采用金属等韧性材料代替。还有加筋材料的模拟，由于加筋材料的缩尺及材料复合特性的限制，模型材料很难与原型材料完全一致，这时往往也只能抓主要因素，采用替代材料进行模拟。

(1)抗拉、压型结构模型设计。

抗拉、压型结构有抗拔、抗浮桩、普通抗压桩等各种桩基础及墩型基础等，这些基础典型的受力特点就是抗拉、抗压。当模型为实心模型时，由式(1.4-1)可得结构模型的截面外观尺寸为：

$$l_{m,p} = \frac{l_{p,p}}{n}\sqrt{\frac{E_p}{E_m}} \tag{1.4-5}$$

(2)抗弯型结构模型设计。

抗弯型结构有支护结构、水平荷载作用下的筒型基础、桩基础等，进行此类结构模型设计时，首先，将模型长度或高度缩小 n 倍，有：

$$l_{m,m} = \frac{l_{p,m}}{n}\sqrt[4]{\frac{E_p}{E_m}} \tag{1.4-6}$$

根据式(1.4-6)可计算模型截面外观尺寸。

当原型为薄壁抗弯结构时，可将原型的长度、高度同时缩小 n 倍，则模型的厚度为：

$$d_{m,m} = \frac{d_{p,m}}{n}\sqrt[3]{\frac{E_p}{E_m}} \tag{1.4-7}$$

式中，$d_{m,m}$、$d_{p,m}$分别为模型截面厚度、原型截面厚度。

由于按式(1.4-6)或式(1.4-7)进行模型设计后，模型厚度不满足几何相似关系，抗弯型结构模型试验中，如果需要研究结构表面的应力，需要对其进行修正。具体修正方法即将原型缩尺 n 倍得到参考模型尺寸，然后将实际模型表面上实测应力乘以实际模型与参考模型几何尺寸的比值：

$$\sigma_{m,r} = \frac{nd_{m,m}}{d_{p,m}}\sigma_{m,m} \tag{1.4-8}$$

式中，$\sigma_{m,m}$ 为用替代模型后测得的模型表面应力；$\sigma_{m,r}$ 为考虑几何缩尺修正成原型结构表面的实际应力。

(3)抗剪型结构模型设计。

在水运工程领域，纯粹的抗剪型结构相对较少，结构在抗剪的同时伴随着抗压或抗弯，如独立基础、变截面基础等。如果按抗剪刚度相似准则进行模型结构设计，则：

$$l_{m,q} = \frac{l_{p,q}}{n}\sqrt{\frac{G_p}{G_m}} \tag{1.4-9}$$

按抗拉、压设计的模型截面尺寸与按抗剪设计的模型截面尺寸比值为：

$$\frac{l_{m,p}}{l_{m,q}} = \sqrt{\frac{1+\mu_p}{1+\mu_m}} \tag{1.4-10}$$

式中：μ_p、μ_m 分别为原型、模型材料的泊松比，钢材泊松比 0.25 左右、铝合金泊松比 0.33左右、钢筋混凝土泊松比 0.17 左右。如果原型为钢筋混凝土材料，模型为铝合金材料，则 $l_{m,p}/l_{m,q}=0.94$，因此，按抗剪进行模型结构的设计与按抗拉、压进行模型结构的设计对模型本身的影响不是很大。

(4)结构与土体界面的相似关系设计。

离心模型试验中，多数情况下需要研究结构与土之间的相互作用，因此结构与土接触面的摩擦特点也是模拟的一个关键所在。如果采用原型材料进行结构离心模型的设计，则不需要考虑接触面的摩擦相似性，但采用替代材料进行结构模型的设计时，则需要考虑接触面的摩擦相似性。如采用铝合金材料代替钢筋混凝土材料进行离心模型设计，铝合金材料表面较为光滑，而混凝土材料表面较为粗糙，两种材料与土体之间的摩擦系数有较大差异。

两种材料之间的摩擦性虽然是材料的固有属性，但可以通过接触面上的力学行为表达，摩擦系数可表示为：

$$\alpha = \frac{T}{N} = \frac{\sigma_T}{\sigma_N} \tag{1.4-11}$$

式中，T、σ_T为接触面上的切向力与切向应力；N、σ_N 为接触面上的法向力与法向应力。

离心模型试验中，$(\sigma_T)_p = (\sigma_T)_m$、$(\sigma_N)_p = (\sigma_N)_m$，因此，当模型、原型与土体之间的摩擦相似时，需满足：

$$\alpha_p = \alpha_m \tag{1.4-12}$$

当采用替代材料进行离心模型试验时，难以满足式(1.4-12)，此时一般需要进行特殊处理结构模型表面，使得结构模型与土体之间的模型系数和原型相同。如针对铝合金模型与土体之间摩擦系数和原型之间不匹配的问题，在进行模型的制作过程中，可以在模型表面涂环氧树脂并粘上细砂，从而调整模型与土体之间的摩擦系数。

具体操作时，可先采用原型材料(结构、土体)进行系列摩擦试验，获得原型结构材料与土体材料之间的摩擦系数，然后通过调整结构模型表面粘砂量来调整结构模型与土体模型之间的摩擦系数，直至模型与原型接触面上的摩擦系数相等。

1.4.3 波浪模拟技术

波浪—结构—地基的耦合作用是水运工程研究中的一个重要方向，其中长江口的大圆筒防波堤、新型桶型基础稳定性等问题都是受到波浪—结构—地基的耦合作用影响。如果要研究地基—波浪耦合的问题，则需要在土工离心机中实现波浪环境的模拟，并解决波浪模拟中的波要素测量、超重力场下的消波技术以及波浪模型的相似准则和模型制模技术问题，从而系统地解决超重力场下波浪环境模拟技术问题。

在离心机波浪模拟试验装置若干年的发展过程中，相关科研人员先后研发了三种不同类型的波浪荷载模拟装置，即拟静力波浪荷载模拟装置、循环往复等效波浪荷载模拟装置和超重力造波机模拟装置。三种模拟方式试验难度依次递增，模拟效果愈来愈接近真实，可有效揭示波浪荷载、结构与地基之间的动力相互作用。主要技术性能包括：

(1)采用拟静力加载作动装置模拟波浪荷载，即将波浪力简化为静态水平力对结构的作用。该装置主要由荷载作动装置机构箱、荷重传感器和水平力作用端构成，如图 1.4-5 所示。以 1.2mm/min 等应变速率模拟施加水平力，100g 超重力条件下所模拟的最大原型波浪荷载合力可达 150MN。

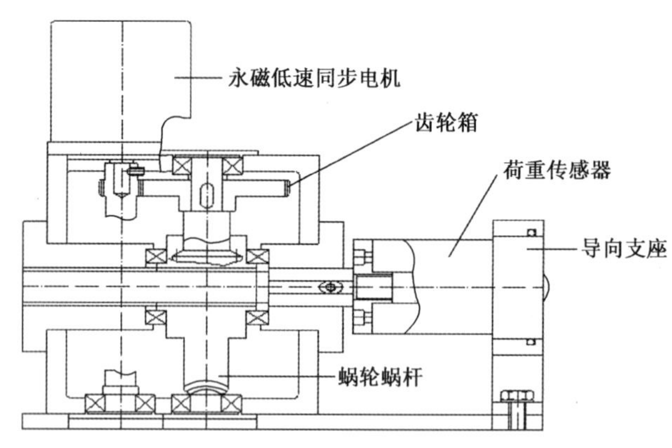

图 1.4-5 拟静力作动装置

(2)采用循环往复荷载作动装置，给承受波浪荷载作用的结构物施加循环往复荷载，循环荷载的峰值取值为波浪力的合力值，如图 1.4-6 所示。该装置是基于电磁激励器原理研制开发的一套非接触式循环波浪荷载模拟器系统，通过循环波浪荷载模拟器两侧电磁激励器的推挽作用，提供相差为 180°正弦波(半波)式往复作用力，提供频率范围在 5 ~ 25Hz 之间循环往复作用力，波浪合力峰值可达 1200N。

(3)超重力场中造波机系统主要包括造波机主机系统、消浪系统及数据采集与控制系统，如图 1.4-7 所示。该装置可在离心加速度 100g 的条件下实现波浪—结构—地基动力相互作用的模拟，100g 条件下可模拟实际情况下波高最大 10m，周期范围 2 ~ 10s 的波浪，50g ~ 100g 条件下波浪参数可依据试验要求调节；有效波高、有效周期等参数可调节。可实现模拟超过 60m 水深条件和大于 120m 的研究范围，为研究港工建筑物的变形与受力特性提供试验手段，如图 1.4-8 所示，为离心场下造波装置测试中生成的波浪。模型箱中安装了反射波吸收装置，以减少生成波与反射波叠加作用。装置中所配备的吸波材料，对反射波的吸收效果良好。

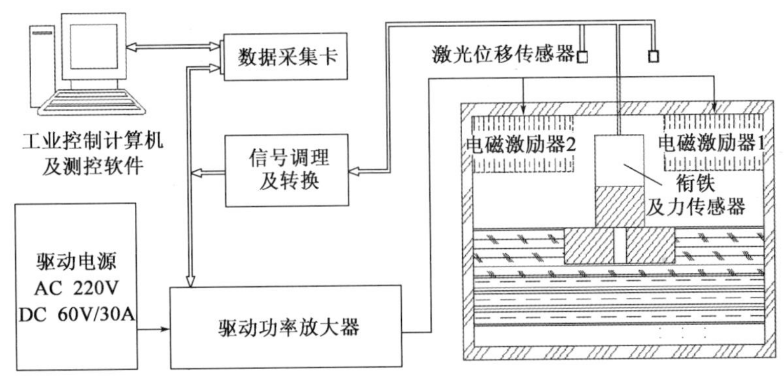

图1.4-6 循环波浪荷载作动装置

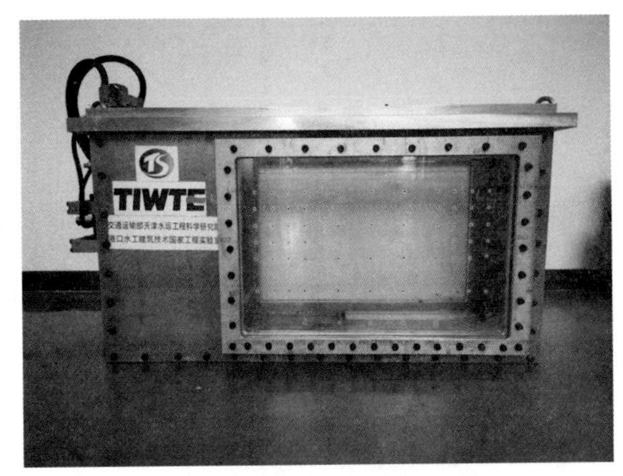

图1.4-7 超重力场中造波机系统

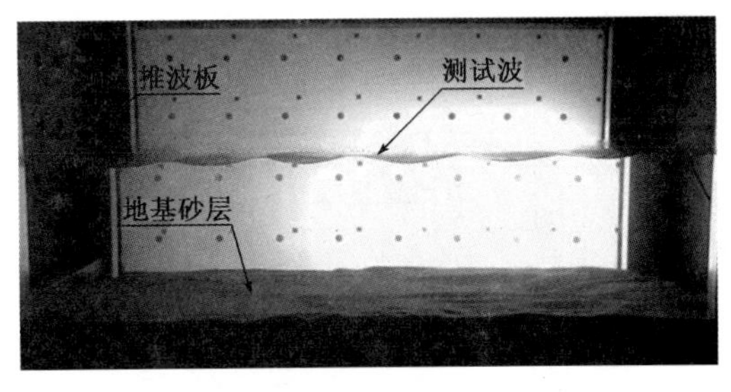

图1.4-8 离心场下造波装置测试中生成的波浪

1.4.4 施工模拟技术

随着土工离心模拟试验技术的发展,在离心机不停机状态下对土工模型连续进行挖掘、加载等多个动作,可以逼真地模拟实际的施工过程,从而为离心机上缩比模型研究提供有效的技术手段。操作人员只需通过远程的计算机输入指令对机器人实施控制,这样就大大提高了土工离心机试验的准确性和可靠性。交通运输部水运工程科学研究院(以下简称天科院)科研人员研发了四自由度离心机机器人式操纵臂(图1.4-9),可实现离心机运转下分层开挖基坑、航道清淤、打拔桩的模拟。

主要技术指标为:可在100g的离心加速度下正常工作;可实现X、Y、Z轴和R轴四轴联动;X向最大行程600mm,Y向最大行程500mm,Z向最大行程500mm,轴360°无限制旋转;可携带多种操作工具,包括港池开挖设备、基坑开挖设备、插桩拔桩设备,削坡和锚固设备等,可在试验过程中不停机自动切换。与以往机器人操纵臂相比,该设备运行离心加速

图1.4-9 四自由度离心机机器人式操纵臂结构图

度高达100g,且具有行程大、重复精度高、承载能力强等特点,可以根据试验要求,实现在离心机运转下港池开挖、土石坝填筑以及施加循环荷载等复杂的试验操作,从而大大提高离心模型的相似程度和试验结果的精度。

1.4.5 数据采集和分析系统

天科院研究人员开发了新型的数据采集系统,采用数字信号传输方式代替机械接触式滑环模拟信号传输方式,数据传输质量显著提高;采用高清图像采集系统连续拍照或摄像,引入粒子图像测速法(Particle Image Velocimetry,PIC)技术用于分析土颗粒或结构物运动轨迹;自主研发微型界面土压力盒用于超重力场中土压力测量,整体提升了港口工程离心模型试验测试水平。

土工离心模型试验中量测系统主要包括数据采集系统、图像采集系统以及模型测试传感器等,通过先进的量测技术实时记录、储存试验数据及高清图像,模型试验结果的准确性大大提高。

主要技术性能包括:

(1)基于天科院TK-C500大型土工离心机,引入先进的数字信号及基于局域网技术的无线传输方式,装配专门的数据采集系统(图1.4-10),满足128通道的模型测量要求,显著提高了数据采集水平,保证了试验结果的准确性。

图1.4-10 天科院数据采集系统

(2)图像采集系统由摄像机、监视器和录像机组成,采用PIV图像数字测量技术进行图像采集和测量,在PIV处理软件GeoPIV基础上,建立了基于Matlab平台的位移场、应变场、关键部位位移变形、瞬时位移变形、渗透过程综合分析方法。

(3)开发微型传感器用于结构内力及稳定性测量,通过微型应变计测量结构物内力;自主研发微型界面土压力盒测量模型试验构件中特殊部位的土压力。

1.5 天科院TK-C500型土工离心机

天科院大型土工离心机是港口水工建筑技术国家工程实验室的一个重要支撑部分,其主要任务是开展与港口水工建筑技术国家工程实验室研究方向相关的土工力学物理模型试验,包括自然灾害的防控、大型海洋工程的建设以及深水筑港、航道岸坡加固、土壤污染等前沿领域,开展具有重大市场价值和广阔应用前景的重大科技项目研究。

1.5.1　离心机主机

TK-C500 土工离心机有效容量达到 500g·t,最大加速度为 250g,最大转动半径 5m,吊篮设计空间为 1.4m(长)×1.5m(宽)×1.5m(高),有效荷重 100g 下最大 5t、250g 下最大有效荷重 2t,如图 1.5-1 所示,满足一般大型水工建筑物模型试验的要求,模型比尺大,试验接近原型的尺寸,试验精度高。为在离心机高速运转过程中,对试验模型进行不同试验条件的模拟,配备有打、拔桩机械手,坑洞开挖机械手,削坡与锚固机械手,波浪发生装置,潮汐发生装置,降雨装置等配套设备,同时配备水平/垂直双向振动台。主机采用单吊篮、不对称臂结构,能够在保证离心机满足开展水运工程土工结构离心模型试验研究要求的条件下有效降低运转风阻,从而节省驱动功率。离心机设有自动平衡调节系统,能够在高加速度值的试验过程中准确调节转臂两端平衡。设置视频监视系统及联锁保护装置,以保证离心机的工作安全。

1.5.2　土工离心机振动台

土工离心机配套振动台(以下简称振动台),如图 1.5-2 所示,可以在原型应力条件下,在模型底部产生可控地震波,从而可以通过各种监测手段直接获得地震引起的岩土结构物的动力变形和稳定特性。该振动台采用液压伺服自动控制系统,其数据采系统能自动、精确地采集试验数据,同时又能再现地震波的波形,可在离心机不停机的条件下连续激发多次振动试验。

图 1.5-1　天科院土工离心机

图 1.5-2　土工离心机振动台

土工离心机振动台振动方向为水平/垂直双向振动,可在 100g 离心加速度条件下工作。最大有效负载 800kg;最大加速度:水平 40g/垂直 20g;最大速度:0. 50m/s;最大位移:±5mm;激振波形包括正弦波、随机波、地震波等,在原型应力条件下,在模型底部产生可控制的激振波,从而可以通过各种监测手段直接获得振动引起的岩土结构物的动力变形和稳定特性。

第2章　离心模型试验基本原理及相似比

2.1　基本原理

岩土工程是以土力学、岩体力学及工程地质学为理论基础，运用各种勘探测试技术对岩土体进行综合整治改造和利用的一门学科。这一学科在国外某些国家和地区被称为“大地工程”“土力工程”“土质工程”。在各种土建工程中，岩土工程占有十分重要的地位。土是一种非线性变形材料，它的性状受应力水平的影响。开展针对土的研究，了解其应力状态是至关重要的前提条件。因此，当对土工构筑物进行物理模拟时，首要条件是保证模型的应力水平与原型相同。

土工离心模型试验能以原位材料制作模型，并以1∶1的应力—应变关系为基准，建立模型—原型相似体系，使之避免了其他各类试验方法因缩尺和材料替换而引起的应力—应变关系失真。具体来说，该试验方法是将缩小尺寸的土工模型置于高速旋转的离心机中，让模型承受高离心加速度作用，补偿因模型缩尺带来的土工构筑物的自重损失。

离心机以恒定的角速度 ω 转动，所提供的离心加速度等于 $r\omega^2$（r 为模型中任意一点到离心机转轴中心的距离）。如果模型采用与原型相同的土体，当离心加速度为 n 倍的重力加速度时（$r\omega^2 = ng$），模型深度 h_m 处土体将于将与原型深度 $h_p = nh_m$ 处土体具有基本相同的竖向应力：$\sigma_m = \sigma_p$。这是土工离心模型试验的基本原理，即模型中的每一点都受到一个比地球重力加速度 g 大 n 倍的离心惯性力，由于离心惯性力场的作用，模型的自重应力被加大了 n 倍，模型土体应力与原型相似。这样就可以在模型中再现原状土工构筑物的性状，从而揭示岩土工程边值问题的应力和变形规律。根据近代相对论的原理，重力与惯性力是等效的，而土的性质又不因加速度的变化而改变。因此，离心模拟技术对于以重力为主要荷载的土工构筑物来说就特别有效。

虽然土工离心模拟试验技术对开展岩土工程问题的研究具有诸多优势，但是也有其局限性和误差，如离心力场与重力场的差别引起的误差、科里奥利加速度的误差、离心机启动和制动时带来的误差、模型尺寸与模型箱大小关系带来的误差、模型材料颗粒尺寸与模型尺寸关系带来的误差等。因此，在开展离心模型试验时，对于试验比尺的选择、模型的制作、边界条件的简化等问题，需要综合考虑，才能得到主要研究对象的变化规律。

2.2　相似比

确定相似比尺是离心模型试验正确模拟原型的关键。确定的方法一般有两种，即依据控制方程进行量纲分析的方法和按力学相似规律分析法。通常，在确定相似比尺时，两种方法会同时应用、互相补充。基于以上两种方法并结合一些试验的验证所总结出的离心模型试验中常用的相似比尺关系，见表2.2-1。虽然离心模型试验与实际情况比较接近，但由于离心模型内不均匀的加速度场，以及较小的模型尺寸，因而模拟有一定的局限性。另外，在同一模拟过程中，还可能出现相似比不统一的情况，这时就需要考虑其中比较关键的问题进行模拟。

离心模型相似比尺（模型与原型材料相同）　　表 2.2-1

内容分类	物理量	量纲	模型与原型之比
几何尺寸	长度	L	1 : n
	面积	L^2	1 : n^2
	体积	L^3	1 : n^3
材料性质	含水率	—	1 : 1
	重度	$ML^{-2}T^{-2}$	n : 1
	质量	M	1 : n^3
	密度	ML^{-3}	1 : 1
	不排水剪强度	$ML^{-1}T^{-2}$	1 : 1
	内摩擦角	—	1 : 1
	变形系数	$ML^{-1}T^{-2}$	1 : 1
	抗弯刚度	ML^3T^{-2}	1 : n^4
	抗压刚度	MLT^{-2}	1 : n^2
外部条件	加速度	LT^{-2}	n : 1
	集中力	MLT^{-2}	1 : n^2
	均布荷载	$ML^{-1}T^{-2}$	1 : 1
	力矩	ML^2T^{-2}	1 : n^3
性状反应	应力	$ML^{-1}T^{-2}$	1 : 1
	应变	—	1 : 1
	位移	L	1 : n
	时间（动态过程惯性）	T	1 : n
	时间（渗流、固结等）	T	1 : n^2
	时间（蠕变、黏滞流）	T	1 : 1

第3章　过江通道工程离心模型试验研究

3.1　江阴二通道隧道工程与码头、船坞的安全间距试验研究

3.1.1　概述

《长江经济带综合立体交通走廊规划(2014—2020年)》提出,增强长江干线过江能力,统筹规划、合理布局过江通道,实现长江两岸区域间、城市间以及城市组团间便捷顺畅连接,形成功能完善、安全可靠的过江通道系统。作为《长江经济带综合立体交通走廊规划(2014—2020年)》中江苏省14座长江干线过江通道之一,拟建江阴二通道位于江阴大桥和泰州大桥之间,北接靖江,南连江阴,是江阴、靖江城市总体规划预控线位。过江通道拟采用盾构隧道方案(图3.1-1),拟选线路穿越码头、浮动式船坞以及一些厂区建筑物。

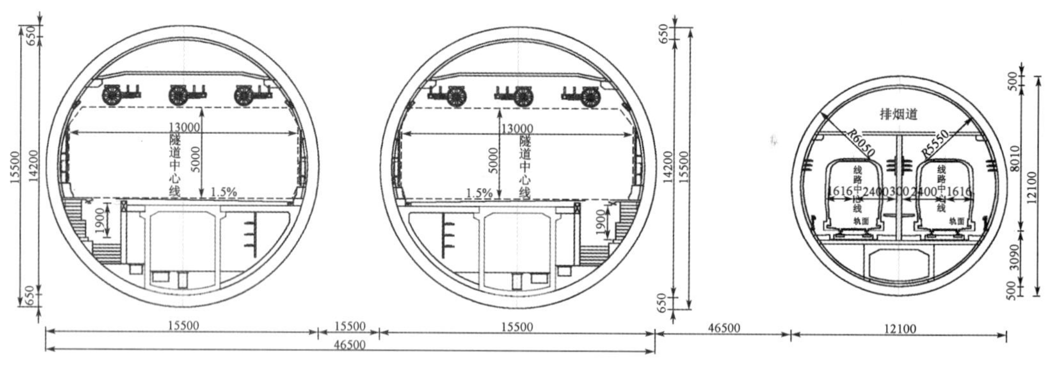

图3.1-1　江阴二通道拟选盾构隧道方案(尺寸单位:mm)

江阴二通道共设置了三个隧道,如图3.1-1所示,其中左侧的两个为公路隧道,右侧的一个为铁路隧道。按照实际建设进度,工程分两期实施,第一期先施工其中的公路双隧道,待条件成熟后再建设二期的铁路隧道。因此,本书分别开展双隧道和三隧道的研究,以期为不同的建设阶段提供有针对性的研究成果。

就江阴地区而言,区间盾构管片多坐落在第四纪软土地层中,该土层具有天然含水率大、压缩性高、承载力低的特点,在外荷载作用下容易产生较大变形。在软土地区地铁隧道建设中,盾构法以明显的经济技术优势和对周边环境影响甚小的特点,成为最主要的施工方法之一。但无论采用哪种形式的盾构建造地下隧道,都会产生不同程度的土体位移,如深圳地区部分地段隧道掘进引起的地表沉降量达到500mm。当土体位移达到一定程度时,就会引起地表建筑物的变形、开裂,特别是对于浅基础建筑物和古建筑物,更容易破坏、倒塌,从而造成重大损失。上海地区轨道交通线施工导致了一幢8层楼房的裙房坍塌,且邻近的临江花园大楼出现了较为明显的沉降(1h内最大沉降超过了约7cm,最大累计沉降甚至达到了

15.6cm)。

本章内容正是基于上述工程背景,以江阴二通道过江通道穿越澄西船厂码头、船坞和厂区建筑物为研究对象,利用土工离心模型试验和数值模拟的手段,研究江阴二通道隧道建设对码头和建筑物的影响程度,同时得到隧道上方码头、江中锚块、浅基础楼房及桩基础车间等结构物的变形和沉降情况,所得结果对隧道建设和安全运行具有重要的工程指导意义。

3.1.2　试验方案

3.1.2.1　离心机模型比尺及相似关系

当一物理现象可由 n 个物理量的函数关系来描述,而这些物理量包括有 m 种基本因次时,则可以用因次分析的方法获得 $n-m$ 个无因次数群。而这个现象的特征可以用这 $n-m$ 个无因次数群的关系形式来表示。本书需要确定的相似比例问题有三个方面:土体材料相似问题、结构材料的相似问题以及模型的相似比例问题。

根据前述各结构物的几何尺寸和模型箱尺寸,离心机模型试验加速度拟采用 $75g$,即模型几何比尺为 $n=75$。按抗弯刚度进行量纲换算,试验过程中各参数比尺换算关系如表3.1-1所示。

离心机模型试验比尺关系　　表3.1-1

物理参量	符号	比尺
土体密度(kg/m^3)	ρ	1
锚重(kg)	W	$1/n^3$
长度(m)	L	n
宽度(m)	B	n
加速度(m/s^2)	A	n
结构轴力(N)	N	$1/n^2$
结构弯矩(N·m)	M	$1/n^3$
结构应变	E	1
变形(mm)	u	$1/n$
土的侧阻力	Q	$1/n^2$
贯入深度	Z	n

3.1.2.2　离心机模型试验工况

本书共设计3组离心模型试验,包括隧道开挖对码头及锚块影响离心模型试验、隧道开挖对浅基础房屋影响离心模型试验、隧道开挖对桩基础厂房影响离心模型试验,试验设计示意图如图3.1-2~图3.1-4所示。

3.1.2.3　模型设计

(1)隧道模型设计。

原型隧道直径为15.5m,衬砌厚度0.65m,本次试验加速度为 $75g$,确定隧道衬砌模型外径为207mm(即开挖装置内筒外径204mm),用于模拟地层损失的套筒模型内径207mm,外径209mm(模拟地层损失率1%)。

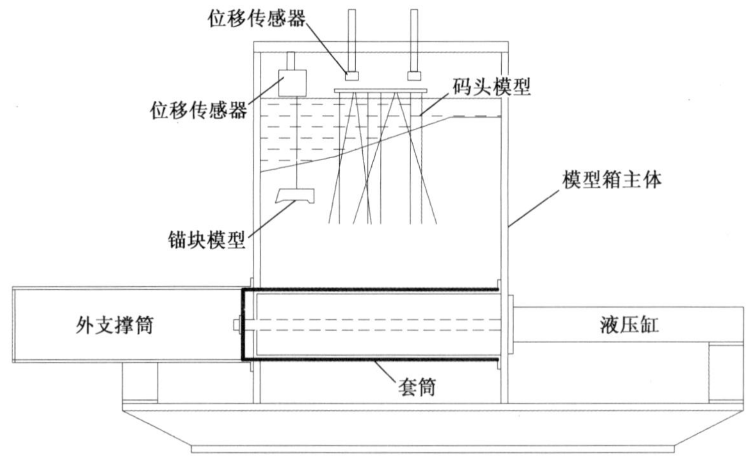

图 3.1-2　码头影响离心模型试验设计示意图

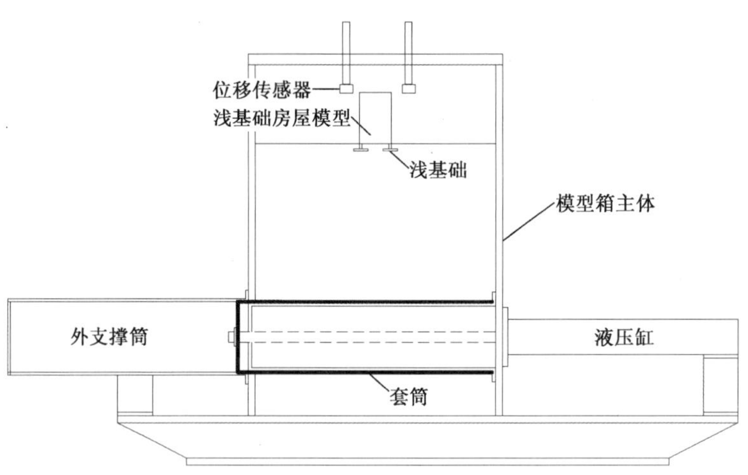

图 3.1-3　浅基础房屋影响离心模型试验设计示意图

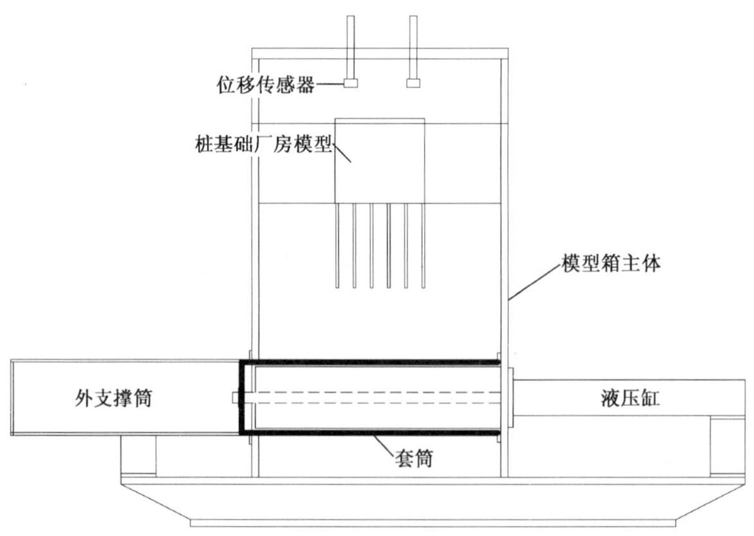

图 3.1-4　桩基础厂房影响离心模型试验设计示意图

(2)码头模型设计。

码头模型要根据澄西船厂码头设计施工图进行等比例换算并进行设计制作,图 3. 1-5 和图 3. 1-6 分别为澄西船厂码头桩基的平面布置图和剖面图。

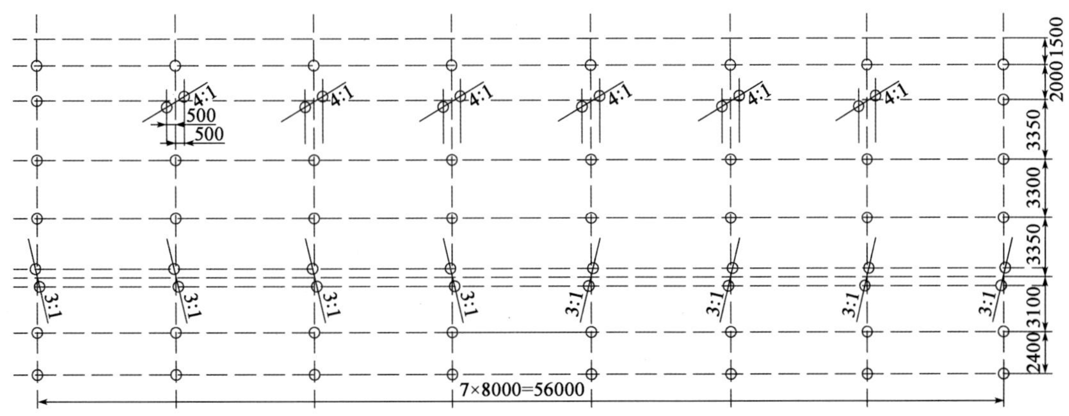

图 3. 1-5 澄西船厂码头桩基平面布置图(尺寸单位:mm)

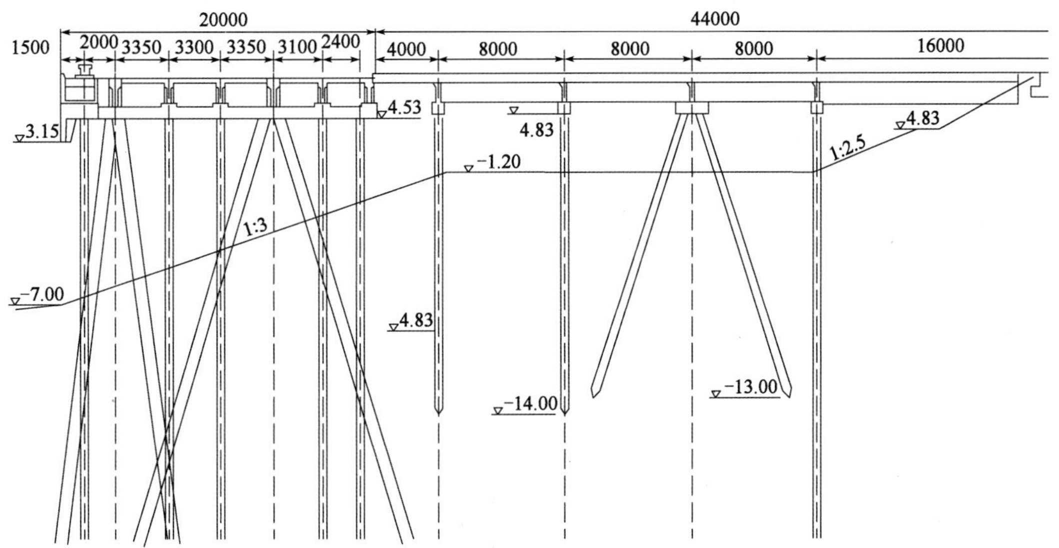

图 3. 1-6 澄西船厂码头桩基剖面图(尺寸单位:mm;高程单位:m)

在离心模型试验中,要尽量消除边界效应的影响,试验人员结合模型箱内部尺寸(1400mm × 700mm),设计模拟装有 10 排桩的码头模型,每排包括 5 根直桩和 4 根斜桩。

①码头平台。

根据码头平台设计图纸、上部门机的自重及其他上部结构物的重量进行换算,将码头平台及其上部所有部件一起简化为 1013mm × 267mm × 10mm 的铝合金板。

②码头桩基。

由于方桩模型制作加工难度极大,试验中按桩侧表面积等效换算成圆桩。桩基原型为 55cm × 55cm 预应力方桩,根据摩擦桩表面积相似关系,换算模型桩桩径为 9. 2mm。

C30 混凝土弹性模量为 30GPa,根据离心模型试验的抗弯刚度换算关系,求得模型管直径 9. 2mm,壁厚 0..8mm。模型桩长度:直桩长(348. 3 + 9)mm,斜桩长(361. 7 + 9)mm 和

(369.7 +9)mm(9mm 为桩尖高度)。

(3)浅基础房屋模型设计。

根据试验组前期调研,确定试验所模拟的浅基础房屋整体尺寸为 57m × 7m × 11m(长 × 宽 × 高)。浅基础布置如图 3.1-7 所示。

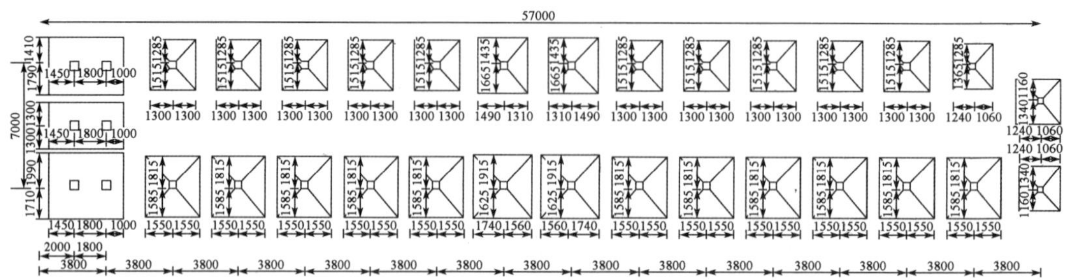

图 3.1-7 办公楼浅基础布置图(尺寸单位:mm)

根据相关规范及建筑基础设计经验,将基础上部荷载等效为 $15kN/m^2$ 的均布荷载,简化为 8mm 厚钢板;将柱下独立基础简化为条形基础,由铝管和 2mm 厚钢板制成。

(4)桩基础厂房模型设计。

根据试验组前期调研,综合分析澄西船厂舾装车间、冷作车间和喷涂车间的尺寸和基础布置方式。确定桩基础厂房的原型尺寸为 45m × 20m × 18m,荷载为 $5kN/m^2$,桩基为边长 0.55m的预制方桩,桩长 14m,呈 6 排 9 列分布于车间平面内,长度方向桩间距 5.25m,宽度方向桩间距 3.75m。

(5)锚块模型设计。

根据试验组前期调研资料,码头前方布置了质量为 70t 的小型锚块,锚块设计如图 3.1-8 所示。

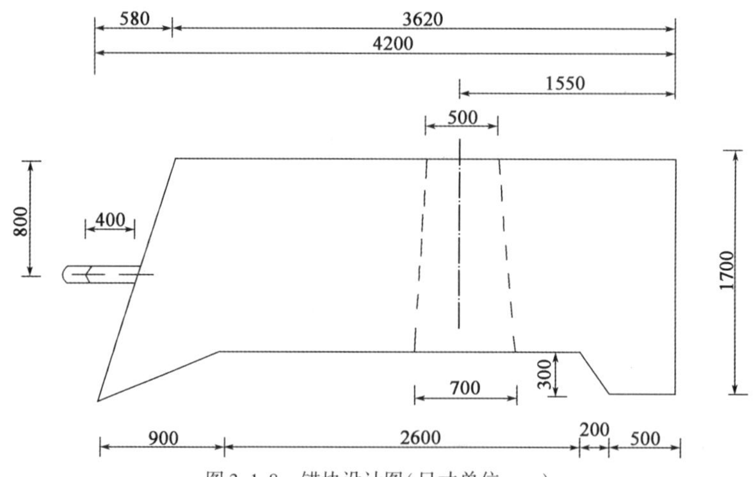

图 3.1-8 锚块设计图(尺寸单位:mm)

根据相应比尺换算,得到锚块模型尺寸为 80mm × 50.6mm × 20.7mm,材料采用铝合金,质量约 166g。

3.1.2.4 监测方案

(1)位移监测。

码头试验共布置了 9 个位移传感器,其中:4 个激光位移传感器用于测量码头长度方向上的沉降情况;4 个 LVDT 位移传感器用于测量码头宽度方向(隧道轴向)上的码头沉降情况;1 个拉线式位移传感器用于测量码头前部锚块的沉降情况。具体布置如图 3.1-9 所示。

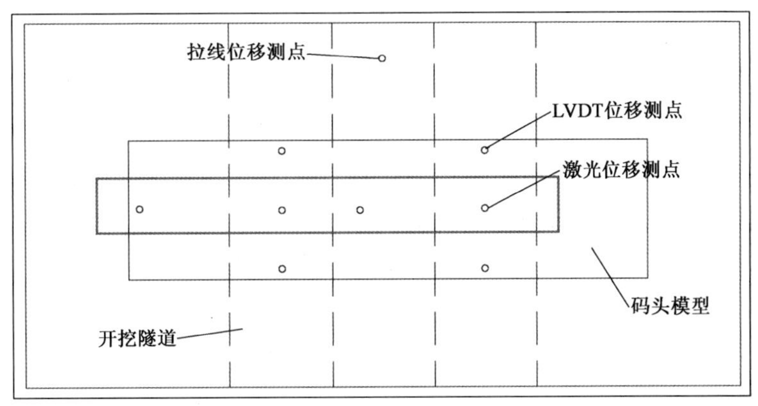

图 3.1-9　码头试验沉降观测点布置图

浅基础房屋试验布置了 2 个激光位移传感器,用于办公楼长度方向上的沉降情况。具体布置如图 3.1-10 所示。

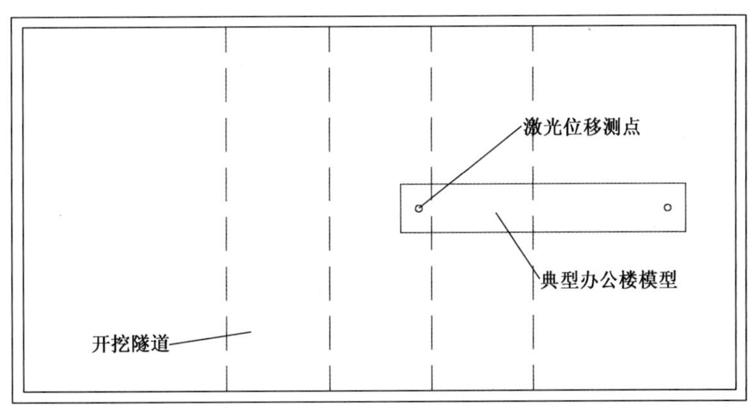

图 3.1-10　浅基础房屋试验沉降观测点布置图

桩基础厂房试验布置了 2 个激光位移传感器,用于办公楼长度方向上的沉降情况。具体布置如图 3.1-11 所示。

(2)桩基弯矩监测。

在码头试验中,开挖隧道的正上方的一排桩上共设置了 3 根用于测量弯矩的模型桩,15 个桩基弯矩监测点,分别位于码头的前方、中部和后方,布置如图 3.1-12 所示。

3.1.3　试验过程

3.1.3.1　试验模型准备

(1)试验模型加工制作。

本书码头、锚块、浅基础房屋和桩基础厂房等模型,如图 3.1-13 ~ 图 3.1-16 所示。

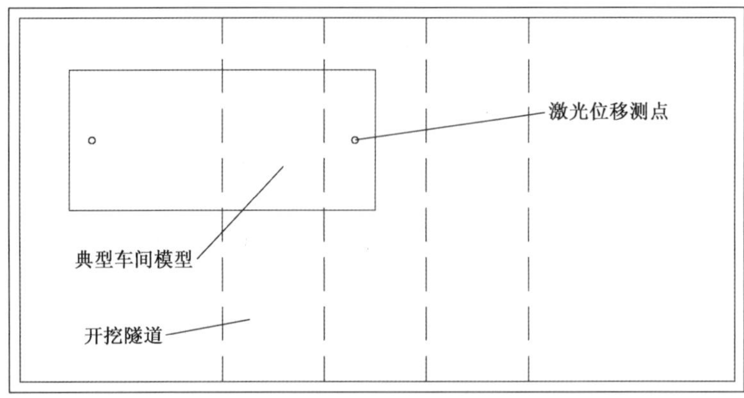

图 3.1-11　桩基础厂房试验沉降观测点布置图

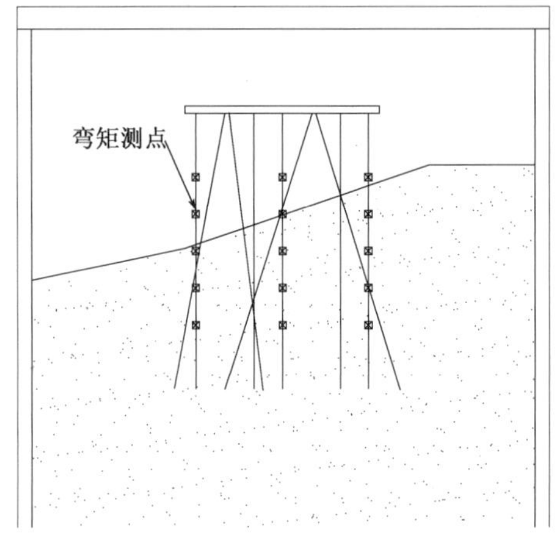

图 3.1-12　弯矩测点布置剖面图

图 3.1-13　码头模型

图 3.1-14　锚块模型

图 3.1-15　桩基础厂房模型

图 3.1-16　浅基础房屋模型

(2)应变片粘贴。

根据前期制定的试验方案,在桩的表面粘贴应变片并组成全桥电路,过程及完成如图3.1-17和图3.1-18所示。

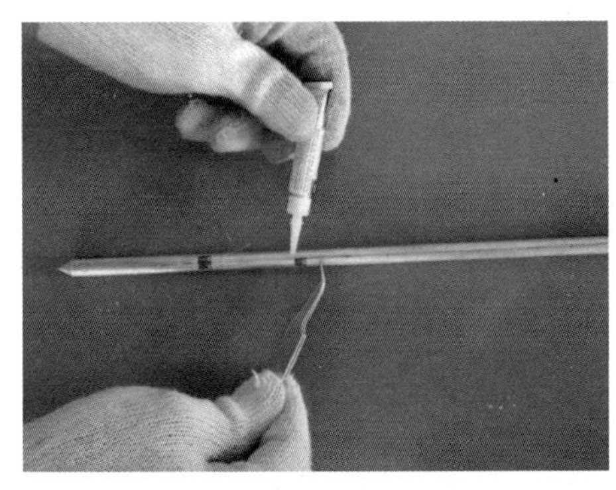

图3.1-17　应变片粘贴

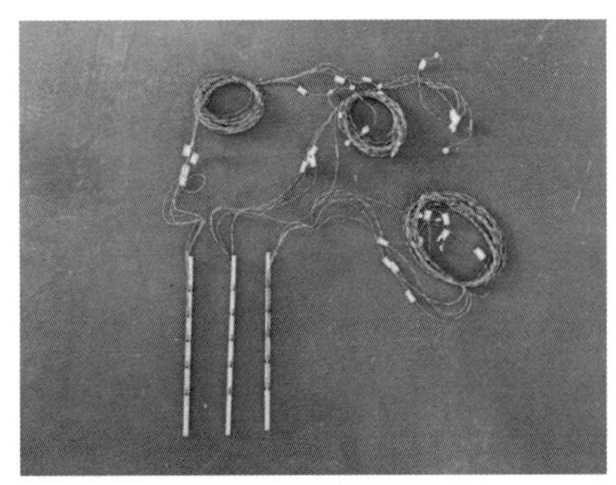

图3.1-18　应变粘贴完成

(3)弯矩标定。

应变粘贴完成后,涂抹环氧树脂进行防水处理,然后对模型桩的弯矩进行标定,按照1.275kg→1.588kg→1.901kg→2.214kg→2.527kg→2.84kg逐级加载,并记录标定数据,标定过程如图3.1-19所示。

图3.1-19　模型桩弯矩标定

3.1.3.2　试验土体材料制备

(1)土体材料制备原则。

实际下穿工程中,盾构下穿区域的土体较为复杂,要完全真实模拟显然不可能,参考1973年船厂地质资料和码头地勘资料,把相似的土层进行简化合并。

①对于黏性土,土的压缩模量是判断土的压缩性和计算地基压缩变形量的重要指标之一。试验组选取天津滨海新区沿海吹填区的粉质黏土和粉细砂作为基土进行粉质黏土土样的配制,通过不同的比例来混合干土样,参考现场勘测资料中的密度和天然含水率开展固结试验,测得此种土样的压缩模量,并与勘测资料进行对比,误差小于5%方可达到试验要求。

②砂土模型。

室内试验中,由于基础和地基材料缩尺的不一致,因而存在粒径效应问题。对于砂土环境的离心模型试验,业界普遍认为当模型基础宽度和平均粒径的比值不小于100时,可忽略粒径效应的影响,无须对砂土颗粒粒径进行缩尺。

每层砂层按级配曲线,使用福建标准砂进行等粒径等比例配制。配制完成后参照现场勘查资料对应砂层的含水率和密度指标开展直剪试验,测得其内摩擦角指标并与现场资料进行比对,要求误差小于5%。如不满足这一要求,适当添加粗料或细料以调节内摩擦角。通过此种方法完成砂料的制备。

(2)土体材料参数。

试验组使用现场取回的钻孔试样开展了室内物理力学指标测试,并参考现场勘测资料确定试验用土和用砂指标,沉井基础下部土层及砂层制模指标参数见表 3.1-2。

试验用砂参数指标　　　　表 3.1-2

土　层	厚度(m)	重度(kN/m³)	黏聚力(kPa)	摩擦角(°)	压缩模量(MPa)
淤泥质粉质黏土	13.2	19.6	6.6	19.7	8.1
粉细砂	15.0	19.5	0.0	36.0	10.9
砂质黏土	13.0	18.8	3.2	22.8	8.2
粗砂夹卵石	58.8	20.0	0.0	37.0	15.0

(3)土体材料制备过程。

试验组针对不同类型的土样将采取不同的方法进行制备。粉质黏土经过烘干—粉碎—筛分—拌和等步骤完成土样的制备,如图 3.1-20 所示。砂土使用福建标准砂,经过筛分和拌和完成配制。

a)烘干

b)粉碎

c)筛分

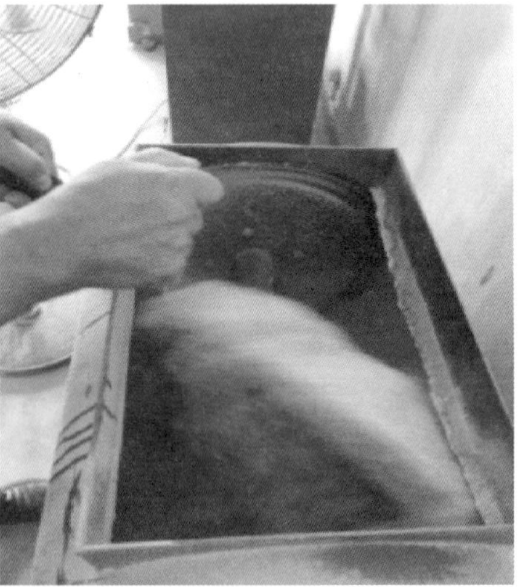

d)拌和

图 3.1-20　粉质黏土制备流程

3.1.3.3　模型地基土层制备及传感器埋设

(1)地基土层制备。

由于三组试验所模拟的结构物模型处于同一个场地,地基模型区别不大,所以三组试验的地基模型一致。

地基土的制备采用砂雨法和振动击实法,具体过程如下:

①砂雨法制模(砂层)。

砂雨法制模形成的土层密实度和落砂高度有关,为保证模型土样的均匀性,试验前预先进行砂雨法落距标定,并进行压实,控制相对密实度。然后将预先备好的砂样装入砂箱中,将砂箱吊起至指定初始高度,采用圆形落砂筛嘴进行分层撒砂(图3.1-21和图3.1-22),控制层高,后逐步调整砂雨器高度保持标准落距。

图3.1-21　砂雨法撒砂图

图3.1-22　撒砂完成

②振动击实法(粉质黏土层)。

振动击实法需要分层对土体进行击实,采用与现场相同的干密度作为制样的控制参数,制样过程中需要保证同层土不同部位的击实次数相同,以保证同层土的参数一致。完成一层土的制备后,需要将土的表面进行刮毛处理,以增加每层土的咬合度,制模过程如图3.1-23和图3.1-24所示。

图3.1-23　土样击实图

图3.1-24　地基模型制作完毕

土体全部填筑完毕后,分两次从土体模型箱侧板下部的注水口底缓慢注入清水进行饱和,将土样浸泡24h;第二次在固结试验前,通过注水管向土样继续加水,以水面高于土面1cm为宜,终止注水。在75g离心力场中运转30min,使土体充分饱和。

(2)传感器埋设。

根据前期试验设计要求埋设土压力传感器,埋设过程分为划线—埋设主体—走线—压线几个步骤,如图3.1-25所示。

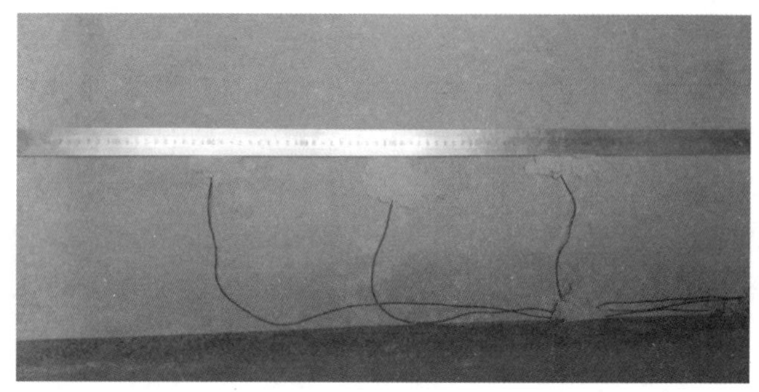

图3.1-25　土压传感器埋设

3.1.3.4　地基模型固结

地基模型制作完毕后,启动离心机进行土体固结,逐渐将离心机加速到75g以还原土体应力状态,75g的加速度条件下持续运行8h以完成土体的固结排水过程。固结完成后开展下一道工序:如削坡、安装结构物等。

3.1.3.5　结构物模型安装

(1)码头模型安装。

对于码头模型试验,在压入码头模型之前,需要根据图纸完成削坡工作。为了模拟预应力桩的施工过程,在坡体上提前成孔后,将码头模型整体插入土中。具体流程为:削坡—划线—成孔—压入带有直桩的码头模型—将斜桩沿码头平台斜孔插入土中—固定斜桩—安装锚块模型—架设位移传感器,如图3.1-26所示。

a)削坡完成

b)划线

图　3.1-26

c)成孔

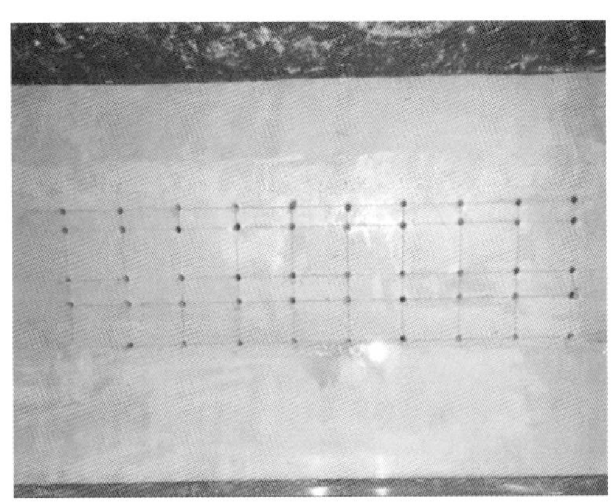
d)成孔完成

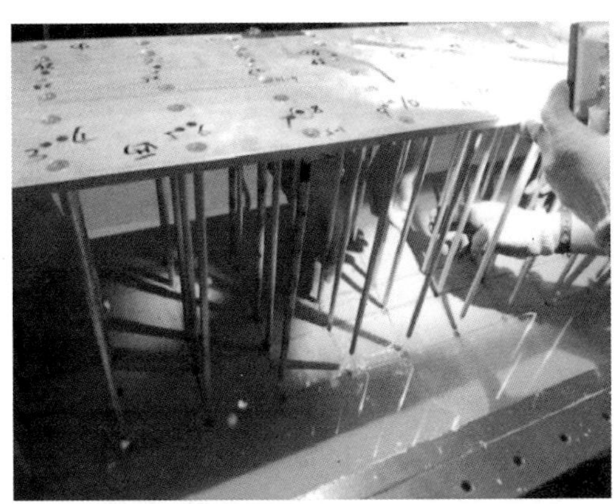
e)插桩

f)码头模型静压/击入

g)插入斜桩

h)安装锚块模型

图　3.1-26

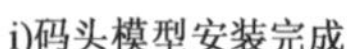

i)码头模型安装完成

j)架设位移传感器

图 3.1-26　码头模型安装流程

(2)办公楼模型安装。

浅基础房屋的基础形式为柱下独立基础，属于浅基础的一种。在地基模型固结完成后，根据设计在预定位置开槽，将基础模型沉入土槽中，将四周缝隙回填并击实，如图 3.1-27 所示。

a)开槽

b)埋入地基模型

c)回填并夯实基础周围土体

d)架设位移传感器

图 3.1-27　浅基础房屋模型安装流程

(3)车间模型安装。

桩基础厂房的基础形式为群桩基础。在地基模型固结完成后,根据设计在预定位置将桩基平台模型击入地基模型中,直至表面与土体表面齐平,如图3.1-28所示。

a)桩基平台击入土中

b)击入完成

c)激光位移传感器安装

图3.1-28　浅基础房屋模型安装流程

3.1.4　试验成果

3.1.4.1　码头模型试验

(1)码头的整体稳定性。

图3.1-29～图3.1-31为试验完成后码头模型照片。

试验完成之后,码头整体的变形情况如图3.1-29～图3.1-31所示,码头整体稳定性良好,没有明显的倾斜、弯曲或破坏情况,桩基也没有出现折弯、扭曲的破坏,说明隧道的建设对码头整体稳定性的影响可控。

桩基周边的表层土体出现了局部的塌落等情况,这是由于表层土体的自身变形导致的,由于表层土体基本不提供桩基的承载力,所以可以认为表层局部的土体变形对高桩码头整体稳定性无影响。

图 3.1-29　试验完成后码头整体模型照片(一)

图 3.1-30　试验完成后码头整体模型照片(二)

图 3.1-31　试验完成后码头局部桩基处照片

(2)码头沿轴线方向的变形。

为了研究码头在隧道建设中沿码头长度方向的变形情况，试验中沿着码头的长度方向布设了 4 个激光位移传感器，如图 3.1-32 所示，分别是图中的 A、B、C、D 四点，其中 B、D 两点为隧道的正上方位置，C 点为两个隧道的中间位置，A 点距离隧道的平面距离最远。

图 3.1-33 所示为沿码头长度方向的沉降随着试验进行的变化情况，根据试验结果可以看出，在右侧隧道开始开挖的时候，D 点的沉降变形量迅速增大，在右侧开挖时，变形量按照 $D>C>B>A$ 的顺序变化。在右侧开挖完毕后，码头的变形进入了较为缓慢变化的阶段；在左侧隧道开始开挖的时候，位于隧道中间位置的 B 点的沉降变形量迅速增大，最终大于其他点位沉降值，在左侧开挖完毕后，码头的变形进入了较为缓慢变化的阶段。

(3)码头内外侧的变形。

图 3.1-34 和图 3.1-35 分别为左右隧道沿隧道轴线方向码头的沉降随着试验进行的变化情况。根据试验结果可以看出，在隧道开挖过程中，沿隧道轴向不会发生不均匀沉降的情况，即码头不会出现向前或向后的倾覆情况。

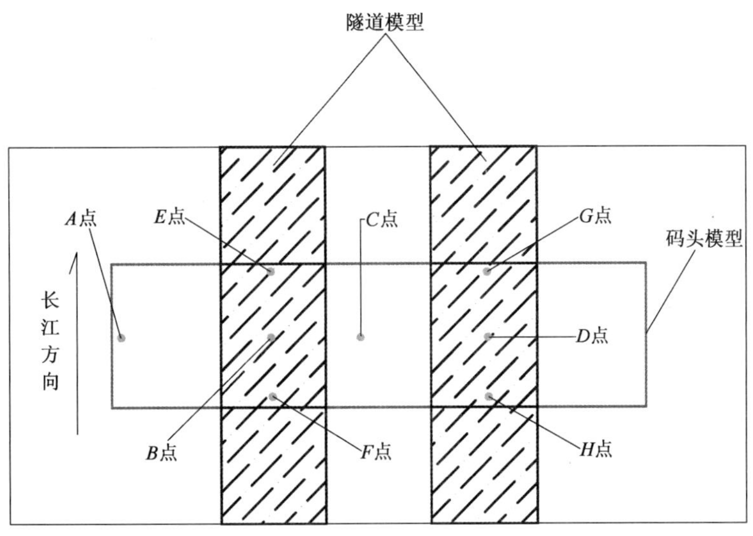

图3.1-32　位移测点布置图

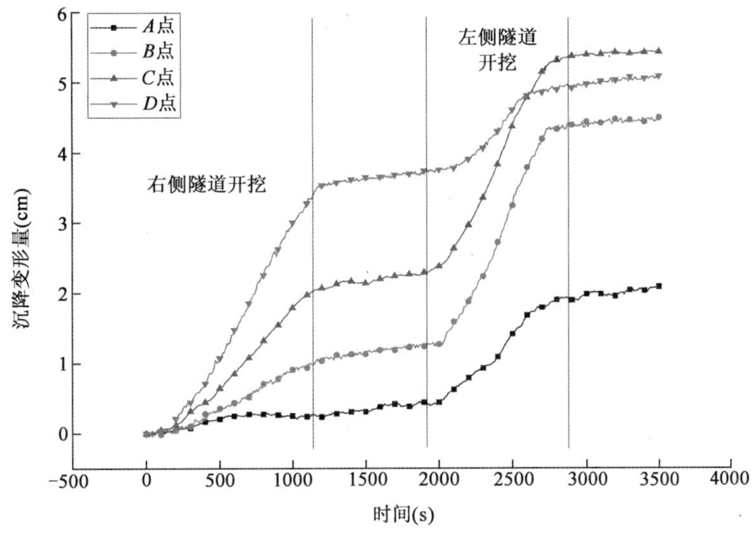

图3.1-33　码头轴线方向沉降变化曲线

3.1.4.2　浅基础房屋模型试验

图3.1-36为锚块的沉降随着试验进行的变化情况。根据试验结果可以看出，在隧道开挖过程中，锚块在经历了双隧道施工过后，总沉降量约为4.5cm，且工后沉降基本趋于稳定。

3.1.4.3　浅基础房屋模型试验

为了研究厂区内浅基础房屋在隧道建设中的不均匀沉降情况，试验中沿着办公楼的长度方向布设了两个激光位移传感器，如图3.1-37中的J点和K点所示。

图3.1-38为浅基础房屋的不同位置处的沉降随着试验进行的变化情况。根据试验结果可以看出，在右侧隧道开挖过程中，距离隧道较近的K点沉降量较大，约是远处测点J的两倍；而左侧隧道开挖对建筑物的影响相对较弱，沿办公楼长度方向的不均匀沉降差约为0.72cm。

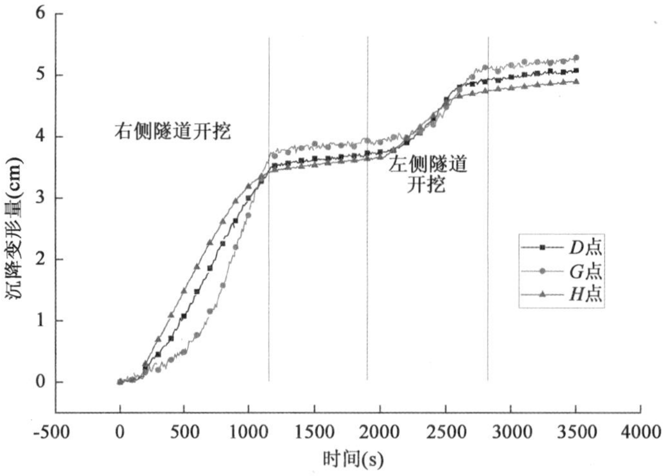

图 3.1-34　右侧隧道轴线方向码头的沉降变化曲线

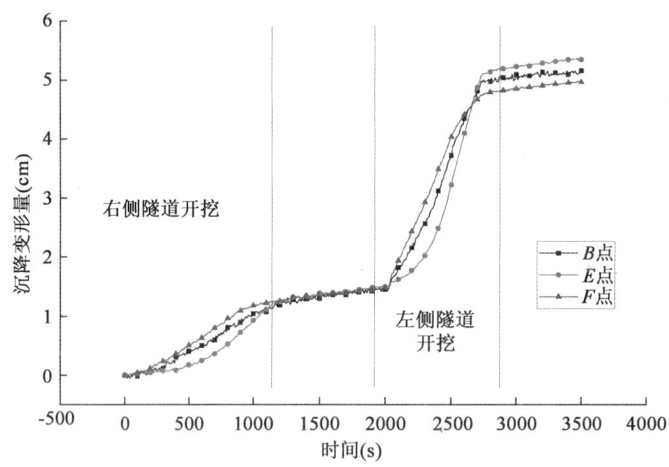

图 3.1-35　左侧隧道轴线方向码头的沉降变化曲线

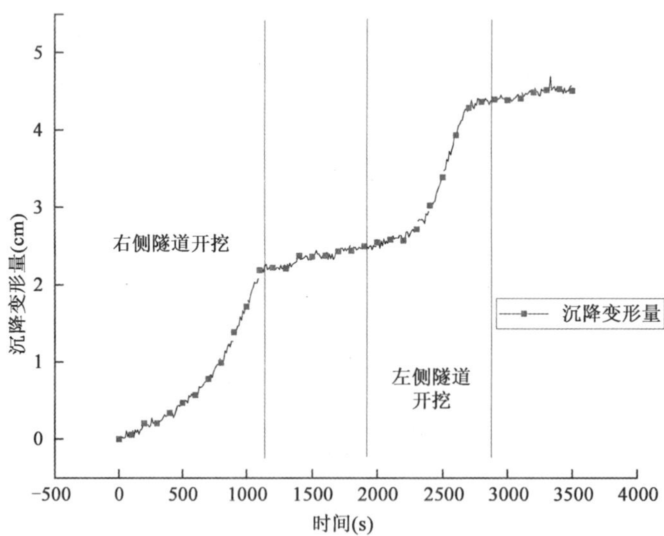

图 3.1-36　锚块沉降变化曲线

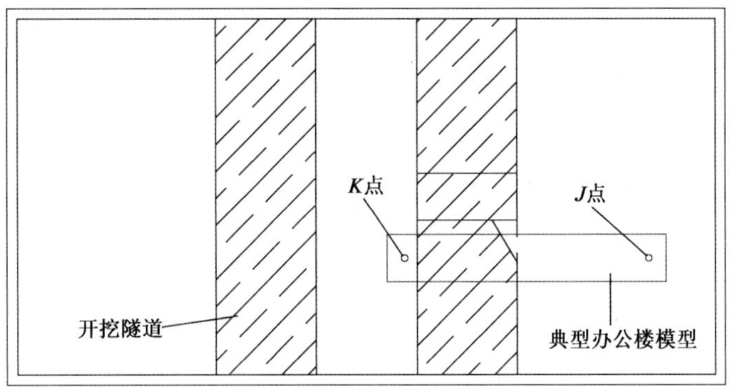

图3.1-37 位移测点布置图

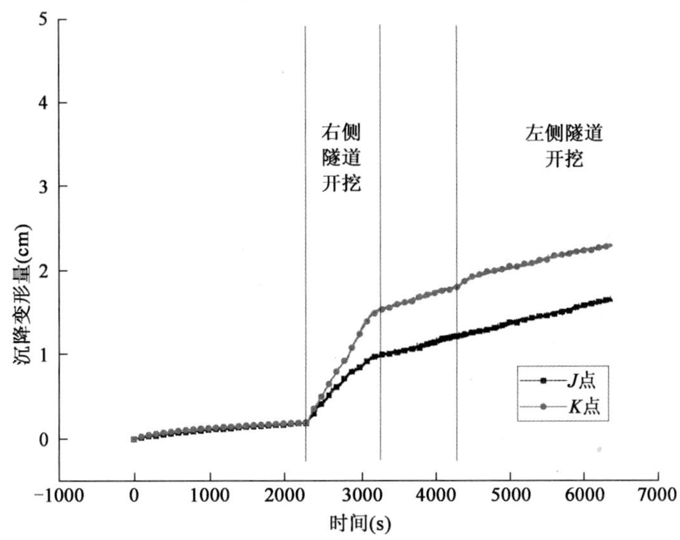

图3.1-38 办公楼沉降变化曲线

3.1.4.4 桩基础厂房模型试验

为了研究厂区内桩基础厂房在隧道建设中的不均匀沉降情况,试验中沿着车间的长度方向布设了两个激光位移传感器,如图3.1-39中的M点和N点所示。

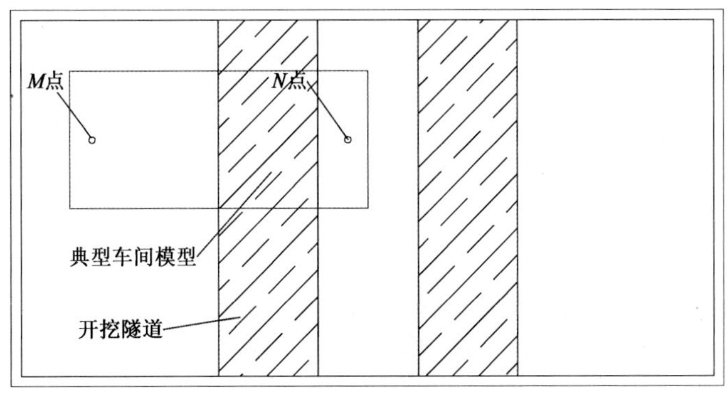

图3.1-39 位移测点布置图

图 3.1-40 为桩基础厂房的不同位置处的沉降随着试验进行的变化情况。根据试验结果可以看出，由于车间距右侧隧道的距离较远，在右侧隧道开挖过程中，M 点和 N 点的沉降量很小，可以忽略不计；当左侧隧道开挖时，测点 M 和 N 的沉降迅速增大，施工结束后沿车间长度方向的不均匀沉降差约为 0.54cm。

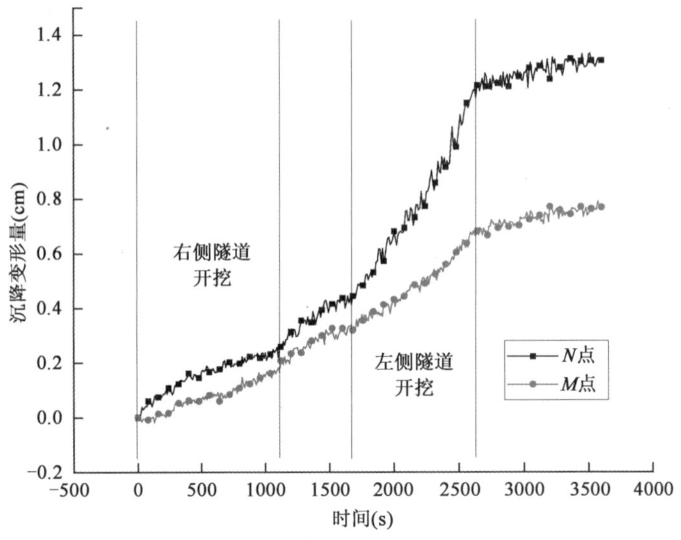

图 3.1-40 车间沉降变化曲线

3.2 常泰过江通道沉井地基承载力特性离心模型试验研究

3.2.1 工程概况

常泰过江通道由中铁大桥勘测设计院有限公司设计，属于公铁合建桥梁工程，合建段总长 5.3km。上层桥面布置为 6 车道高速公路，设计速度 100km/h；下层桥面上游侧布置两线城际铁路，设计速度 200km/h，下游侧布置 4 车道一级公路，设计速度 80km/h。

常泰过江通道跨越长江的主航道桥，采用主跨 1176m 斜拉桥，将超越主跨为 1104m 的俄罗斯岛大桥。这项工程的天星洲航道桥和录安洲航道桥均采用主跨 388m 的钢桁梁拱桥。

该过江通道最为独特之处在于，其公铁合建段采用了“高速公路 + 城际铁路 + 普通公路”的方式，跨江采用桥梁方案(图 3.2-1)。常州目前可用长江岸线仅 7km，与省内其他沿江城市相比，可用于过江通道的资源稀缺。常泰通道建设贯彻“创新、协调、绿色、开放、共享”的发展理念，在设计之初就考虑将常泰通道建成集约化、多功能化的综合枢纽。最终，常泰通道的主航道桥采用了双层斜拉桥方案，桥梁上层为高速公路，下层为城际铁路和普通公路。

图 3.2-1 工程设计示意图

常泰过江通道拟采用大型沉井作为基础结构，沉井自身荷载总重约 50 万 t，施工期约

21个月;上部桥梁荷载总重约28.8万t,施工期约38个月。本书主要研究上部桥梁结构在施工阶段荷载对沉井基础的影响,并探求沉井基础的极限荷载情况。

3.2.2　试验方案

3.2.2.1　相似率及试验参数的确定

模型率选取的原则主要是根据试验设计的目的、实际工程中结构物的尺寸以及模型箱的净空尺寸来确定。本书根据以上原则,并结合TK-C500土工离心机的现有工作条件,选取的模型率$n=150$,即加载试验时离心机稳定运转时的加速度为$150g$,表3.2-1为试验中各参数的比尺关系。

离心力场内模型的参量比例常数(模型/原型)　　表3.2-1

参　量	量　纲	比例常数	参　量	量　纲	比例常数
线性尺度	L	1/150	应变	—	1
加速度	LT^{-2}	150	位移	L	1/150
重度	$ML^{-2}T^{-2}$	150	密度	ML^{-3}	1
集中力	MLT^{-2}	$1/150^2$	固结时间	T	$1/150^2$
弹性模量	$ML^{-1}T^{-2}$	1	惯性矩	I	$1/150^4$
应力	$ML^{-1}T^{-2}$	1	弯矩	M	$1/150^3$

3.2.2.2　沉井基础模型设计

试验采用椭圆形沉井基础模型,综合考虑边界效应、粒径效应对试验结果的影响,设计加工三种规格的沉井基础模型开展试验,沉井模型参数指标及设计图见表3.2-2。沉井基础采用6061合金铝为制作材料,经铣削加工拼接而成,内部为空心结构(对内部结构做一定简化),并控制模型的总体质量与沉井原型达到对应的相似关系。由于沉井自身刚度远大于周围土体,因此可视为刚体。

沉井基础参数指标　　表3.2-2

名　称	外部尺寸 长×宽×高(mm×mm×mm)	设计图
原型尺寸沉井基础(1/2)	317×385×480	
原型尺寸沉井基础(1/2)	317×193×480	

续上表

名　　称	外部尺寸 长×宽×高(mm×mm×mm)	设　计　图
原型尺寸沉井基础 (1/3)	317×129×480	

3.2.2.3　试验方案设计

本次离心机试验的方案设计主要考虑甲方具体需求,共设计了3组土工离心模型试验,见表3.2-3。

试验方案设计　　表3.2-3

序　　号	试 验 工 况	试验设计示意图
1	原型尺寸沉井基础(1/2)离心模型试验(施工荷载)(埋深-65m)	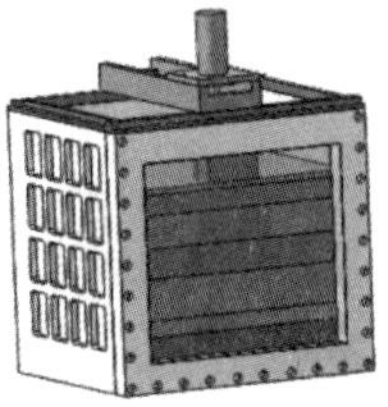
2	缩小2倍尺寸沉井基础(整体)离心模型试验(线性加载工况)(埋深-65m)	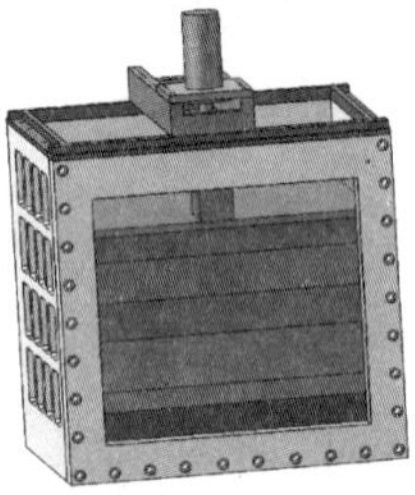
3	缩小3倍尺寸沉井基础(整体)离心模型试验(线性加载工况)(埋深-65m)	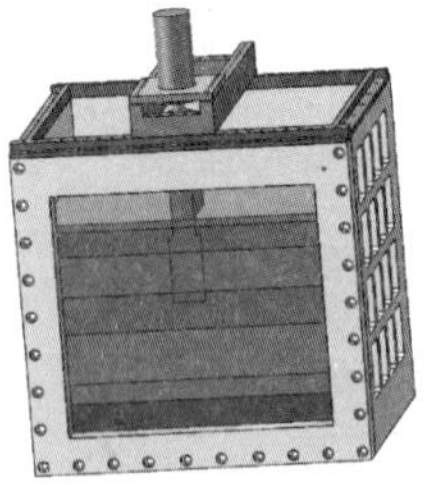

3.2.2.4　测点布置

(1)沉井基础底部土体的沉降监测。

试验中,通过在沉井基础的承台表面布置激光位移计的方法,测得沉井基础底部土体的沉降变化曲线,沉降观测点布置图如图3.2-2所示。

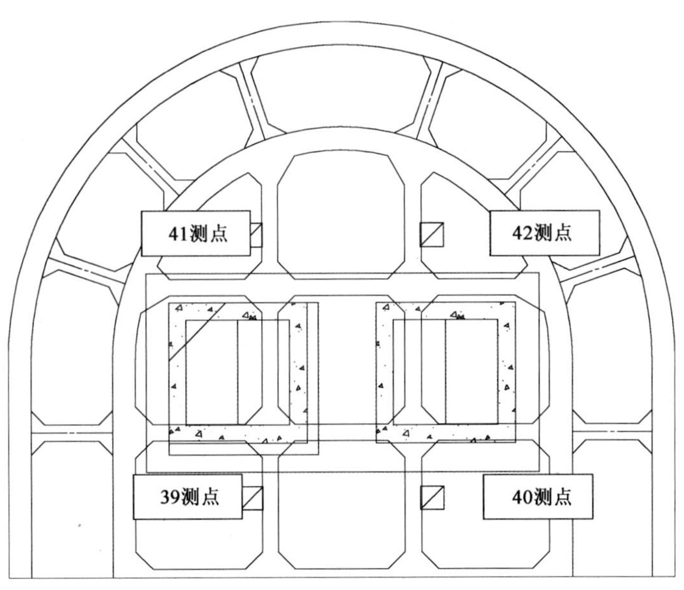

图 3.2-2　沉降监测点布置示意图

(2)沉井基础底部及周围土体的土压力监测。

本试验的研究重点为沉井下部的③$_1$粉质黏土层的承载力情况,前期数值模拟结果表明,基底底角处的粉质黏土层发展为塑性区,且在加载过程中塑性范围不断扩大,因此土压传感器多布置在此类区域,使用量程为 2MPa 土压传感器 4 个,分两层布置于沉井中部位置,如图 3.2-3 和图 3.2-4 所示。

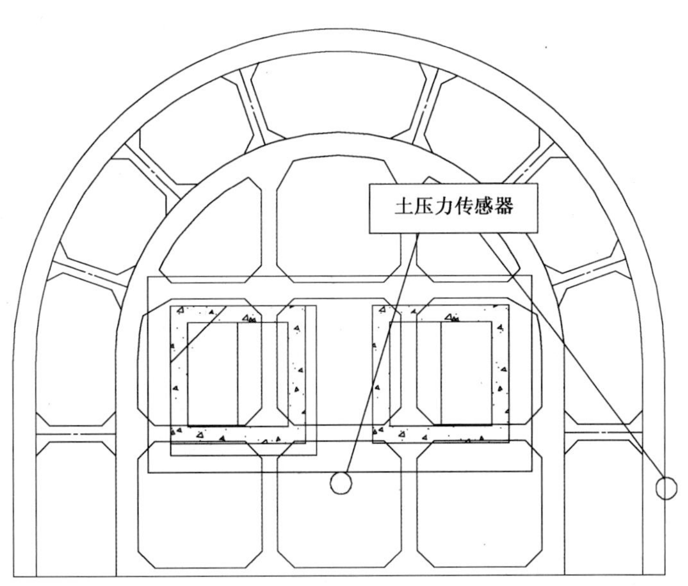

图 3.2-3　土压力监测点平面布置示意图

3.2.2.5　试验加载参数

试验工况一在升至 150g 后固结稳定 2h,然后根据常泰过江通道主航道桥关键节点工期表(表 3.2-4)换算得到模型加载参数。进行加载,之后以 62.3kN(即相当于实际荷载 2.88×10^{6}kN)的荷载稳定运行 2.5h,最后以 6kN/min(即相当于实际荷载 2.7×10^{5}kN)的速率进行极限加载,直至加载到 422.3kN(即相当于实际荷载 1.9×10^{7}kN)。

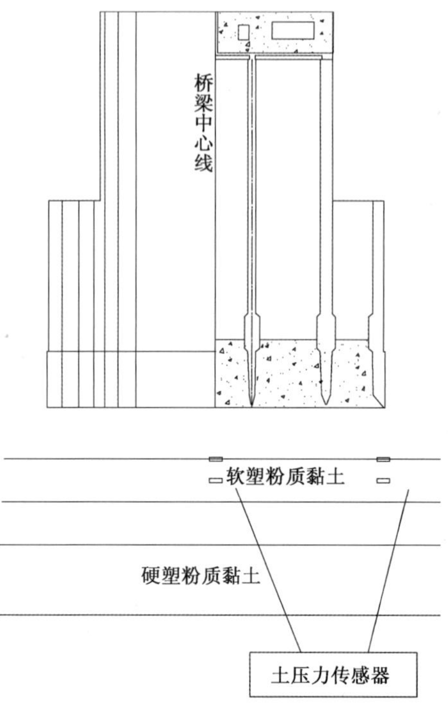

图 3.2-4 土压力监测点剖面布置示意图

常泰过江通道主航道桥关键节点工期表 表 3.2-4

序号	节 点	时间(月)	总时间(月)	工程荷载(kN)
1	沉井施工	18	18	
2	承台施工	3	21	
3	下塔柱(含下横梁、塔座)	7	28	691385
4	中塔柱	8	36	1696699
5	上塔柱	10	46	1870007
6	主梁架设至最大悬臂	8	54	2452937
7	合龙	1.5	55.5	
8	索力调整	1.5	57	
9	道砟铺设	1	58	
10	附属结构施工	1	59	2801186

3.2.3 试验过程

3.2.3.1 试验沉井模型加工制作

模型加工完毕后,根据相应设计要求粘贴测试应变片,连接测试电路,涂抹保护环氧树脂并做表面处理，图 3.2-5 所示为正在加工的沉井模型、图 3.2-6 所示为贴有应变片的沉井模型。

图 3.2-5　正在加工的沉井模型

图 3.2-6　贴有应变片的沉井模型

3.2.3.2　试验用砂和用土制备

(1) 土体材料制备原则。

对于黏性土，土的压缩模量是判断土的压缩性和计算地基压缩变形量的重要指标之一。试验组选取天津滨海新区沿海吹填区的粉质黏土和粉细砂作为基土进行粉质黏土土样的配制，通过不同的比例来混合干土样，参考现场勘测资料中重点区域的粉质黏土层（$③_1$ 粉质黏土层）的密度和天然含水率开展固结试验，测得此种土样的压缩模量，并与勘测资料进行对比，误差小于 5% 方可达到试验要求。

室内试验中，由于基础和地基材料缩尺的不一致，因而存在粒径效应问题。对于砂土环境的离心模型试验，业界普遍认为当模型基础宽度和平均粒径的比值不小于 100 时，可忽略粒径效应的影响。经过对现场来样（D6-15 孔）进行颗粒分析试验，测得了每组试样的颗分曲线和 D_{50} 等参数，由于此次试验中采用的沉井基础的宽度为 385mm，采用的沉井基础的宽度与砂土平均粒径比值（B_m/D_{50}）均大于 100，满足试验要求，因此砂土颗粒粒径无须进行缩尺。

每层砂层按级配曲线，使用福建标准砂进行等粒径等比例配制，配制完成后参照现场勘查资料对应砂层的含水率和密度指标开展直剪试验，测得其内摩擦角指标并与现场资料进行比对，要求误差小于 5%，如不满足这一要求，适当添加粗料或细料以调节内摩擦角，通过此种方法完成砂料的制备。

(2) 土体材料参数。

试验组使用现场取回的钻孔试样开展了室内物理力学指标测试，并参考现场勘测资料确定试验用土和用砂指标，分 10 层制备地基模型，沉井基础下部土层及砂层制模指标参数见表3.2-5。

试验用砂参数指标　　表3.2-5

层号	土层类型	密度ρ (g/cm³)	含水率 (%)	内摩擦角 (°)	黏聚力(快剪) (kPa)	黏聚力(固快) (kPa)	压缩模量 E_s (MPa)
1	②$_1$粉质黏土层	2.00	22.5	22.1	19.6		6.14
2	粉砂	1.85	33	25.8			
3	②$_1$粉质黏土层	2.03	24.2	18.6		33.2	3.48
4	②$_3$粉砂②$_4$细砂中砂	2.03	21.0	36.8			
5	②$_{1-1}$粉质黏土层	1.9	32.8	9.6	30.6	30.2	6.17
6	细砂	2.02	23.2	21.6			
7	③$_1$粉质黏土层	1.89	33.6	11.1	43.6	39.6	22.11
8	③$_2$③$_4$粉砂中砂层	2.04	21.8	23.2			
9	③$_{1-1}$粉质黏土层	1.91	32.9	9.1	40.9	51.3	3.7
10	粗砂层	2.19	12.8	41.5			

(3)土体材料制备过程。

试验组针对不同类型的土样采取不同的方法进行制备。粉质黏土经过烘干—粉碎—筛分—拌和等步骤完成土样的制备。砂土使用福建标准砂,经过筛分和拌和完成配制。

3.2.3.3　模型地基土层制备

模型地基土层制备之前,将排水体放入模型箱底部,以利于制模完成后进行饱和。为减少模型箱壁的边界效应对试验的影响,在模型箱内壁涂抹凡士林,以模拟半无限场地。

地基土的制备采用砂雨法和振动击实法,具体过程如下:

(1)砂雨法制模(砂层)。

砂雨法制模形成的土层密实度和落砂高度有关,为保证模型土样的均匀性,试验前预先进行砂雨法落距标定,并进行压实,控制相对密实度。然后将预先备好的砂样装入砂箱中,将砂箱吊起至指定初始高度,采用圆形落砂筛嘴进行分层撒砂(图3.2-7和图3.2-8),控制层高,后逐步调整砂雨器高度保持标准落距。

图3.2-7　砂雨法撒砂

图3.2-8　撒砂完成

(2)振动击实法(粉质黏土层)。

振动击实法需要分层对土体进行击实,采用与现场相同的干密度作为制样的控制参数,制样过程中需要保证同层土不同部位的击实次数相同,以保证同层土的参数一致,如图3.2-9所示。完成一层土的制备后,需要将土的表面进行刮毛处理,以增加每层土的咬合度,如图3.2-10所示。

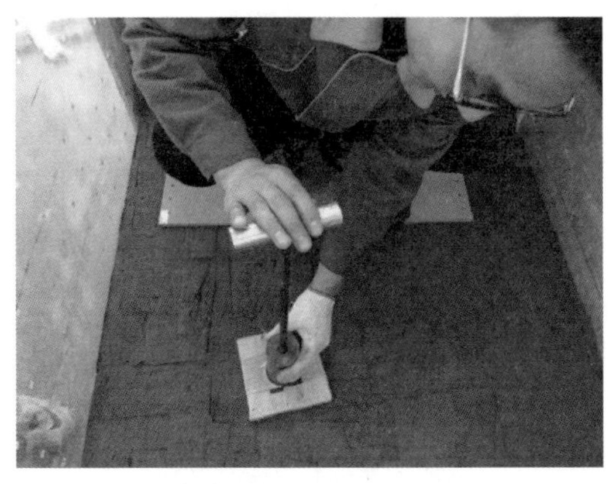

图3.2-9　土样击实

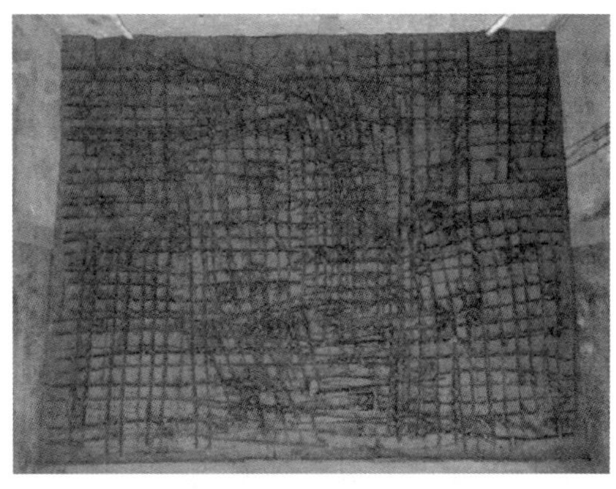

图3.2-10　表面刮毛

土体全部填筑完毕后,分两次从土体底面缓慢注入清水进行饱和:第一次在1g条件下,通过模型箱预埋的注水管缓慢从箱底向上注水,以避免扰动砂层或使砂层中有气泡存在,注入足够水量,以水面高于土面1cm为宜,终止注水,将土样浸泡24h;第二次在固结试验前,通过注水管向土样继续加水,以水面高于土面1cm为宜,终止注水。在150g离心力场中运转30min,使土体充分饱和。

3.2.3.4　传感器埋设

根据前期试验设计要求,埋设土压力传感器,埋设过程分为划线—埋设主体—走线—压线几个步骤,如图3.2-11和图3.2-12所示。

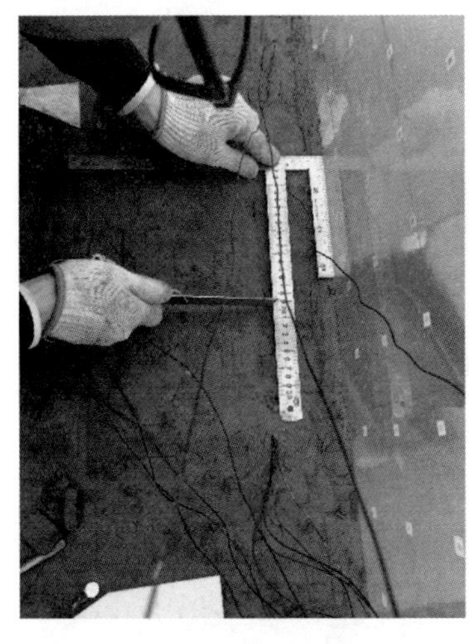

图3.2-11　划线

图3.2-12　传感器埋设完成

3.2.3.5 加载装置及位移测量装置的安装

地基模型制作的同时，安装测试液压加载系统，液压加载系统通过力传感器和位移传感器的反馈信号进行动态控制，如图3.2-13所示，4个激光位移传感器通过型材固定到加载头周围，以测量沉井的沉降情况，如图3.2-14所示。

图3.2-13 加载装置

图3.2-14 加载装置局部特写

3.2.3.6 具体试验步骤

（1）试验模型制作完成后，将模型箱吊入离心机吊篮并放置妥当，安装加载横梁及加载装置、摄像机、LED照明灯及其他附属配件，完成接线及传感器清零工作，准备启动离心机开始试验，安装过程如图3.2-15～图3.2-18所示。

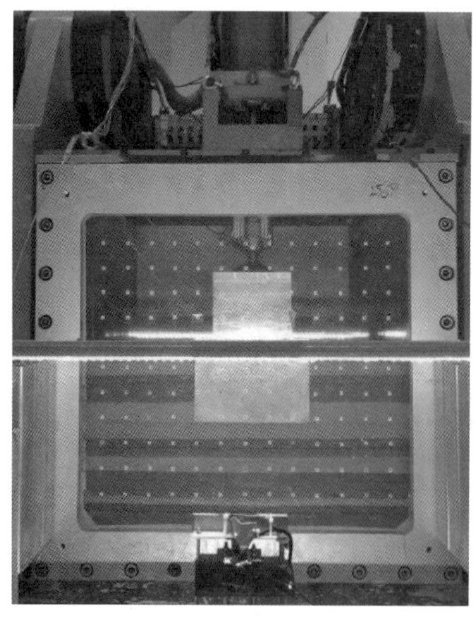

图3.2-15 模型制作完毕状态

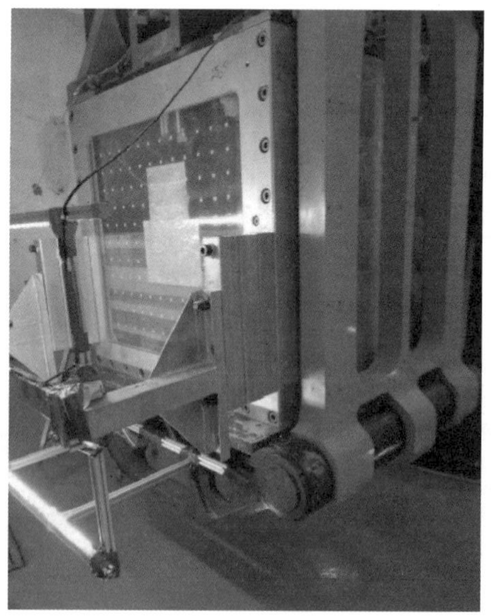

图3.2-16 安装LED灯支架

图 3.2-17 测试激光位移传感器

图 3.2-18 试验模型整体

(2)以 20g 为一级,分级加载至 150g,稳定运行 120min(相当于原型 5.14 年),以还原土体的应力状态。观察各个位移传感器的读数变化,使趋于稳定之后,开展加载试验。

(3)打开加载系统软件,导入加载数据,实施加载工况,其间在每个施工节点拍照采集照片图像。

(4)当极限荷载加载完毕后,保存相应试验数据,停机将模型箱吊出,完成试验。

3.2.3.7 图像采集

图 3.2-19 为施加 62.3kN 上部荷载前采集图像,图 3.2-20 为上部荷载施加完毕后采集图像,图 3.2-21 为上部结构施工完毕 78.13 个月后采集图像,图 3.2-22 为极限加载到 422.3kN 采集图像。

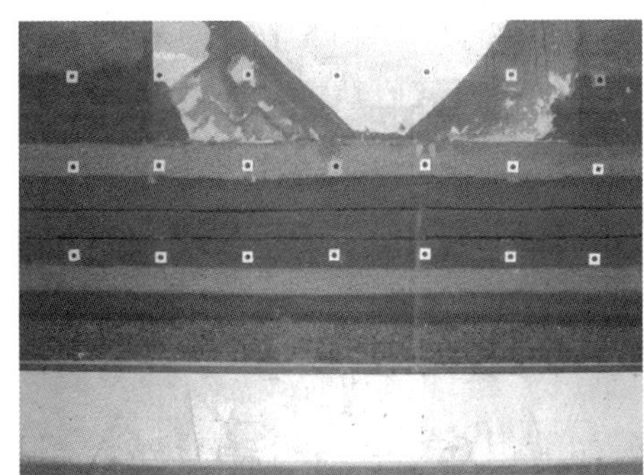

图 3.2-19 施加荷载之前

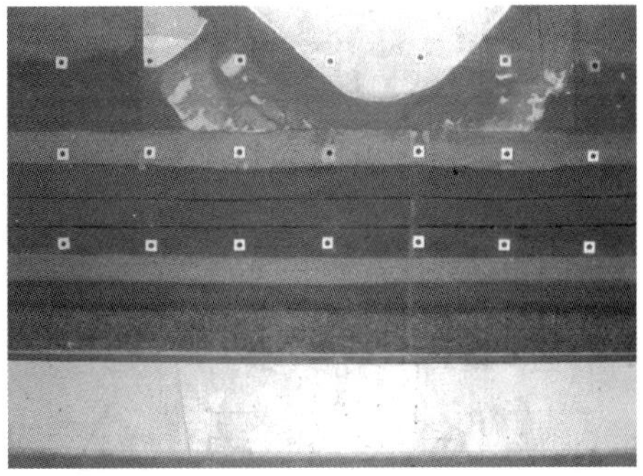

图 3.2-20 62.3kN 上部荷载施加完毕后

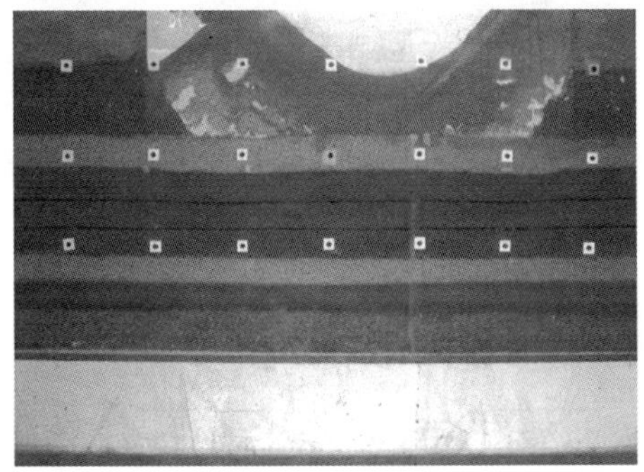

图 3.2-21 上部结构施工完毕 78.13 个月后

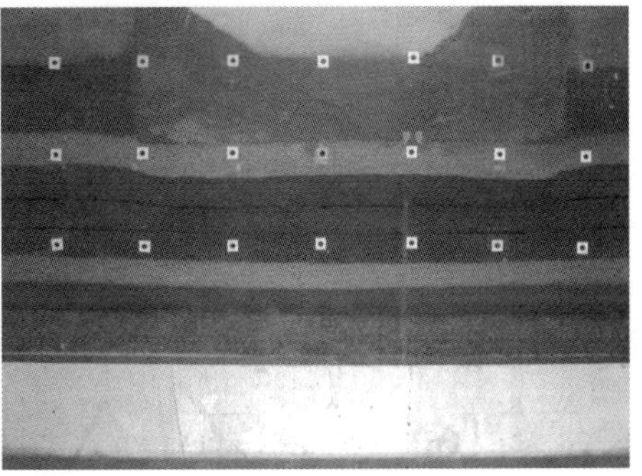

图 3.2-22 极限加载到 422.3kN

3.2.4 试验主要成果

3.2.4.1 位移传感器监测结果

(1)施工期关键节点的地基土体沉降与荷载关系。

据上述试验条件,得到了试验模型在施工期关键节点的沉降与荷载曲线,如图3.2-23所示。

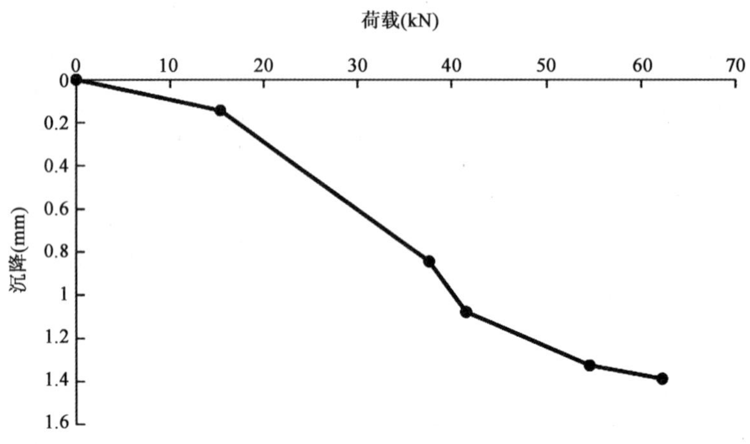

图3.2-23 模型施工期地基土体沉降与荷载关系曲线图

(2)地基土体工后沉降与时间关系。

试验得到了试验模型地基土体工后时间与沉降关系,如图3.2-24所示,图中横坐标模型加载时间(s),纵坐标为地基土体沉降量(mm)。

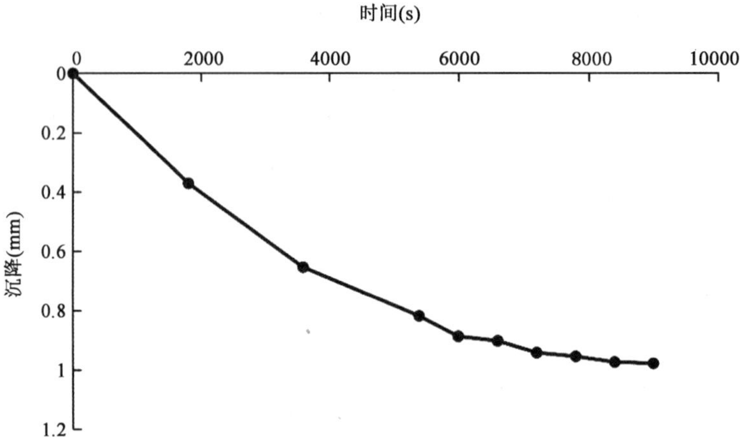

图3.2-24 模型地基土体工后时间与沉降关系曲线

(3)极端工况下沉降与荷载关系。

试验得到了试验模型极端工况下地基土体沉降与荷载关系,如图3.2-25所示,图中横坐标模型荷载(kN),纵坐标为沉井基础沉降量(mm)。

(4)结果分析。

经过对各传感器数据进行对比分析得到如下结论:

施加上部荷载过程中,模型地基土体沉降与荷载曲线呈反S形,在62.3kN上部荷载施加完毕后,模型地基土体沉降量为1.42mm;当维持62.3kN上部荷载达到9000s后,模型地基土体沉降趋于稳定,工后沉降量为0.93mm;当极限加载达到422.3kN后,极限加载期的土体沉降量达到11.3mm,此时沉降与荷载曲线呈抛物线型。

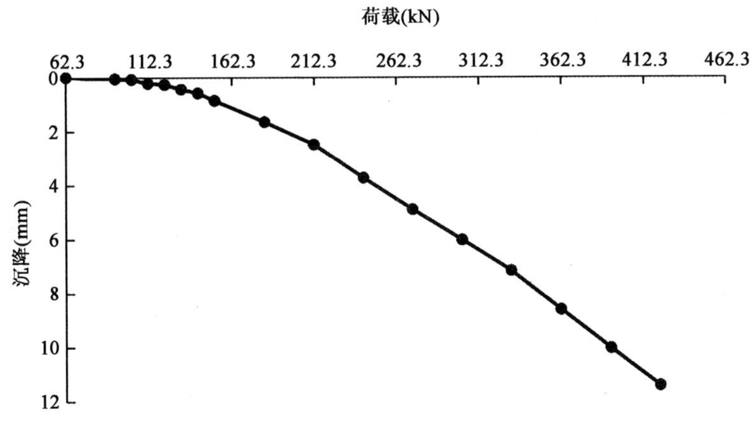

图3.2-25　模型极端工况下地基土体沉降与荷载关系曲线

3.2.4.2　土压力传感器监测结果

(1)粉质黏土层中层监测数据。

在试验过程中,试验组对沉井基础下部粉质黏土层的土压力进行监测,图3.2-26～图3.2-28中的传感器布置于③$_1$粉质黏土层的中间位置。

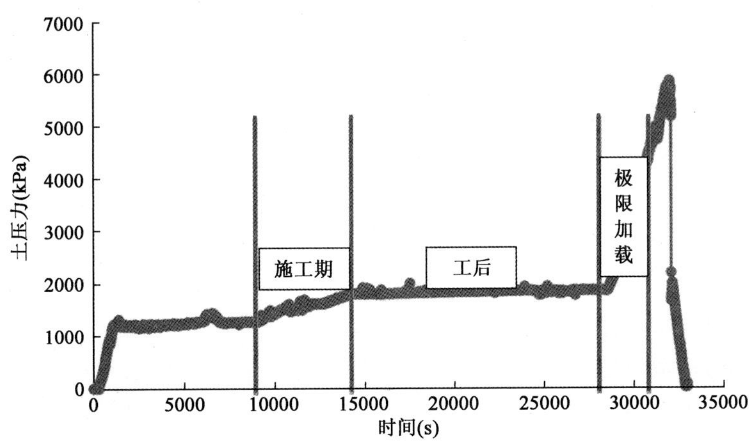

图3.2-26　沉井正下方处土压力监测结果

此传感器位于粉质黏土层中部,在沉井模型长轴中心线上,距模型玻璃面50mm处(即距沉井实物短轴中心线7.5m处)。当离心机升至150g时,土压力约为1.25MPa;当上部结构施工完毕后,土压力上升到1.8MPa;工后稳定期土压力基本保持不变;极限加载期土压力呈急速上升趋势。

此传感器位于粉质黏土层中部,在模型侧壁正下方,距模型玻璃面50mm处(即距沉井实物短轴中心线7.5m处)。当离心机升至150g时,土压力约为1.3MPa;当上部结构施工完毕后,土压力上升到1.65MPa;工后稳定期土压力呈微弱上涨趋势;极限加载期土压力呈急速上升趋势。

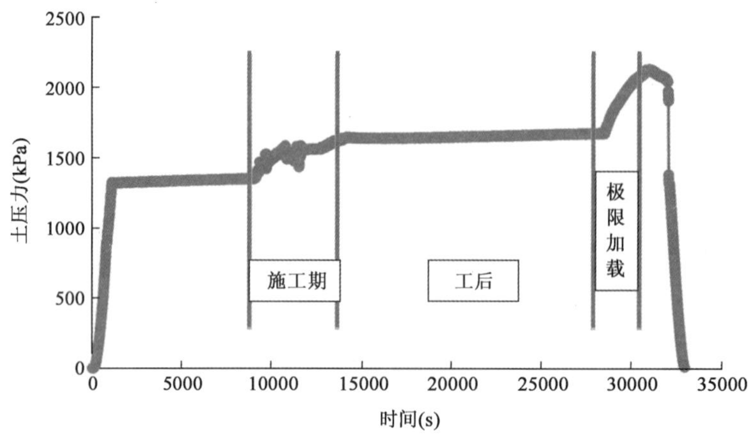

图3.2-27 沉井底角处土压力监测结果

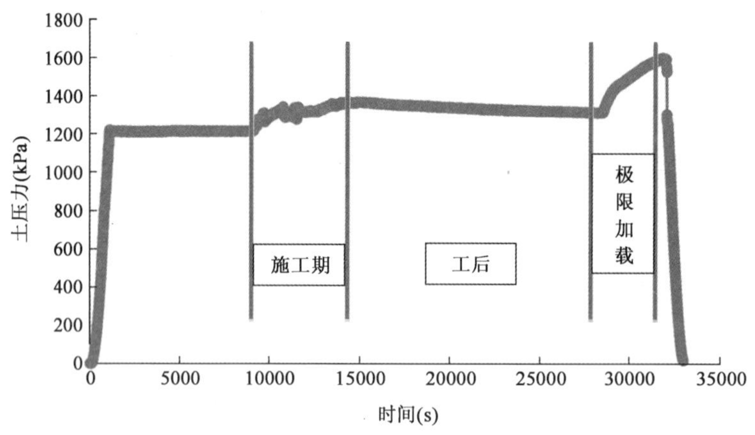

图3.2-28 沉井底角外侧6m处土压力监测结果

此传感器位于粉质黏土层中部,在模型侧壁正下方外侧40mm(即距实物侧壁正下方6m),距模型玻璃面50mm处(即距沉井实物短轴中心线7.5m处)。当离心机升至150g时,土压力约为1.2MPa;当上部结构施工完毕后,土压力上升到1.35MPa;工后稳定期土压力呈微弱下降趋势;极限加载期土压力呈急速上升趋势。

(2)粉质黏土层表层监测数据。

在试验过程中,试验组对沉井基础下部粉质黏土层的土压力进行监测,图3.2-29～图3.2-31中的传感器布置于③$_1$粉质黏土层的表面位置。

此传感器位于粉质黏土层表层,在沉井模型长轴中心线上,距模型玻璃面50mm处(即距沉井实物短轴中心线7.5m处)。当离心机升至150g时,土压力约为1.05MPa;当上部结构施工完毕后,土压力上升到1.65MPa;工后稳定期土压力基本保持不变;极限加载期土压力呈急速上升趋势。

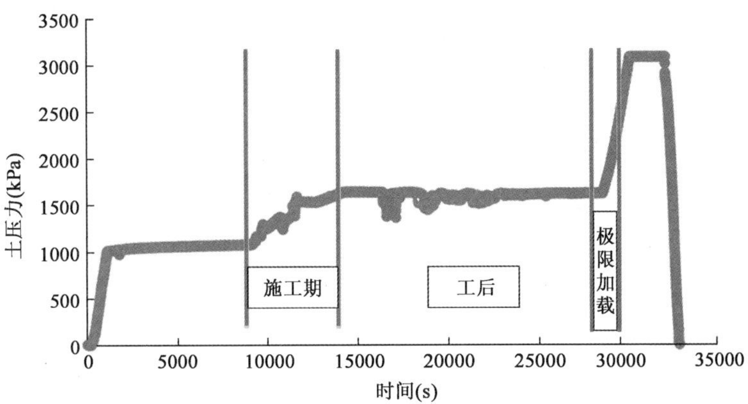

图 3.2-29　粉质黏土层表层沉井正下方处土压力监测结果

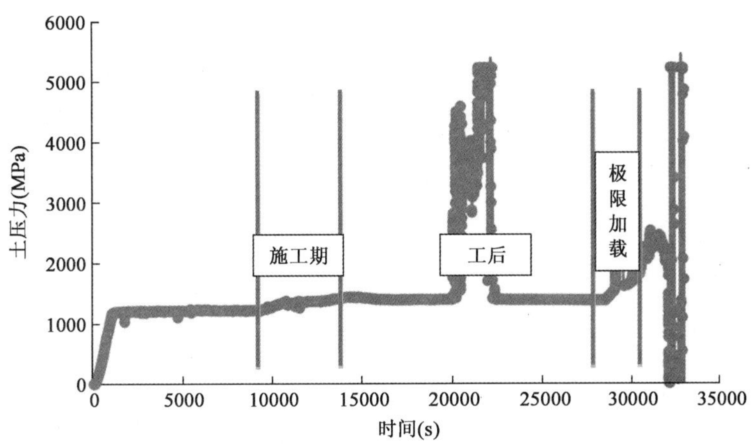

图 3.2-30　粉质黏土层表层沉井底角处土压力监测结果

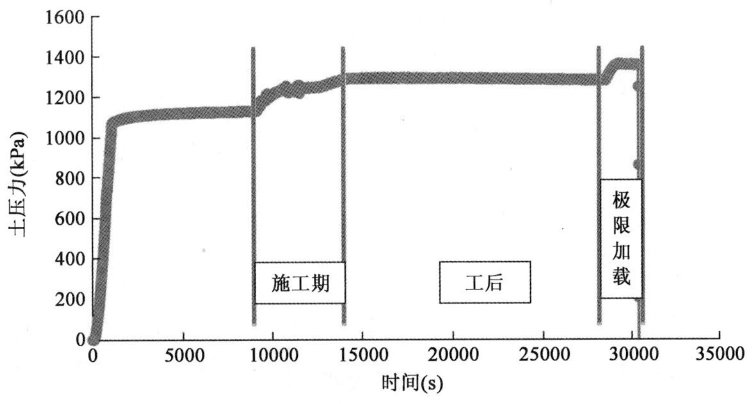

图 3.2-31　粉质黏土层沉井表层底角外侧 6m 处土压力监测结果

此传感器位于粉质黏土层表层,在模型侧壁正下方,距模型玻璃面 50mm 处(即距沉井实物短轴中心线 7.5m 处)。当离心机升至 150g 时,土压力约为 1.2MPa;当上部结构施工完毕后,土压力上升到 1.37MPa;工后稳定期土压力呈微弱上涨趋势;极限加载期土压力呈急速上升趋势。

此传感器位于粉质黏土层表层,在模型侧壁正下方外侧 40mm(即距实物侧壁正下方 6m),距模型玻璃面 50mm 处(即距沉井实物短轴中心线 7.5m 处)。当离心机升至 150g 时,土压力约为 1.13MPa;当上部结构施工完毕后,土压力上升到 1.29MPa;工后稳定期土压力呈微弱下降趋势;极限加载期土压力呈急速上升趋势。

(3)土压力与荷载对应关系。

施工期、工后稳定期和极限加载期的工程荷载与沉井下部的土压力对应关系如图 3.2-32 ~ 图 3.2-37所示。

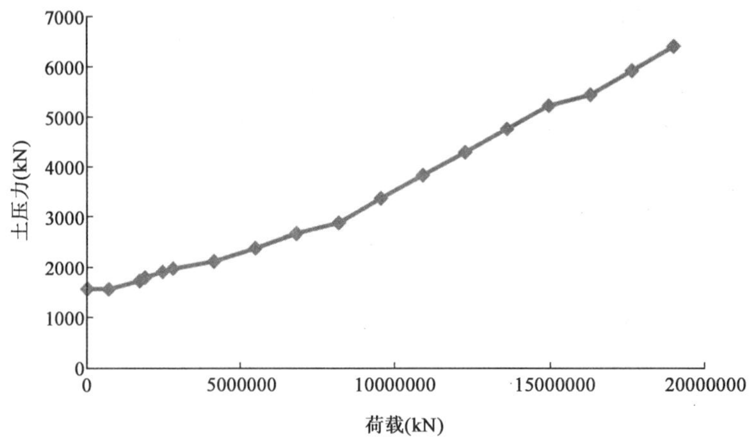

图 3.2-32　粉质黏土层中层沉井正下方处土压力与荷载对应曲线图

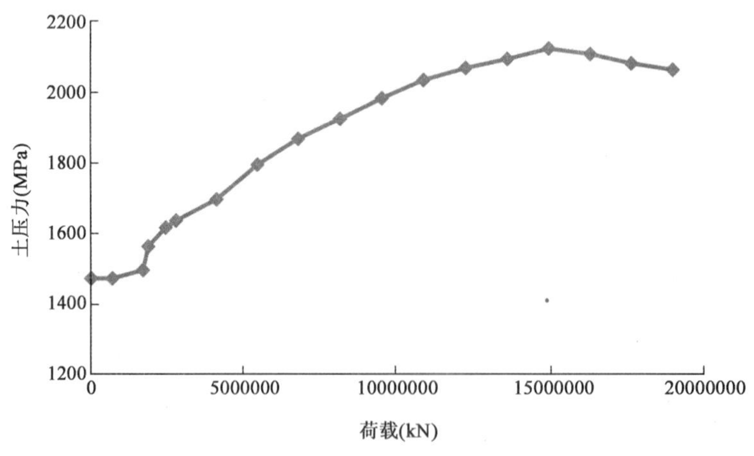

图 3.2-33　粉质黏土层中层沉井底角处土压力与荷载对应曲线图

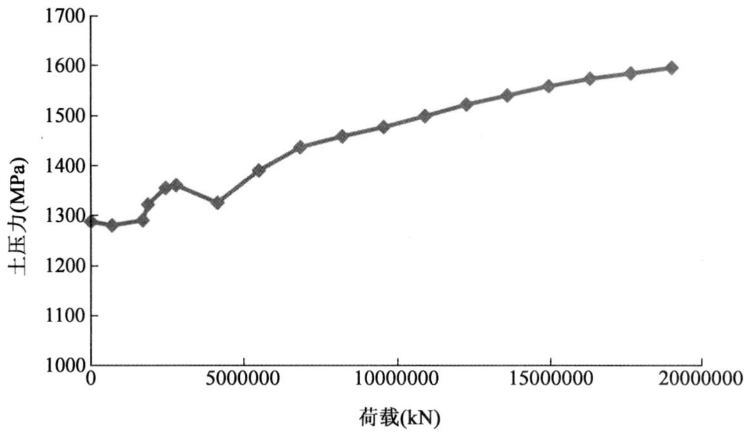

图3.2-34　粉质黏土层中层沉井底角外侧6m处土压力与荷载对应曲线图

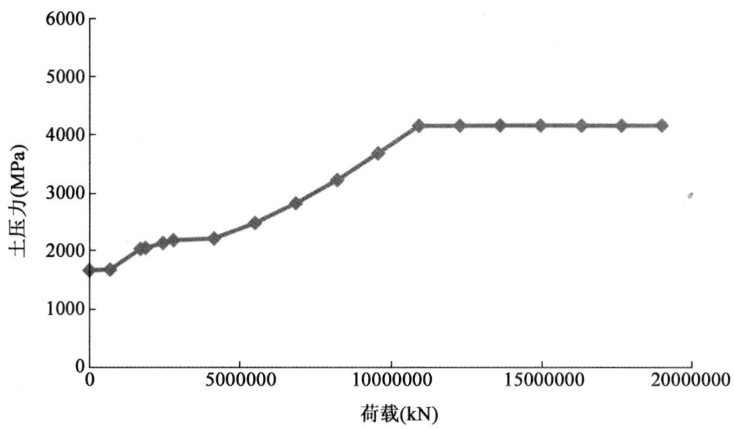

图3.2-35　粉质黏土层表层沉井正下方处土压力与荷载对应曲线图

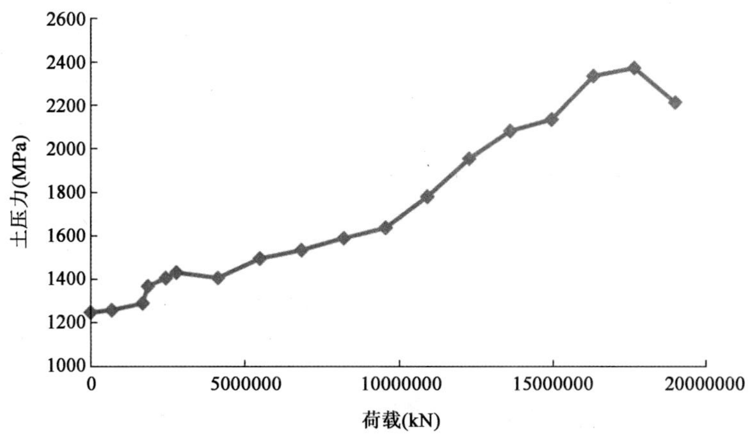

图3.2-36　粉质黏土层表层沉井底角处土压力与荷载对应曲线图

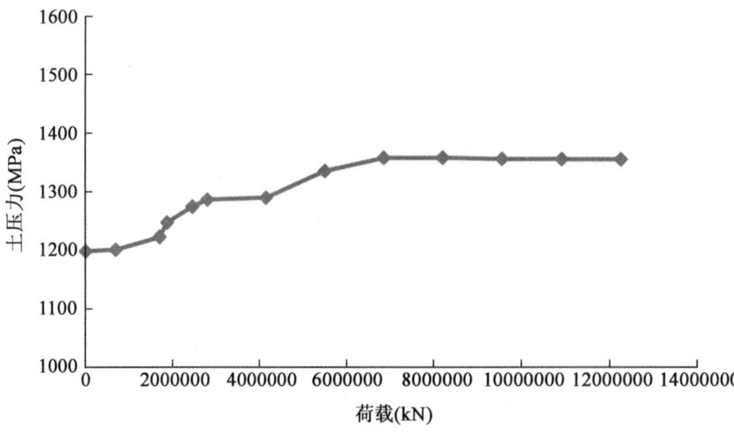

图 3.2-37　粉质黏土层中层沉井底角外侧 6m 处土压力与荷载对应曲线图

第4章　港口码头工程离心模型试验研究

4.1　高桩码头软土岸坡变形离心模型试验研究

4.1.1　概述

高桩码头是码头三大结构类型之一，因其适用于软土地基，故在我国众多河口、海岸地区广泛采用。然而，由于码头后方软土地基在自重及垂直堆货荷载的作用下会产生明显的侧向变形，给码头结构造成严重的损伤，对码头安全生产构成严重的威胁。在自重作用下边坡会发生变形，在有坡顶堆载的情况下，边坡变形会更加显著。

对于处于岸坡之上的高桩码头结构，码头后方堆载同样会显著增加岸坡及码头结构变形，影响码头结构正常使用。因此，本书通过离心模型试验研究有、无加固体情况时，码头后方在堆载作用下高桩码头岸坡变形机理、高桩码头承载及变形模式及高桩码头承台结构内力，进而研究在有加固体的情况下，加固体对高桩码头岸坡变形及其承载特性的影响。

4.1.2　工程概况

本次离心模型试验依托天津港22～24段码头进行，码头全长530m，承台总宽40.8m。设计高程+5.8m(天津港理论深度基准面，下同)，为3个万吨级泊位。22～24号泊位结构断面图如图4.1-1所示。

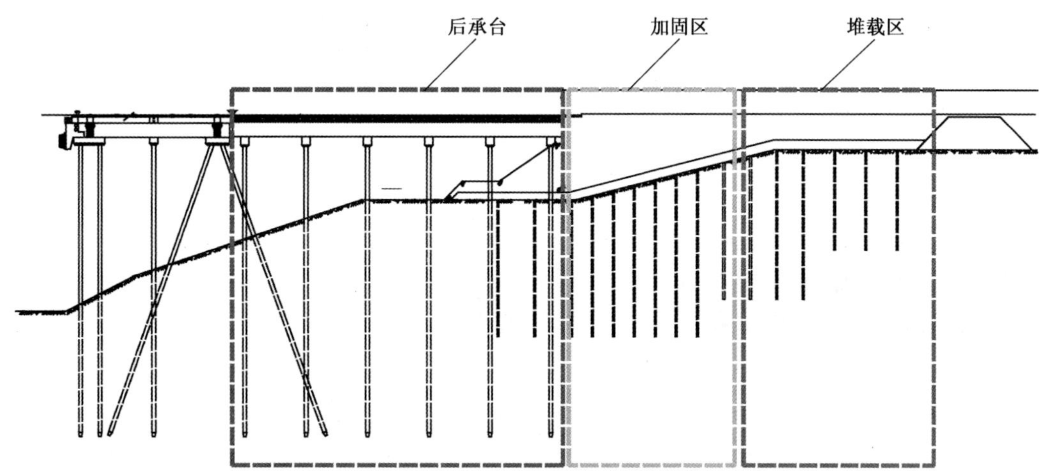

图4.1-1　22～24号泊位结构断面图

后承台桩基为混凝土方管桩，桩长24.5m(包括桩帽、桩尖，桩尖0.5m)，桩外截面为500mm×500mm，空心直径为270mm。

加固体为截面如图4.1-2所示的连续m形的水泥搅拌桩结构，加固体高18m，加固体顶面距土层表面2m，加固体开口方向朝向高桩码头后承台。

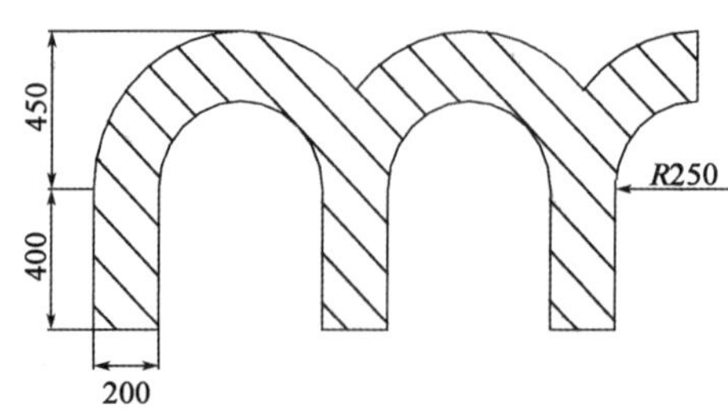

图 4.1-2 加固体截面图(尺寸单位:mm)

码头后方堆载设计值为 50kPa,岸坡变形荷载为边坡土体、结构自重加上堆载。

为方便进行离心模型试验,将整个码头横向分为三个区域(不考虑前承台部分):后承台、土层加固区及后方堆载区,离心模型试验中的码头结构模型、加固体模型及土层模型按此三个区域进行布置。

4.1.3 地质概参数

码头所在区域土层物理力学参数,见表 4.1-1。

主要物理力学参数指标统计表 表 4.1-1

层　号	土　层	密度 (kg/m³)	弹性模量 (MPa)	泊　松　比	黏聚力 (kPa)	摩擦角 (°)
1	淤泥	1560	27.45	0.3	25	25
2	淤泥质黏土	1720	35.25	0.28	27	27
3	黏土	1750	38.55	0.25	26	26
4	粉质黏土	1850	61.05	0.26	28	28
5	粉土	1970	231	0.25	30	30
6	粉细砂	1990	1500	0.21	—	—

4.1.4 试验研究内容

通过对码头后方地基土层布置连续 m 形加固体是高桩码头软土岸坡变形控制的新方法,因此,需要研究堆载作用下岸坡变形机理及高桩码头承载模式。本书借助离心机这一先进的试验设备,利用离心机能方便开展物理模型试验的优点,通过有、无加固体的高桩码头岸坡变形离心模型试验完成以下试验内容:

(1)后方堆载情况下,高桩码头整个岸坡的变形特点。

(2)高桩码头后承台失稳模式。

(3)高桩码头整体位移特性及承载特性。

(4)高桩码头后承台桩身变形特性及桩身弯矩。

(5)有、无加固体情况下,上述(1)~(4)项研究内容的异同。

4.1.5 模型设计与制作

4.1.5.1 模型的相似比尺

本项离心模型试验是在天科院 TK-C500 大型土工离心机上完成的,使用内部尺寸为 1200mm×600mm×1200mm 的模型箱。根据天津港 22~24 段码头后承台几何尺寸、液压加载装置的布置方式,并结合边界条件等影响因素,选定模型几何比尺为 $n=100$。

4.1.5.2　带缺陷桩高桩码头前承台模型

后承台结构中,各构件基本上均为受弯构件,离心模型制作按照抗弯刚度相似准则进行设计。离心模型等抗弯刚度理论表达为:

$$E_pI_p = E_mI_m \times n^4 \tag{4.1-1}$$

式中,下标 m、p 分别代表模型和原型受弯构件;E 为材料弹性模量;I 为受弯构件的截面惯性矩;n 是模型率。式(4.1-1)模型受弯构件的截面抗弯刚度 E_mI_m 应比原型的抗弯刚度 E_pI_p 小 n^4 倍。

按照式(4.1-1)进行码头结构模型设计,原混凝土方管桩截面尺寸为 500mm × 500mm,空心直径 270mm,模型管桩截面尺寸为 5mm × 5mm,空心截面为方形,管桩壁厚 1.2mm。

缺陷桩模型,如图 4.1-3 ~ 图 4.1-5 所示。

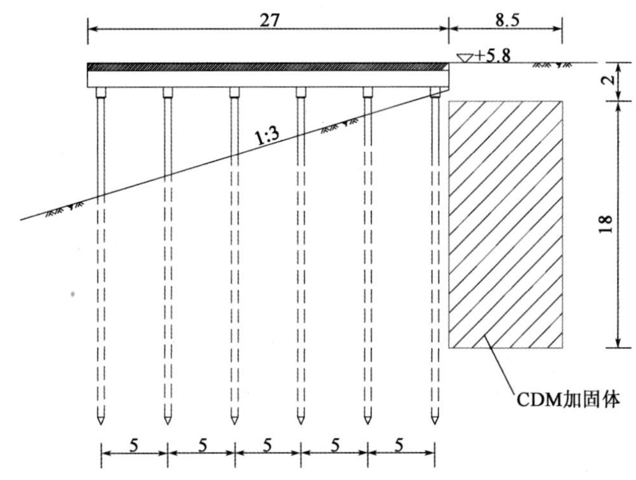

图 4.1-3　缺陷桩模型侧视图(尺寸单位:cm;高程单位:m)

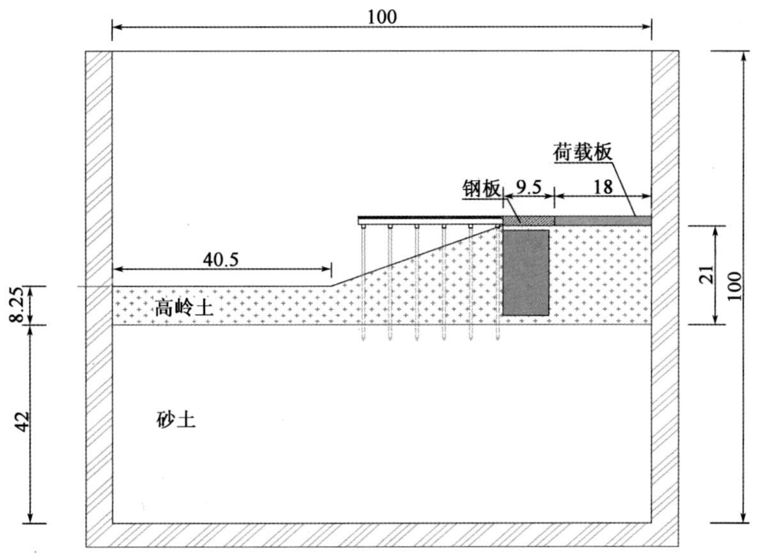

图 4.1-4　缺陷桩模型侧视图(尺寸单位:cm)

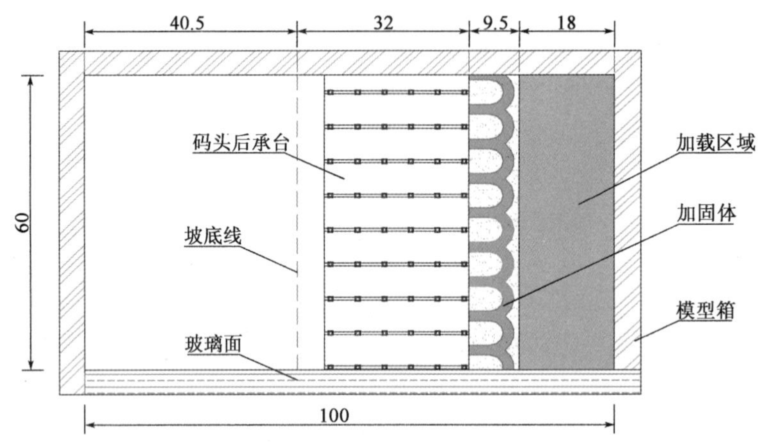

图 4.1-5　缺陷桩模型俯视图(尺寸单位:cm)

由于模型尺寸较小,模型土体中难以进行水泥搅拌桩施工,因此,原水泥搅拌桩加固体采用石膏代替(图 4.1-6、图 4.1-7),石膏配比(质量比)为水:石英砂:石膏 =0.8:1.6:1.2。

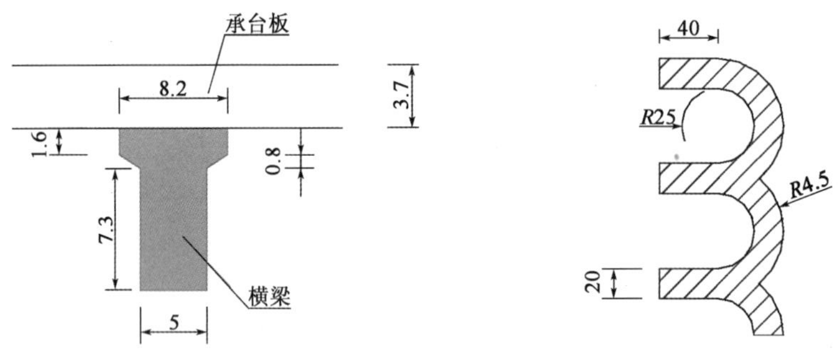

图 4.1-6　横梁模型图(尺寸单位:mm)　　　图 4.1-7　加固体模型图(尺寸单位:mm)

为测得石膏加固体的弹性模型,进行无侧限压力试验,试验中进行两种试样的压力试验:直径 50mm、高 50mm 及直径 50mm、高 68mm。通过对两组试样的应力-应变关系进行线性拟合,得到两组试验的弹性模型均在 1.75GPa 左右,因此,对于加固体的弹性模量可以取 1.75GPa。

4.1.5.3　地基土层的模拟

为了便于制模,模型中采用一种土体即黏土作为模型地基土,土体在试验室用高岭土配制。土体弹性模量 38.55MPa,泊松比 0.25,黏聚力 26kPa,内摩擦角 26°,密度 1750kg/m^3。为了制备模型地基土层的黏土土样,采用大尺寸的土样固结仪进行地基土体固结。将高岭土充分饱和制成泥浆,缓慢注入模型箱内,静置一周后,逐渐形成具有一定强度的泥层。然后,将盛装泥层的模型箱安装到固结仪上。之后,逐级加载固结。

有、无加固体的模型土体均分两层:上层为厚 23cm(固结完成以后的厚度)的高岭土层,下层为厚 42cm 的丰浦砂层(固结完成以后的厚度),承台桩基底部进入砂土层 3.3cm。

为防止离心机运行过程中岸坡变形过大,实际模型土体强度略大于设计强度,离心机开转前,测得无加固体的模型土体强度为:顶层(10cm 深)26kPa,中层(20cm 深)36kPa,砂土层顶部(25cm 深)66kPa;有加固体的模型土体强度为:顶层(10cm 深)23Pa,中层(20cm 深)

38Pa，砂土层顶部(25cm 深)60Pa。

4.1.5.4　模型安置

地基土层模型强度达到设计强度时，将码头后承台模型安置土层模型中，对有加固体模型，同时安置加固体。后承台模型安置前，现在土层表面对应桩位上预成孔，成孔完成后将后承台整体下压值设计高程。对于加固体的安置，先在土层中在加固体设计位置预挖 m 形槽，成槽后将配好的石膏浆体倒入 m 形槽中。模型安置如图 4.1-8 所示。

a)无加固体

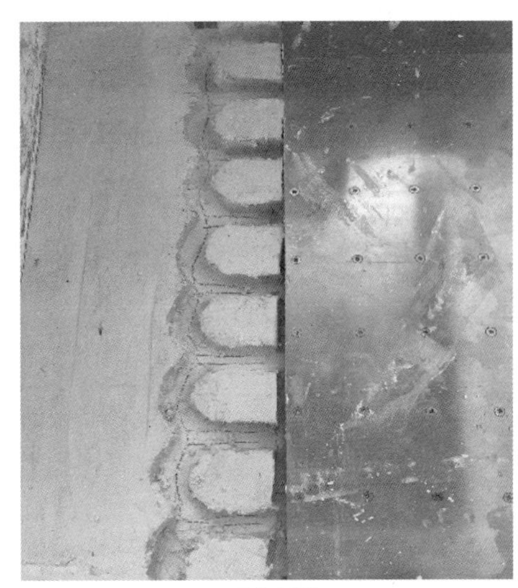

b)有加固体

图 4.1-8　模型安置

4.1.5.5　加载设备的安装

原型中码头后方堆载设计值为 50kPa，为研究高桩码头结构及岸坡的破坏模式，模型中码头后方堆载 150kPa。无加固体模型试验中，加载板尺寸为 0.58m × 0.18m，每级加载0.6kN；在无加固体模型试验结束时，加载设备的加载杆发生过大弯曲变形，考虑到有加固体情况下，岸坡抵抗变形能力增强，因此，有加固体模型试验中缩小加载板尺寸为 0.58m × 0.11m，每级加载 0.367kN。有、无加固体模型试验中，码头后方每级加载均为 5.75kPa。

加载设备的油缸驱动加载杆，进而驱动与加载杆相连的加载板，实现对码头后方的加载。为研究在堆载作用下加固体对岸坡变形的影响，荷载板未放置在加固体的垂直上方(图 4.1-9)，荷载板竖向完全作用在地基土层上。另外，放置竖向加载过程中，加载板周围土体向上隆起，将荷载板与承载板之间压上堆载垫块。堆载垫块平面尺寸为 0.58m × 0.095m，重 31.6N，即堆载垫

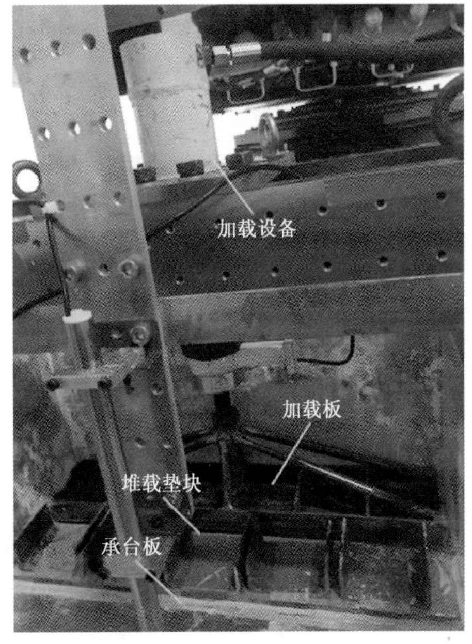

图 4.1-9　模型加载设备安置

块下有 0.574kPa 压力。

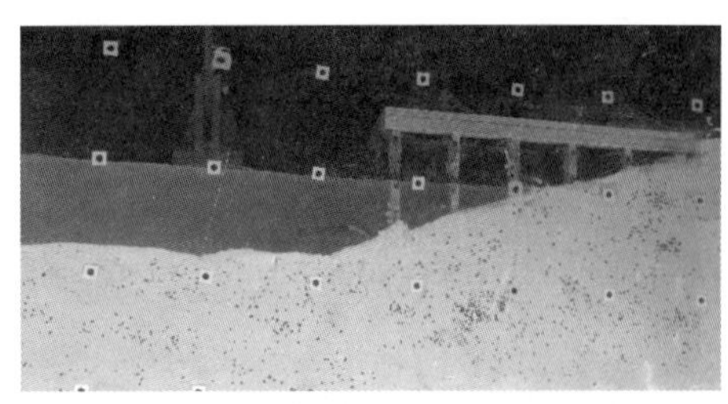

图 4.1-10 水位模拟

4.1.5.6 水位模拟

为与实际情况相吻合，根据试验要求，在结构模型安装完成之后，在坡底加水直至达到设计水位。实际坡顶高程 -1m，坡底高程 -9m，设计水位高程 -5m，模型中水高 4cm，如图 4.1-10 所示。由于安装结构模型之前，土体模型强度已达到设计强度，因此，模型中水的添加要在模型安装、传感器接线及调试均完成以后进行，防止水的浸泡使模型土体强度降低。

4.1.5.7 模型传感器布置

无加固体码头后承台模型中布置 49 个传感器：36 个应变片、2 个位移传感器、11 个土压力传感器。应变片分别布置在两排桩上：靠近玻璃面的第一排桩、中部的第五排桩。位移传感器分别测量后承台的水平位移和竖向位移，水平位移计布置在前承台承台板顶部（靠海侧），竖向位移传感器布置在承台板正中心。土压力传感器布置在紧靠玻璃面一排桩的两桩之间。无加固体传感器布置如图 4.1-11 所示，有加固体传感器布置如图 4.1-12 所示，图中传感器编号即为离心机数据采集系统中的采集通道编号。

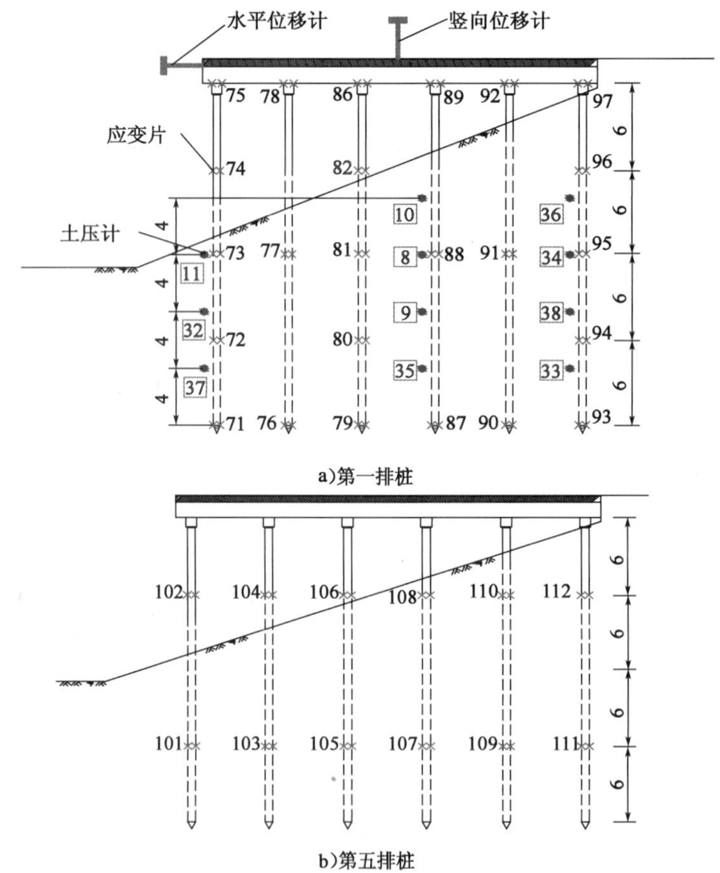

图 4.1-11 无加固体传感器布置（尺寸单位：cm）

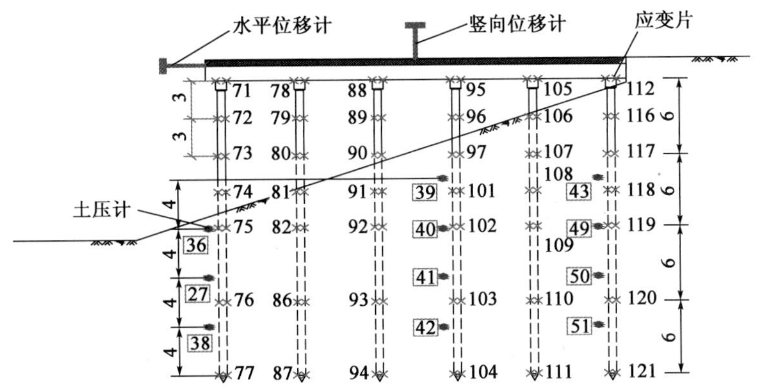

图 4.1-12　有加固体传感器布置(尺寸单位:cm)

承台模型制作完成以后,选取横向一排桩、梁进行应变片粘贴,粘贴完之后在连同应变片在桩身涂环氧树脂,防止结构安装在土体中损坏应变片。在前承台模型安装完成以后,对每个应变片进行调零。

4.1.6　试验结果分析

在分析讨论模型试验研究结果之前,做如下说明和规定:第一是将模型中的物理量值,按模型相似律换算至原型尺度相应的值。第二,规定截面受拉,弯矩为正,截面受压弯矩为负。第三,选取结构模型中承台板顶部中心点为参照点,此处的竖向位移值就是结构的特征沉降值;承台前端边缘水平位移值作为结构的特征水平变位值。第四,码头后方堆载设计值为 50kPa,为达到高桩码头后承台的破坏状态,实际加载要远大于设计荷载。

为便于进行有、无加固体情况下的对比,对于位移传感器、土压力传感器及桩进行统一编号,如图 4.1-13 所示,土体 U_1 表示竖向位移,U_2 表示水平位移,T 表示土压,Z 表示桩。

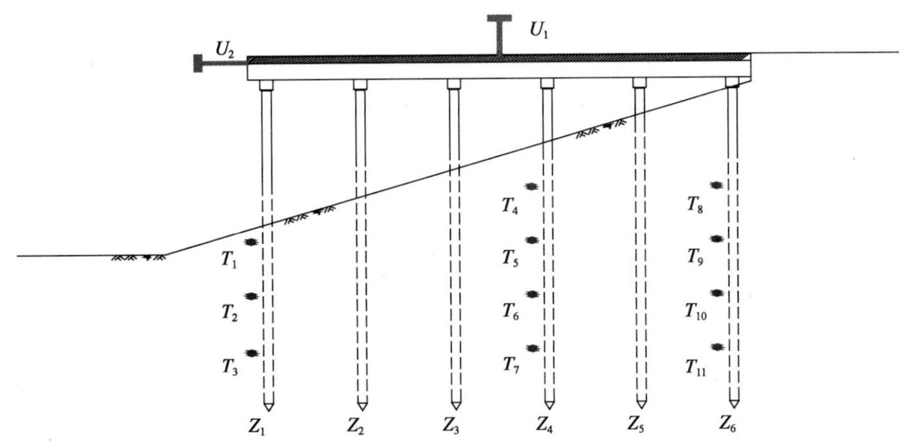

图 4.1-13　前承台桩与应变片编号

4.1.6.1　承台位移

加载前后,有、无加固体的高桩码头后承台、地基土体变形如图 4.1-14、图 4.1-15 所示。可以看出,加载结束后,荷载板下土体发生下陷,进而荷载板下土体挤压边坡土体致使边坡、后承台发生很大变形。由于整个加载过程中是在不排水条件下进行的,加载过程中整个地基土体体积不变,荷载板下土体向下的变形导致边坡土体前移、上拱,进而使后承台发生向海测、向上的位移。对比同一个标记点处结构位移可以看出,加载前后,有、无加固体的情况下,后承台均发生一定程度的竖向及水平向位移,其中水平位移均远大于竖向位移。

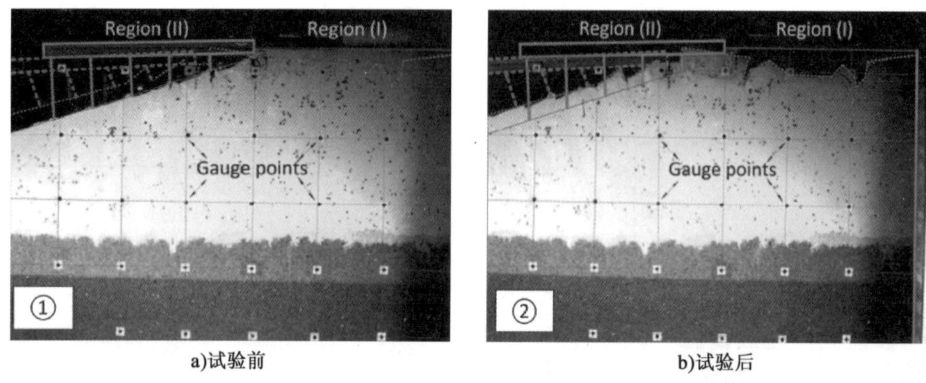

a)试验前　　b)试验后

图 4.1-14　无加固体时加载前后后承台位移变化

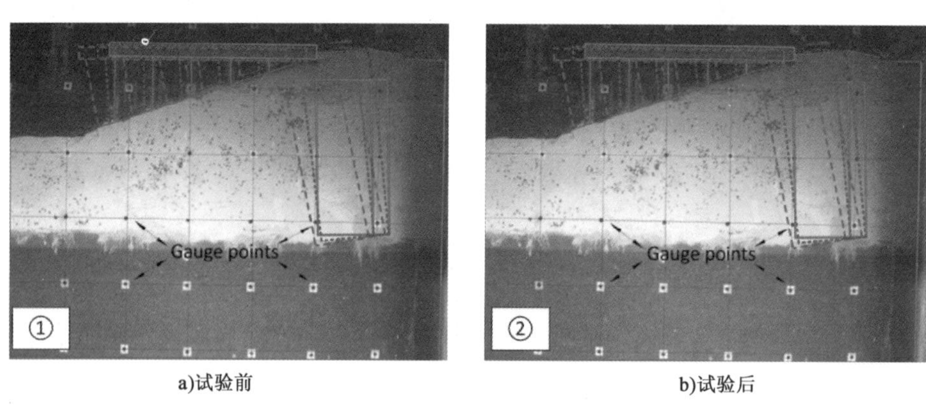

a)试验前　　b)试验后

图 4.1-15　有加固体时加载前后后承台位移变化

(1)竖向位移。

在码头后方堆载情况下,后承台竖向位移随堆载大小的变化如图 4.1-16 所示,位移正值表示承台位移向上。在没有加固体的情况下,高桩码头后方堆载极限值为 120kPa,此时对应的后承台竖向位移约 60mm,当堆载大于 120kPa 时,后承台竖向位移迅速变大。在有加固体的情况下,高桩码头后方堆载极限值为 180kPa,次数对应的后承台竖向位移约为 60mm,当堆载大于 180kPa 时,后承台竖向位移迅速增大。对比有、无加固体的后台竖向位移还可以看出,当堆载小于极限值时,有加固体的后承台竖向位移发展较慢,位移速率较低。如果取堆载极限值的 0.5 倍作为设计值,当堆载小于设计值时,有加固体的后承台竖向位移很小,并且变化并不明显,只有当堆载大于设计值时,后承台竖向位移才变化稍快。而对于无加固体的情况,当堆载小于极限值时,后承台竖向位移随堆载大小基本呈线性变化。当堆载大于极限值时,无加固体的地基土体迅速丧失承载力,后承台位移迅速变化,而有加固体地基土体虽然也丧失承载力,但受加固体影响,地基土体不会迅速破坏,后承台竖向位移变化稍缓。

试验结果表明,在有、无加固体的情况下,虽然后承台的极限竖向位移大致相同,但有加固体时,后承台的堆载承载力大幅度提高,相对于无加固体,提高幅度为 50%。加固体能很大程度上抵抗后方堆载所导致的土体水平向变形,从而降低岸坡、后承台位移发展。

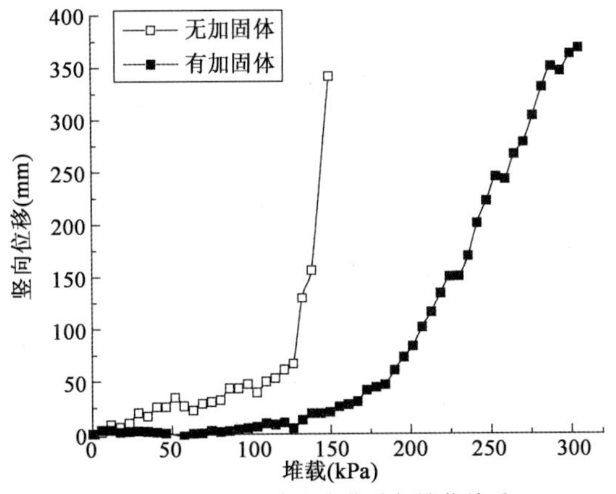

图 4.1-16　后承台竖向位移与堆载关系

(2)水平位移。

有、无加固体时,后承台水平位移随码头后方堆载大小变化如图 4.1-17 所示。后承台水平位移变化规律与竖向位移变化规律大致相同,无加固体时,后承台堆载极限值为 120kPa,此时对应的后承台水平位移为 400mm,有加固体时,后承台堆载极限值为 180kPa,此时对应的后承台水平位移为 400mm。

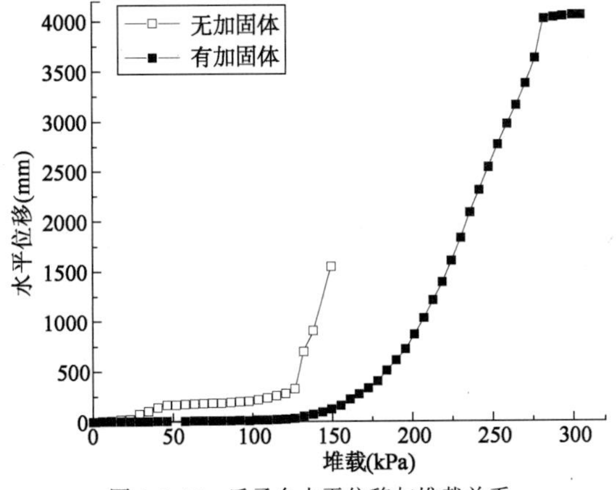

图 4.1-17　后承台水平位移与堆载关系

因此,综合有、无加固体的后承台竖向、水平向位移随码头后方堆载大小变化规律可看出,对于本次试验条件下的高桩码头后承台极限堆载承载力分别为 180kPa、120kPa,有加固体的后承台堆载承载力提高 50%。

4.1.6.2　桩侧土压力

有、无加固体时桩侧土压力随堆载大小变化如图 4.1-18 所示,$T_1 \sim T_3$ 为靠近坡底前排桩桩侧土压力,$T_4 \sim T_7$ 为岸坡中部第四排桩桩侧土压力,$T_8 \sim T_{11}$ 为靠近坡顶第六排桩桩侧土压力(无加固体的 T_1、T_8 传感器损坏,没有试验数据)。由图 4.1-18 中各点土压力变化可以看出,在达到极限堆载值以前,对于坡底、岸坡中部的桩,在桩身中上部,有加固体的桩侧土压力较大,无加固体桩侧土压力较小;在桩体下部,有加固体桩侧土压力较小,无加固体桩侧土压力较大。对于坡顶附近的桩,有加固体的桩侧土压力只有在下部大于无加固体。对比有、无加固体桩侧土压力大小分布规律可以看出,有加固体时,堆载作用下,坡顶土体向下位移,进而水平整体挤压岸坡土体,同时,岸坡上部土体更容易发生滑移变形,因此,有加固体时坡底、坡中中上部土压力整体较大。而对于无加固体的情况,堆载作用下,坡顶土体向下变形,土体水平变形更大程度上发生在地基深部,深处土体水平挤压岸坡,致使无加固体时,岸坡深处土压力较大。在坡顶附近,有加固体时,由于加固体阻隔,土体侧向变形受限,相对于无加固体,此处土压力较小。

在达到极限堆载值以后,有、无加固体的桩侧土压力均迅速增大,但无加固体的桩侧土压力变化速率更快。同时还可以看出,对于无加固体,桩侧土压力随堆载增大而增大,直至岸坡完全破坏;对于有加固体,当堆载达到250kPa以后,桩侧土压力减小,这是由于当堆载小于250kPa时,坡顶土体下陷位移不是很大,土体在上部侧向变形持续挤压岸坡,当堆载大于250kPa时,坡顶土体下陷位移很大,土体在深度侧向变形挤压岸坡,岸坡整体有回转变形,这相当于对后承台有一定的水平卸荷作用,桩侧土压力变小。另外,在达到极限堆载值以后,无论什么部位,无加固体桩侧土压力会逐渐超过有加固体桩侧土压力。

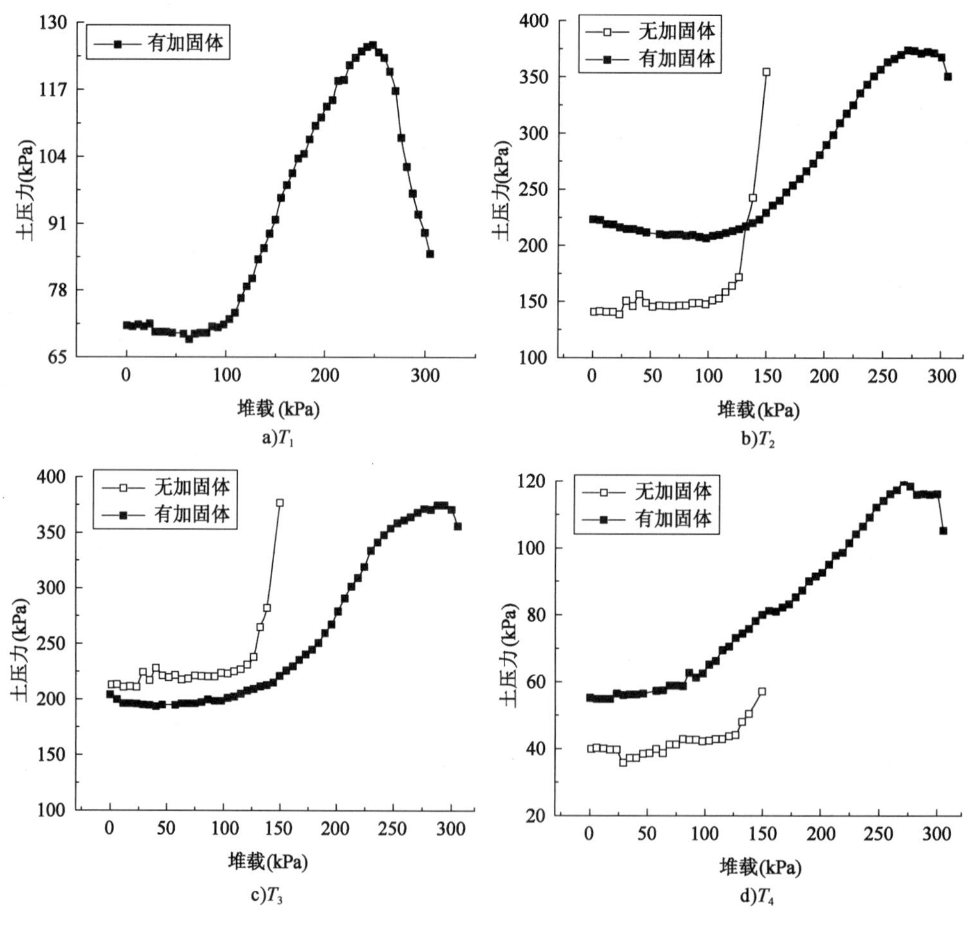

图 4.1-18

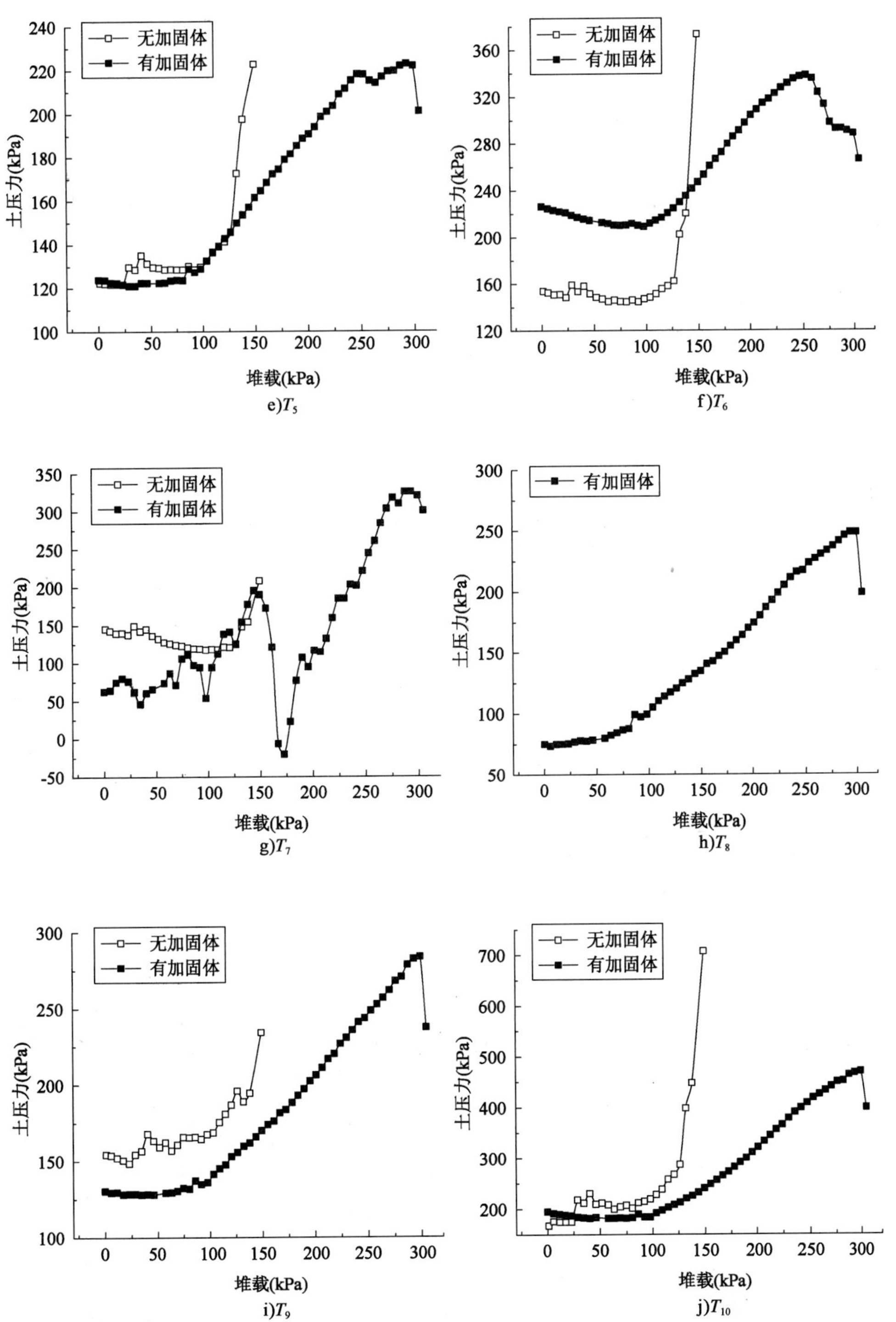

图　4.1-18

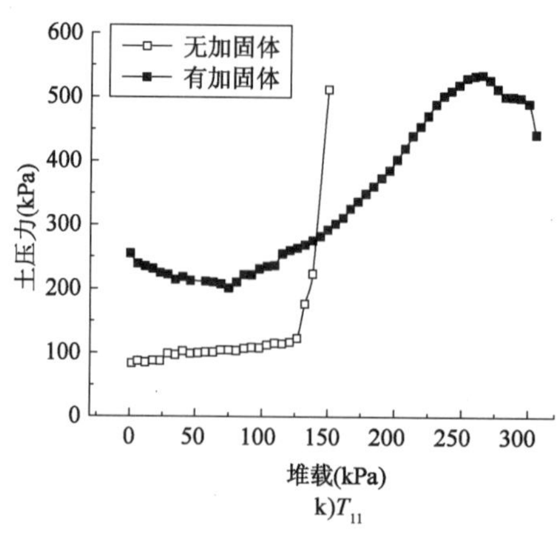

k)T_{11}

图 4.1-18　各点土压力随堆载大小变化

土压力试验结果表明,加固体起到一定的挡土墙作用,码头后方堆载所传递的水平向土压力部分由加固体承担,进而减小岸坡变形,提高高桩码头后承台的堆载承载力。

由图 4.1-18a)~c)可以看出,在坡底,有加固体情况下,上部土压力最小,中部最大,下部稍小;无加固体情况下,下部土压力最大。由图 4.1-18d)~g)可以看出,岸坡中部,有加固体情况下,桩侧土压力中部较大,上部、下部较小,无加固体情况下,从上到下逐渐增大,但在极限状态以前中下部、下部相差不大,极限状态以后,中部、中下部增长速率很大。由图 4.1-18h)~k)可以看出,在岸坡上部,有加固体情况下,桩侧土压力从上向下土压力逐渐增大,而无加固体情况下,桩侧土压力中部较大,下部较小。

桩侧土压力从上往下的变化规律与有、无加固体时坡顶土体受堆载作用产生竖向、水平向变形有关。坡顶土体受堆载作用产生竖向下陷及侧向膨胀作用,同时,后承台高桩桩端部分进入砂土持力层,桩端水平向抗侧移能力增加,而上部高岭土属于软土,变形能力强,在坡顶土体侧向变形作用下,高岭土很容易发生向坡顶的滑移变形,这种变形在桩侧中部较大,上部、下部较小,因此,岸坡上后承台桩侧土压力一般呈上部、下部较小、中部较大的规律。

4.1.6.3　桩身弯矩

(1)桩身弯矩随深度分布。

有、无加固体的桩身弯矩随深度变化如图 4.1-19~图 4.1-24 所示,图中深度 0 点在桩顶,弯矩正值表示桩侧受拉,弯矩负值表示桩侧受压。由于有加固体的高桩承台极限堆载承载力为 180kPa、无加固体的高桩承台极限堆载承载力为 120kPa,因此,对于无加固体的桩身弯矩,取堆载值为 60kPa、120kPa 进行分析,为便于与有加固体的桩身弯矩进行对比,对于有加固体的桩身弯矩,取堆载值为 60kPa、120kPa、180kPa 进行分析。

对于 Z_1,无加固体情况下,桩身最大负弯矩发生在桩身中部,有加固体情况下,桩身最大负弯矩发生在桩身中上部;无加固体情况下,桩身最大正弯矩发生在桩顶,有加固体情况下,当堆载较小时,最大正弯矩发生在桩身中部,当堆载较大时,桩身最大正弯矩发生在桩顶。

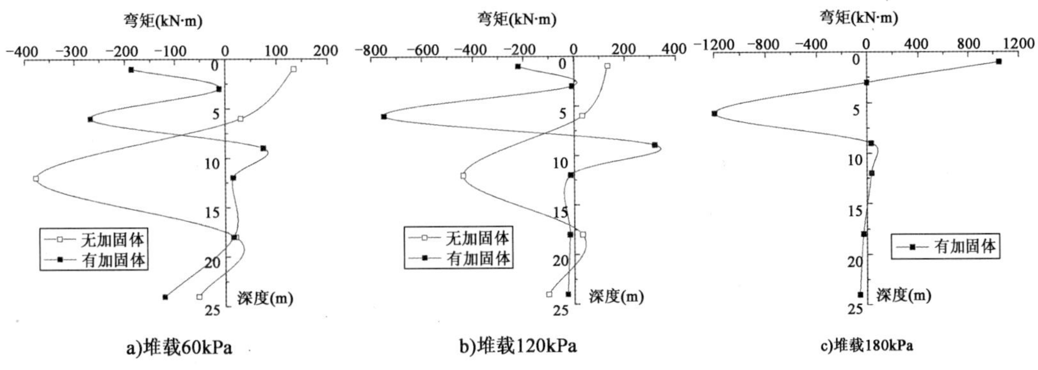

图4.1-19 Z_1 弯矩随深度变化

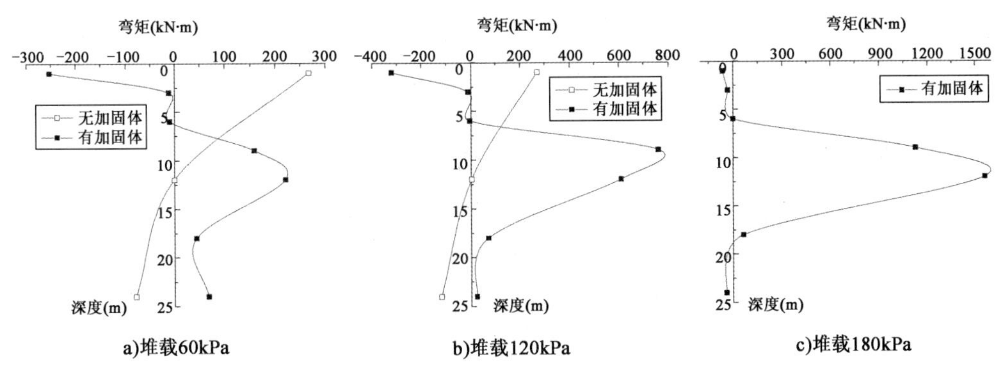

图4.1-20 Z_2 弯矩随深度变化

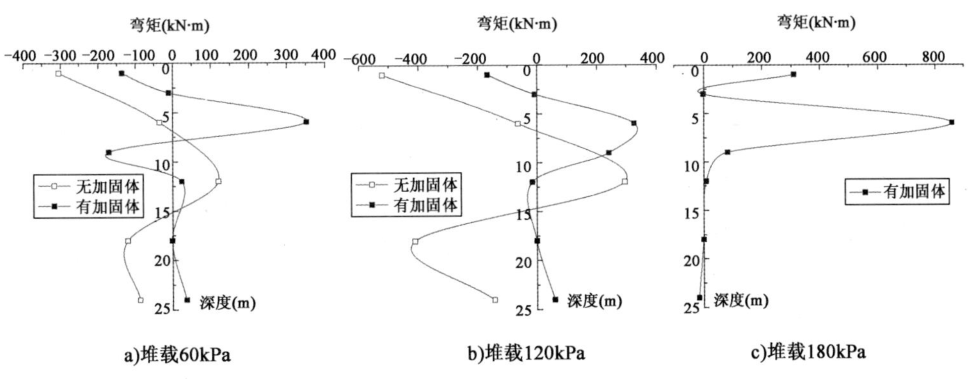

图4.1-21 Z_3 弯矩随深度变化

对于 Z_2，无加固体情况下，桩身最大正弯矩在桩顶，桩身最大负弯矩在桩身下部，而且从桩顶至桩身下部，桩身弯矩单调变化。对于有加固体情况，桩身最大正弯矩发生在桩身中部，桩身最大负弯矩在桩顶。

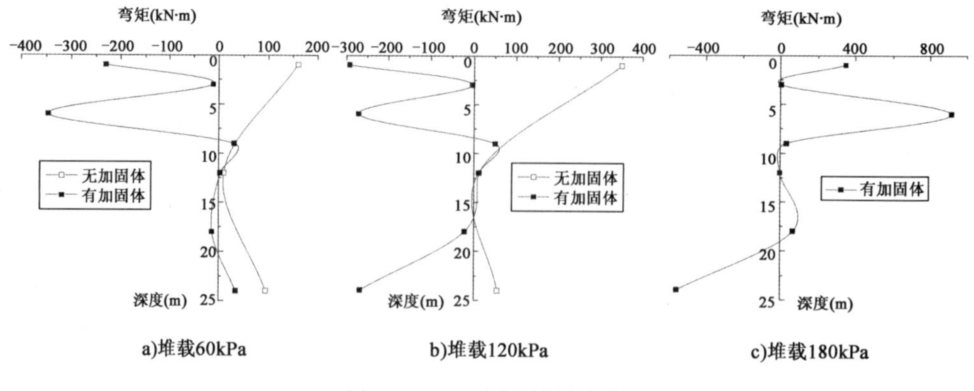

图 4.1-22　Z_4 弯矩随深度变化

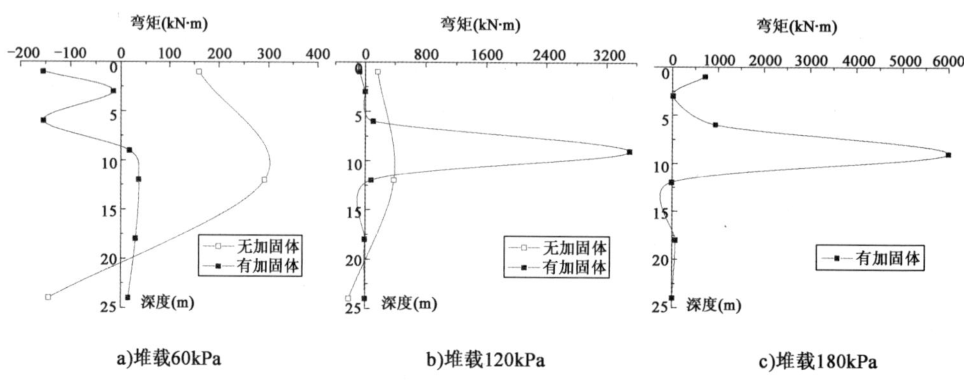

图 4.1-23　Z_5 弯矩随深度变化

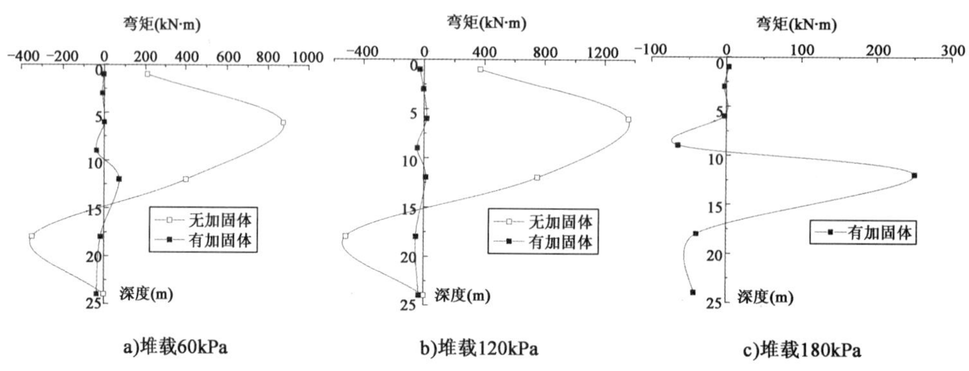

图 4.1-24　Z_6 弯矩随深度变化

对于桩身,有、无加固体情况下,桩身最大负弯矩均在桩顶,无加固体时,桩身最大正弯矩在桩身中部,桩身最大负弯矩在桩身中上部。

对于 Z_4,无加固体情况下,桩身最大正弯矩在桩顶,中部桩身弯矩最小,下部桩身弯矩稍大,整个桩身基本上没有出现负弯矩。有加固体情况下,当堆载较小时,桩身最大负弯矩在桩身中上部、桩顶,当堆载较大时,桩身中上部、顶部的负弯矩变成正弯矩,桩身下部的正弯矩也逐渐变成负弯矩。

对于 Z_5,无加固体情况下,最大负弯矩在桩身下部,最大正弯矩在桩身中部;有加固体情况下,堆载较小时,最大负弯矩在桩身上部,随堆载增大,桩身上部负弯矩逐渐变成正弯矩,桩身最大正弯矩在桩身中部。

对于 Z_6,无加固体时最大负弯矩在桩身中下部,最大正弯矩在桩身中上部,有加固体时,桩身正负弯矩均较小,最大负弯矩在桩身中下部,最大正弯矩在桩身中部。

(2)桩身弯矩随荷载大小变化。

桩身弯矩随堆载变化如图4.1-25～图4.1-30所示,对于无加固体,取堆载60kPa、120kPa进行分析,对于有加固体,取堆载60kPa、120kPa、180kPa进行分析。

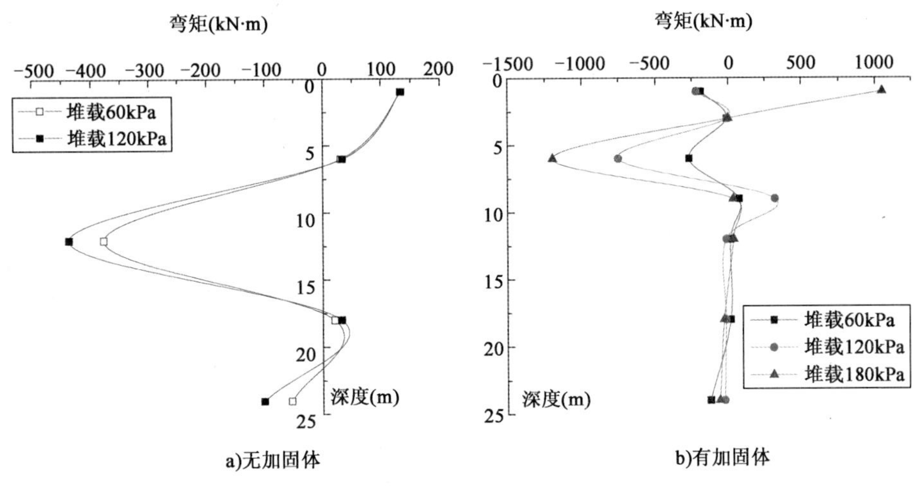

图4.1-25 Z_1 桩身弯矩随堆载变化

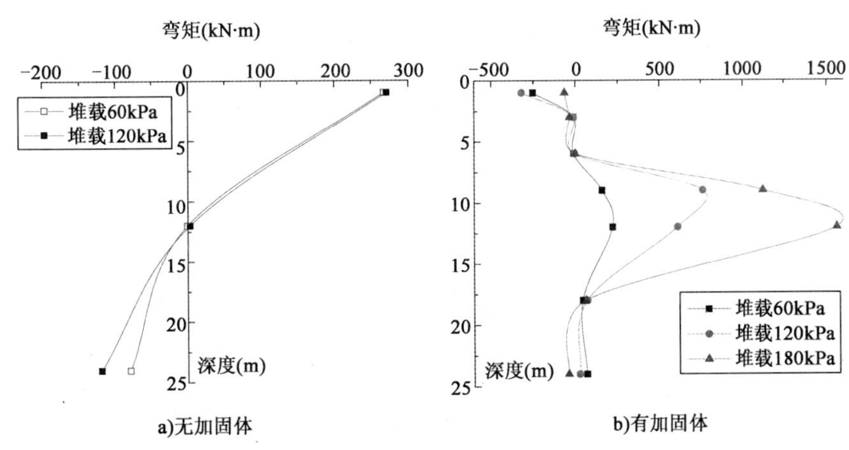

图4.1-26 Z_2 桩身弯矩随堆载变化

对于 Z_1,无加固体时,桩身最大负弯矩随堆载增加而增大,但增加幅度不大,桩身最大正弯矩随堆载增加基本不变。有加固体时,堆载较小时,桩顶弯矩为负,堆载较大时,桩顶弯矩变位正值;在桩身中上部,桩身弯矩为负,并随着堆载增加负弯矩也大幅度增加。在桩身中部、中下部及下部,桩身弯矩随堆载增加变化较小。

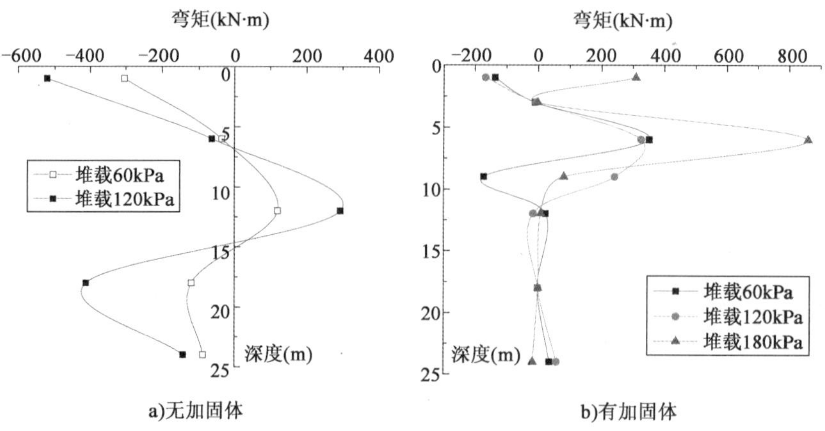

图 4.1-27　Z_3 桩身弯矩随堆载变化

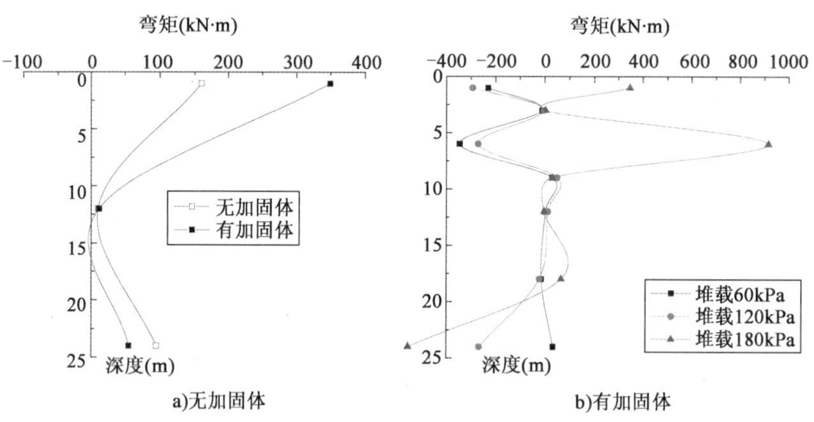

图 4.1-28　Z_4 桩身弯矩随堆载变化

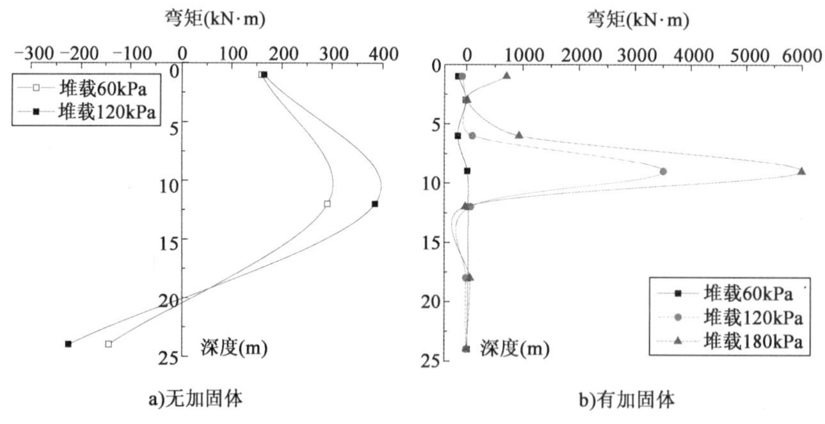

图 4.1-29　Z_5 桩身弯矩随堆载变化

对于 Z_2，无加固体时，随堆载增加，桩身正弯矩变化很小，桩身中下部、下部负弯矩逐渐增加。有加固体时，桩身最大正弯矩随堆载增加而增加，最大负弯矩随堆载增加而有所减小。

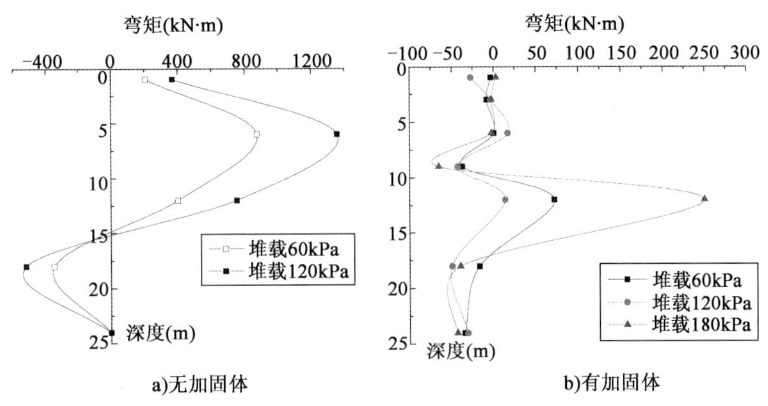

图4.1-30 Z_6 桩身弯矩随堆载变化

对于 Z_3,无加固体时,桩身正、负弯矩均随堆载增加而增加。有加固体时,随堆载增加桩顶弯矩由负变正,桩身中上部弯矩随堆载增加而增加,桩身下部弯矩由正变负。

对于 Z_4,无加固体时,上部、中上部桩身正弯矩随堆载增加而增大,中下部、下部桩身正弯矩随堆载增加而减小。有加固体时,桩身正、负弯矩在堆载不是很大时,变化较小,在堆载达到极限值时,桩身弯矩发生反向变化。

对于 Z_5,无加固体时,桩身正、负弯矩均随堆载增加而增加。有加固体时,随堆载增加,桩顶弯矩有负变正,其余部位桩身弯矩基本随堆载增加而增加,在桩身中部,增加幅度较大,在桩身中下部、下部,桩身弯矩变化很小。

对于 Z_6,无加固体时,桩身正、负弯矩均随堆载增加而增大。有加固体时,随堆载增加,桩顶弯矩由负变正,桩身中部弯矩变化较大,其余部位均变化较小。

4.2 带缺陷桩的天津港22~24段码头离心模型试验研究

4.2.1 概述

随着旧码头的长时间运行,很多码头已接近或达到设计使用年限,码头整体或局部已有损伤,这些损伤给码头结构带来的缺陷,尤其是承重构件的缺陷,将影响码头的安全运行。承重构件有缺陷可能导致结构整体垮塌、整体失稳或在较大荷载作用下产生进一步损伤,加重结构缺陷。因此,有必要对含缺陷的高桩承台进行研究,分析其是否适于继续使用或是否需要采取加固措施。

高桩码头桩基部分是整个结构的重要承重构件,桩体缺陷对结构整体影响尤为关键,本次带缺陷桩高桩码头前承台离心模型试验正是基于这一状况,研究缺陷桩对高桩码头前承台结构承载特性、稳定性的影响。进而根据缺陷桩前承台结构的失稳模式或破坏模式,判断与地基土体强度相比,缺陷是否是造成结构失稳或破坏的主导因素。最后,通过缺陷桩高桩码头前承台离心模型试验,为带缺陷结构的特性研究提供一种手段。

4.2.2 工程概况

天津港22~24段码头的前承台采用连续梁板式高桩承台结构,主要由基桩、叠合横梁、预应力门机梁、预制靠船构件和面层等部分组成。分为10个结构段,标准段长59.5m,每个标准段包括9个基桩排架,排架间距为7m。

混凝土:预应力钢筋混凝土桩,R400(C35);预应力钢筋混凝土横梁、门机梁、面板,R350(C30)。

前承台原设计竖向荷载为30kPa,新前承台设计竖向荷载为50kPa。22~24号泊位结构断面图如图4.2-1所示、立面图如图4.2-2所示。横、纵梁断面如图4.2-3、图4.2-4所示。

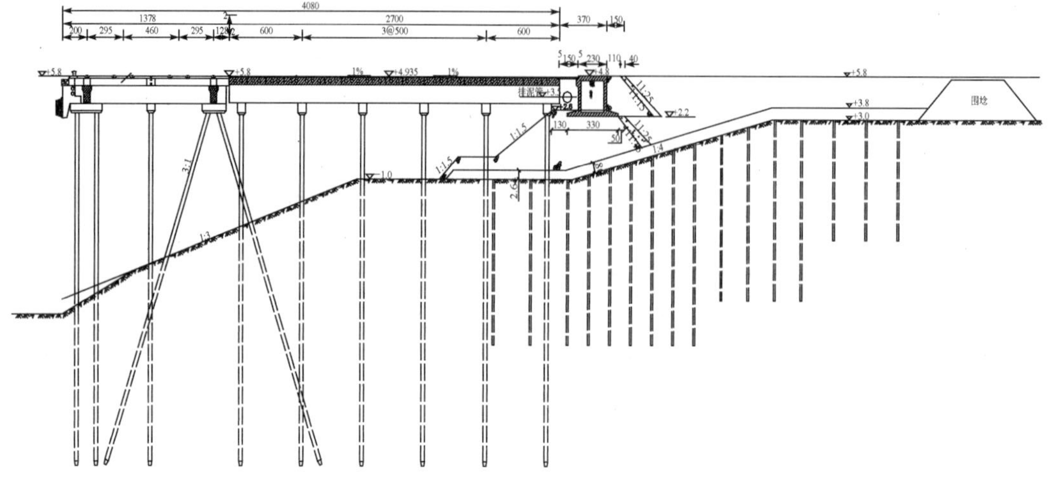

图4.2-1 22~24号泊位结构断面图(尺寸单位:cm,高程单位:m)

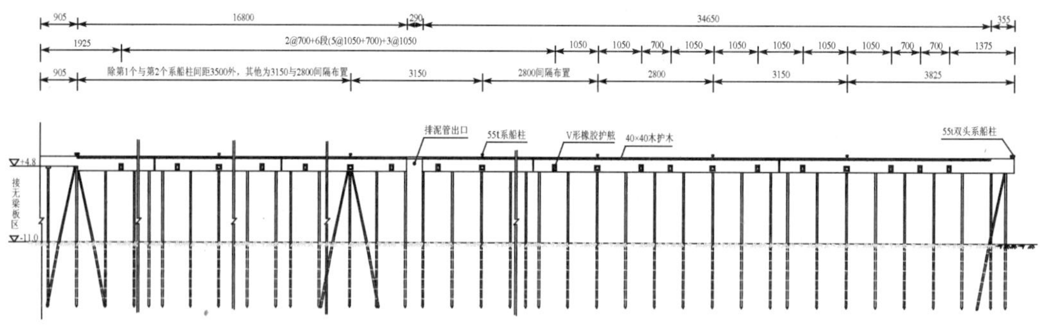

图4.2-2 天津港22~24号泊位结构立面图(尺寸单位:cm,高程单位:m)

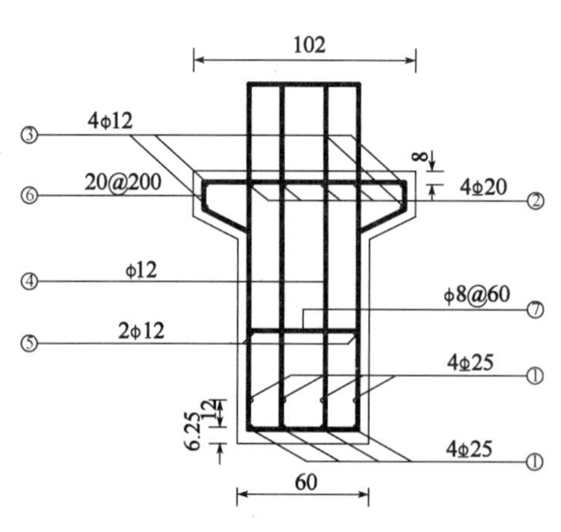

图4.2-3 横梁断面图

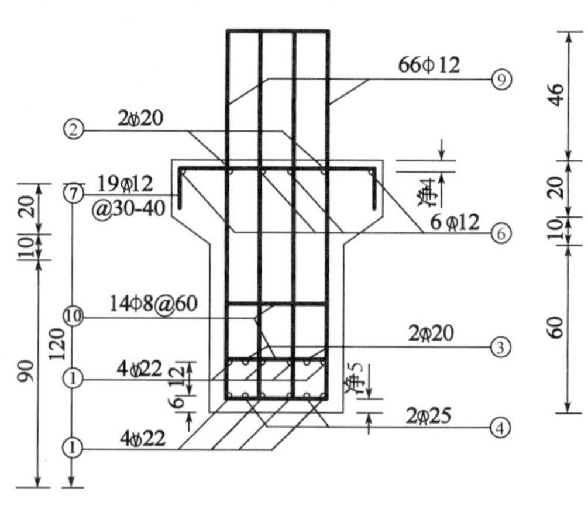

图4.2-4 纵梁断面图

实际条件下，由于受复杂因素影响，桩体缺陷位置不定、形状各异、尺寸不同，为便于在离心机上进行模拟，模型缺陷桩统一布置在靠海侧前排桩上，且缺陷位置、大小及形状均相同。

4.2.3　地质参数

本节以天津港22～24段码头前承台作为研究对象，与4.1节承台所在区域相同，土层物理力学参数见表4.1-1。

4.2.4　研究内容

本书借助离心机这一先进的试验设备，利用离心机能方便开展物理模型试验的优点，通过带缺陷桩的高桩码头前承台离心模型试验完成以下试验内容。

(1)水平系缆力作用下，位于岸坡上带缺陷桩的高桩码头前承台的承载特性。

(2)高桩码头前承台失稳模式。

(3)缺陷桩的变形特性、桩身弯矩。

(4)完整桩的变形特性、桩身弯矩。

(5)桩周土体破坏形态。

4.2.5　模型设计与制作

4.2.5.1　模型的相似比尺

本项离心模型试验是在天科院TK-C500大型土工离心机上完成的，使用内部尺寸为1200mm×1000mm×1200mm的模型箱。根据天津港22～24段码头前承台几何尺寸、液压加载装置的布置方式，并结合边界条件等影响因素，选定模型几何比尺为$n=50$。

4.2.5.2　带缺陷桩高桩码头前承台模型

前承台及各构件、缺陷模型如图4.2-5～图4.2-8所示。前承台结构中，各构件基本上均为受弯构件，离心模型制作按照抗弯刚度相似准则进行设计。离心模型等抗弯刚度理论表达为：

$$E_pI_p = E_mI_m \times n^4 \tag{4.2-1}$$

式中，下标m、p分别代表模型和原型受弯构件；E为材料弹性模量；I为受弯构件的截面惯性矩；n是模型率。公式(4.2-1)模型受弯构件的截面抗弯刚度E_mI_m应比原型的抗弯刚度E_pI_p小n^4倍(Bujang, etc, 1991)。

缺陷尺寸：25cm×5cm(模型中缺陷尺寸0.5mm×0.1cm)。

承台板厚7.5mm。原型空心叉桩截面尺寸500mm×500mm，空心直径270mm，直桩截面尺寸550mm×550mm，空心直径300mm，根据抗弯刚度等效原则，同时考虑模型制作的问题，模型桩用空心铝合金桩代替，截面尺寸分别为10mm×10mm、11mm×11mm，壁厚分别为0.6mm、0.65mm。

4.2.5.3　地基土层的模拟

模型中采用一种土体即黏土作为模型地基土，土体在试验室用高岭土配制。土体弹性模量38.55MPa，泊松比0.25，黏聚力26kPa，内摩擦角26°，密度1750kg/m^3。为了制备模型地基土层的黏土土样，采用大尺寸的土样固结仪进行地基土体固结。将高岭土充分饱和制成泥浆，缓慢注入模型箱内，静置一周后，逐渐形成具有一定强度的泥层。然后，将盛装泥层的模型箱安装到固结仪上。之后,逐级加载固结。

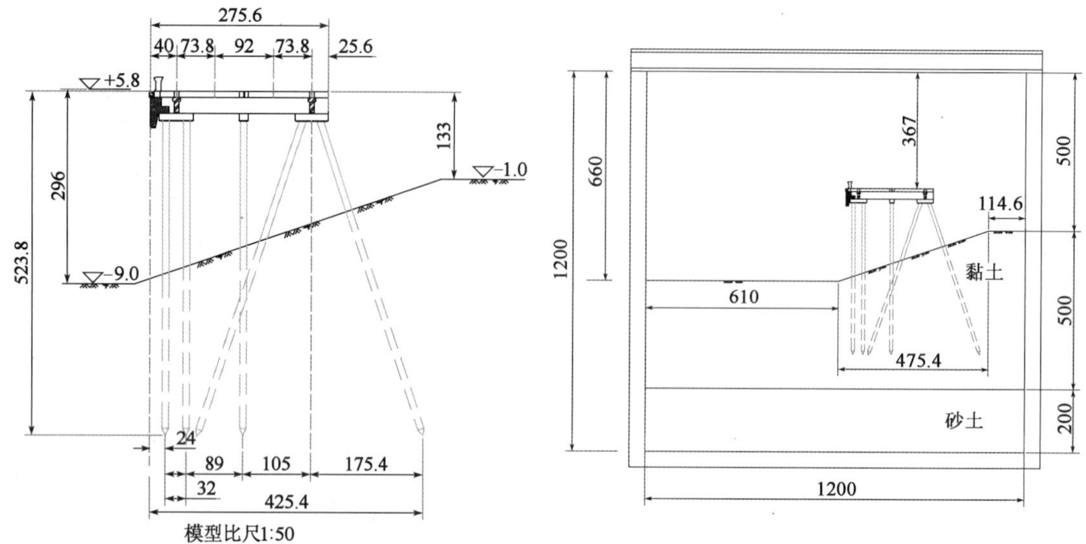

图 4.2-5 缺陷桩模型侧视图(尺寸单位:mm)

图 4.2-6 缺陷桩模型侧视图(尺寸单位:mm)

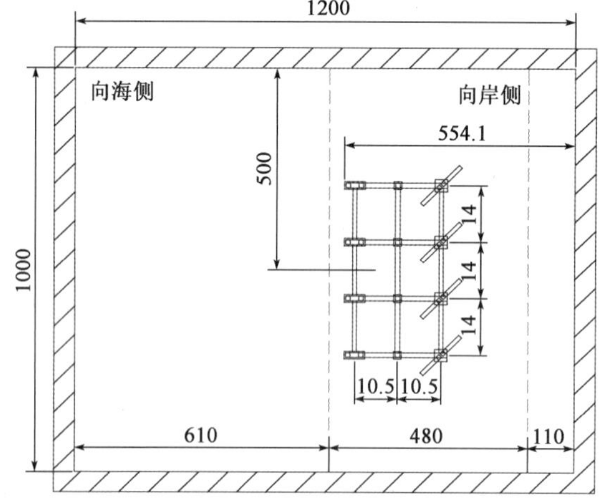

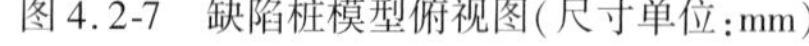

图 4.2-7 缺陷桩模型俯视图(尺寸单位:mm)

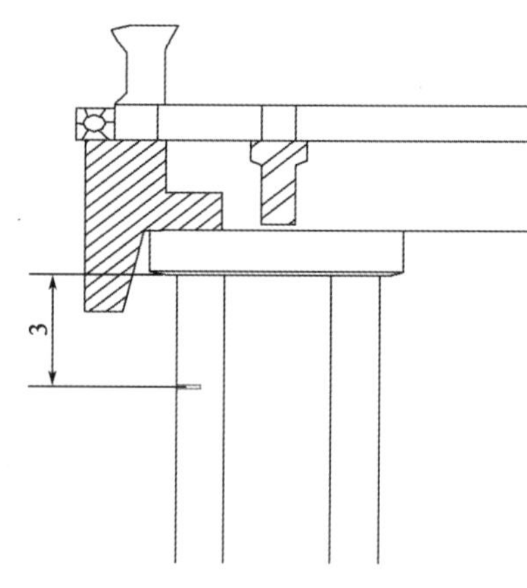

图 4.2-8 缺陷部位图(尺寸单位:mm)

整个模型土体分两层:上层为厚 50cm(固结完成以后的厚度)的高岭土层,下层为厚 20cm 的丰浦砂层,承台桩基均在高岭土层内。

为防止离心机运行过程中岸坡变形过大,实际模型土体强度略大于设计强度,离心机开转前,测得模型土体强度为:顶层(10cm 深)34kPa,中层(20cm 深)38kPa,下层(30cm 深)42kPa。

4.2.5.4 加载设备的安装

原型集中力荷载(模拟系缆力),暂定 1500kN,加载同样采用等量分级施加,按最大试验荷载的 1/15 分级,即每级加载 100kN。集中力的比尺为 $1/n^2$,因此模型中每级加载 40N。

加载设备油缸顶头的拉环用钢丝绳与模型承台板前端中部相连(图 4.2-9),离心机运行过程中,通过油缸回缩产生的拉力拉前承台模型,从而模拟实际条件下船舶系缆力对前承台的拉拽。

4.2.5.5 水位模拟

为与实际情况相吻合，根据试验要求，在结构模型安装完成之后，在坡底加水直至达到设计水位。实际坡顶高程 -1m，坡底高程 -9m，设计水位高程 -3m，换算得到模型中水高12cm。由于安装结构模型之前，土体模型强度已达到设计强度，因此，模型中水的添加要在模型安装、传感器接线及调试均完成以后进行，防止水的浸泡使模型土体强度降低。

图4.2-9 模型加载设备

4.2.5.6 模型传感器布置

整个前承台结构模型共布置32个传感器：30个应变片、2个位移计。两个位移传感器分别测量前承台的水平位移与竖向位移，水平位移计布置在前承台承台板顶部（靠海侧），竖向位移传感器布置在承台板正中心（图4.2-10）。

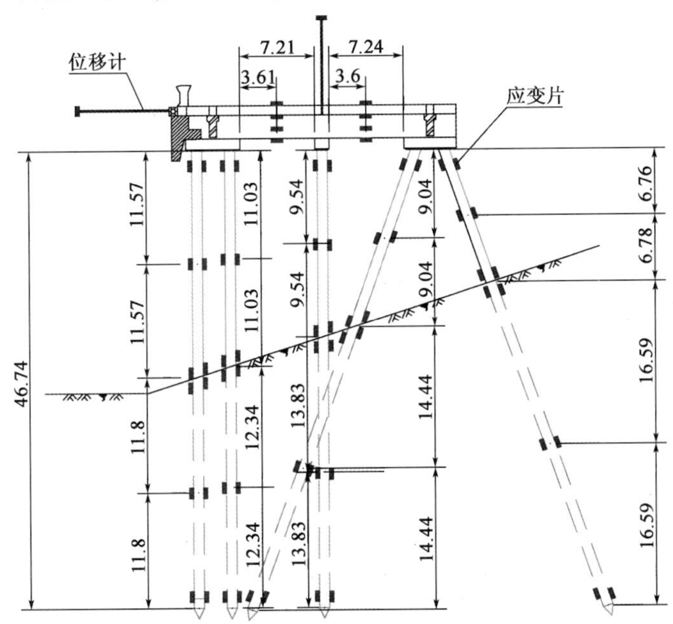

图4.2-10 传感器布置（尺寸单位：cm）

应变片：两跨横梁侧面中间位置分别布置3对，两跨横梁上、下面中间位置各布置1对，横梁布置共计8对（得出横梁应变和跨中弯矩）；5根桩身顶部、桩顶到泥面中间位置、泥面以上、泥面以下、泥面到桩底中间位置和桩底位置各布置1对，桩身共计30对。

前承台模型制作完成以后，选取横向一排桩、梁进行应变片粘贴，粘贴完之后在连同应变片在桩身涂环氧树脂，防止结构安装在土体中损坏应变片。离心机启动之前，对每个应变片进行调零。

4.2.6 试验研究结果分析

在分析讨论模型试验研究结果之前，做如下说明和规定：第一是将模型中的物理量值，按模型相似律换算至原型尺度相应的值。第二，规定截面受拉，弯矩为正，截面受压弯矩为负。第三，选取结构模型中承台板顶部中心点为参照点，此处的竖向位移值就是结构的特征沉降值；承台前端边缘水平位移值作为结构的特征水平变位值。第四，忽略水平荷载作用下承台板自身的拉伸、压缩或变形，即结构整体变形之后，承台板顶部宽度仍为初始宽度。最后，前承台水平荷载的设计值为 $P_d = 1500\text{kN}$，为能找到缺陷桩和土体强度对结构整体稳定性影响的关系，实际加载要远大于设计荷载。

取横向一排桩（包括一根缺陷桩、连根直桩、两根叉桩）进行分析，从左向右对每根桩及桩身应变片进行编号，如图 4.2-11 所示。例如，编号 3-2，表示第三根桩第二个应变片。

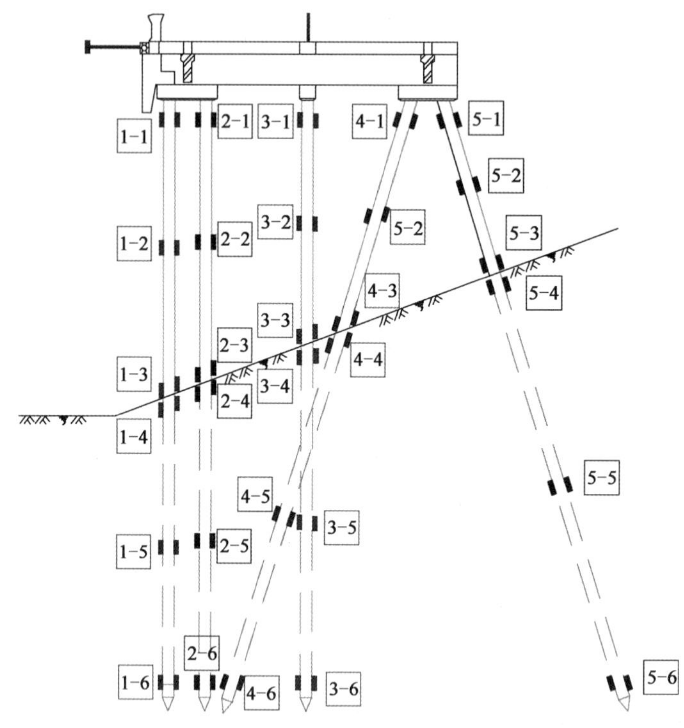

图 4.2-11　前承台桩与应变片编号

4.2.6.1　结构位移

（1）竖向位移。

在水平荷载作用下，前承台结构竖向位移随水平荷载大小变化如图 4.2-12 所示。在加载前期，实际加载小于设计荷载时，结构竖向位移变化较快，当水平荷载达到 1500kN 时，结构竖向位移达到 20mm。当实际加载大于设计荷载时，结构竖向位移变化较慢，实际荷载达到 6000kN（4 倍设计荷载），结构竖向位移稳定在 35～40mm 之间。

在加载前期，水平荷载作用下，高桩承台结构下的边坡土体在桩体作用下变形速率较快，结构整体快速前倾下沉，因此，在这一阶段结构竖向位移变化较快。水平荷载达到设计荷载以后，结构整体不仅快速前倾下沉，而且还会发生转动，转动的结构使得结构承台板中心位置有向上的位移，这两者位移叠加的结果使得结构整体竖向位移变化放缓。

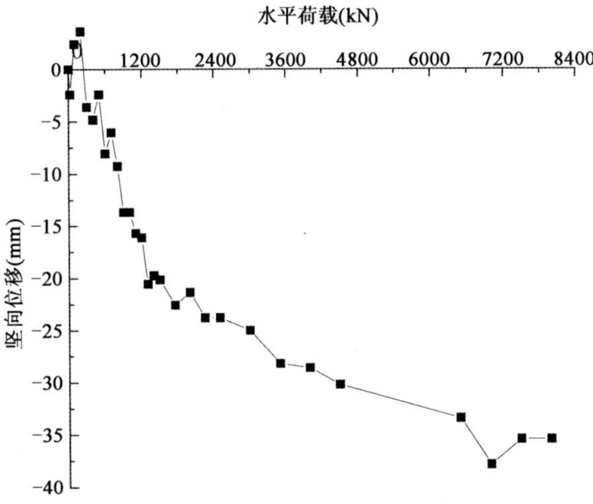

图 4.2-12　结构竖向位移与荷载关系

需要说明的是，在加载前期，缺陷桩的缺陷不是主要影响因素，当水平荷载较小时，缺陷桩并没有发生破坏或过大变形，缺陷桩的变形还是以弹性变形为主，结构整体位移还是受土体强度和结构整体刚度控制。

(2)水平位移。

在水平荷载作用下，前承台结构水平位移随水平荷载大小变化如图 4.2-13 所示。由于水平位移传感器与加载装置配套，在加载前期，读数有一些问题，当水平荷载在 300 ~ 1200kN 范围内变化时，结构水平位移基本没有变化。如果参考 1200 ~ 3600kN 范围内的变化规律，在此阶段内，结构水平位移也基本是线性变化，但变化速率较慢。以此分析，结构水平位移水平荷载变化大致可分为三个阶段：第一阶段，加载前期，水平荷载小于 1200kN 时，边坡土体变形，结构前倾，结构整体水平位移发展较慢，当水平荷载达到 1200kN 时，结构水平位移达到 300mm；第二阶段，水平荷载在 1200 ~ 4000kN 范围内变化时，结构水平位移变化稍缓并稳定增长，当水平荷载达到 4000kN 时，结构水平位移达到 70mm；当水平荷载大于 4000kN 时，桩侧土体破坏，结构整体失稳，结构水平位移快速增长。

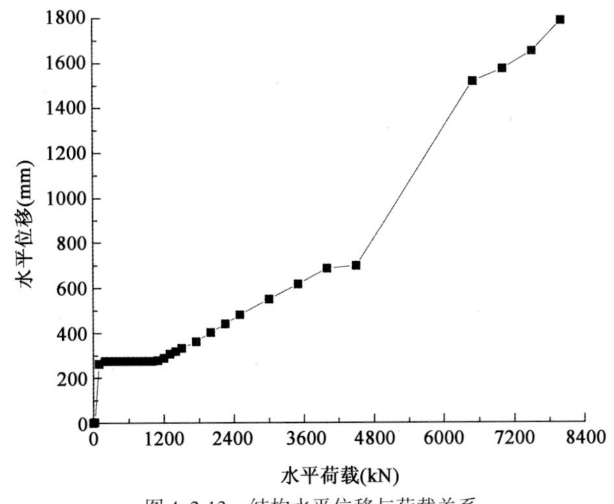

图 4.2-13　结构水平位移与荷载关系

从上述分析来看，本次试验条件下带缺陷桩高桩码头前承台结构的整体稳定性仍是由土体强度控制，缺陷桩缺陷的影响为次要因素。另外，从图4.2-14中测得试验结束时，前承台前两排桩（缺陷桩及其相邻的桩）之间的间距为31mm（试验前为32mm），缺陷桩在缺陷位置弯折角度约2°，两排桩间距变化很小，这表明在荷载较大时，后一排桩同时也有一定变形。因此，水平荷载下，带缺陷桩的高桩码头前承台结构整体稳定性的主要影响因素为地基土体强度，结构变形受结构整体刚度控制，局部缺陷对结构自身变形及结构整体稳定性影响较小。

图4.2-13中第三阶段变形是在水平荷载达到4000kN以后发生的，此阶段结构自身变形较快、土体也发生破坏，此阶段可认为结构承载力已达到极限状态。因此，在正常使用状态下，缺陷桩缺陷对结构整体稳定性影响更小，软土地基上缺陷结构的整体稳定性受土体强度控制。

从图4.2-14中桩周土体变形可以看出，水平荷载作用下，前承台前两排桩受力较大，桩对桩周土体作用较强，桩周土体变形较大。桩周土体不但发生荷载方向的挤压破坏，两排桩之间土体同时发生剪切挤压贯通破坏。因此，前承台前部地基土体强度对结构整体稳定性影响最为显著，如果此处地基土体强度较高，在水平荷载作用下，缺陷桩等效悬臂长度减小（桩体反弯点到桩顶之间长度），缺陷对结构稳定性影响将进一步减小。

图4.2-14　试验结束时结构整体变形

4.2.6.2　桩身弯矩

（1）桩身弯矩随深度分布。

取水平荷载 P = 500kN、1500kN、4000kN时，桩1～5桩身弯矩分布如图4.2-15～图4.2-20所示，桩1为缺陷桩，桩2、桩3为直桩，桩4、桩5为叉桩；弯矩正值表示截面受拉（荷载作用方向一侧截面），负值表示截面受压（与荷载作用方向相背的截面）；深度0点位置在桩顶。

由图4.2-15可以看出，桩身截面弯在桩顶矩为正值，截面受拉，在桩身中部（斜坡土体表面以下）为负值，截面受压，桩身中上部及桩身下部桩体截面弯矩较小。随水平荷载增加，截面正弯矩及负弯矩均增加，当水平荷载小于4000kN时，缺陷位置的截面弯矩增长速率并未随荷载增加而降低。这表明，在达到极限荷载以前，缺陷桩能持续承担荷载，缺陷桩缺陷位置的抗弯刚度能够满足结构承载要求。

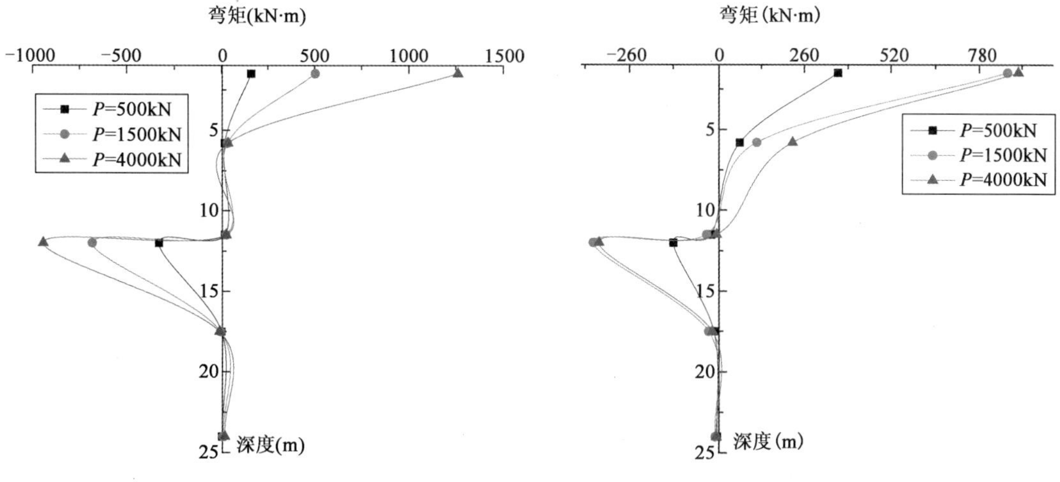

图 4.2-15　桩 1 桩身弯矩分布　　图 4.2-16　桩 2 桩身弯矩分布

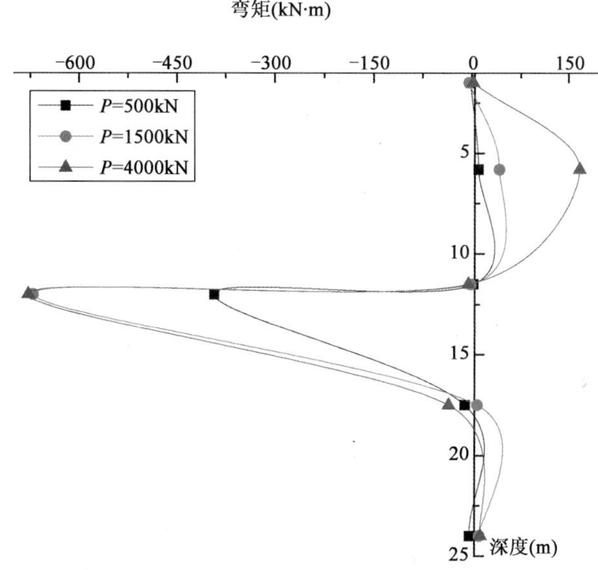

图 4.2-17　桩 3 桩身弯矩分布

缺陷长度为 0.5 倍桩体宽度，缺陷位置截面抗弯刚度为 0.125 倍未缺陷截面的抗弯刚度，但前承台为一个整体结构，水平荷载作用下，其余未缺陷桩体仍分担大部分荷载，缺陷桩缺陷对结构整体稳定性影响较小。

图 4.2-16 所示为与缺陷桩相邻的直桩桩身弯矩分布，可以看出，不同荷载大小作用下桩 2 桩身弯矩与桩 1 分布类似，$P=500$kN、1500kN 时，同一截面上桩 2 桩身正弯矩大于桩 1，同一截面上负弯矩小于桩 1；$P=4000$kN 时，同一截面桩 2 桩身正弯矩、负弯矩均小于桩 1。这说明，极限状态以前，缺陷桩能够持续分担相当大一部分水平荷载。

另外，$P=4000$kN 时，桩 2 桩身正、负弯矩并未大幅度增长，这是由于当水平荷载很大时，桩 1、桩 2 之间土体被挤压剪坏，桩 1、桩 2 之间土体不能提供足够反力保证桩 2 持续分担荷载。因此，针对实际工程中出现的缺陷桩缺陷严重的情况，除了加固结构本身，也可采用加固与缺陷桩相邻桩周地基土体的处理方式,提高缺陷桩邻桩分担荷载能力。

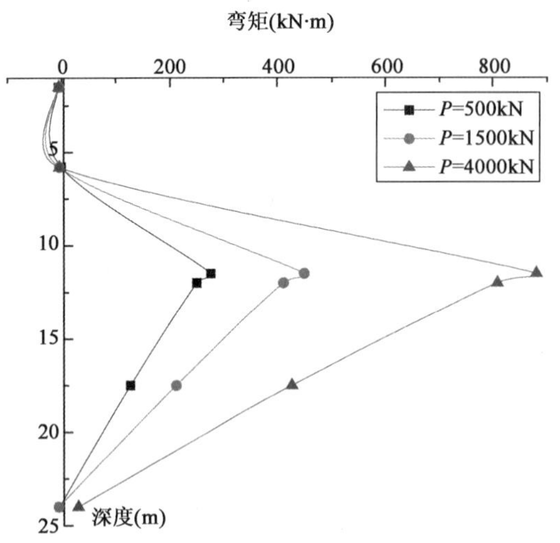

图 4.2-18　桩 4 桩身弯矩分布

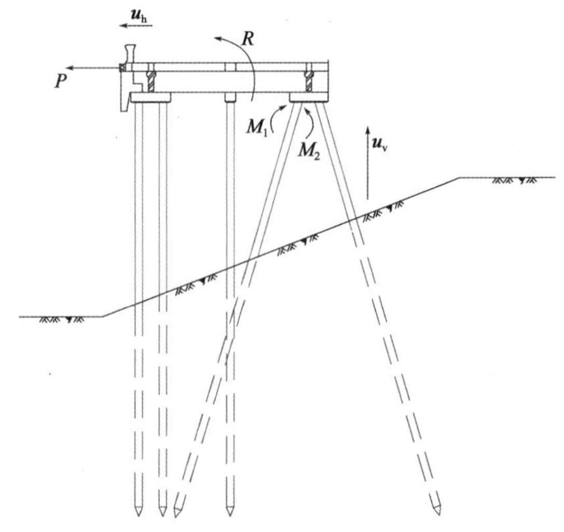

图 4.2-19　桩 4 桩身弯矩

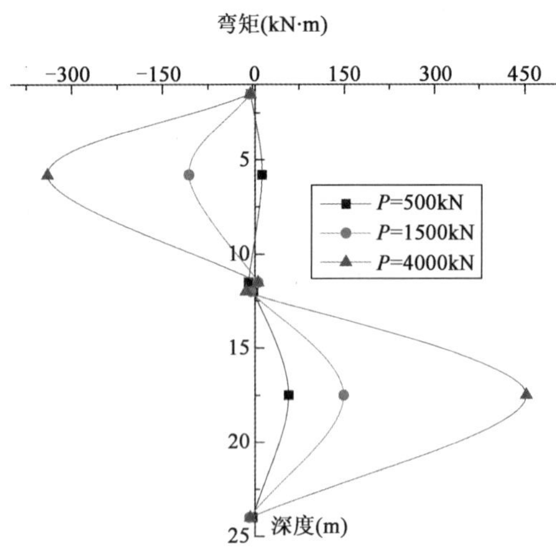

图 4.2-20　桩 5 桩身弯矩分布

正常情况下,没有缺陷桩时,水平荷载作用下同一截面上桩 1 桩身正弯矩要大于桩 2 桩身正弯矩,但从图 4.2-15、图 4.2-16 中看出,$P<4000\text{kN}$ 时,同一截面上桩 2 桩身正弯矩大于桩 1,只是在达到极限荷载以后,同一截面上桩 1 桩身正弯矩才大于桩 2 桩身正弯矩。这是因为,当桩 1、桩 2 顶部产生相同水平位移时,由于桩 1 抗弯刚度减小,桩 1 桩身正弯矩也有所降低(桩顶产生同一位移时,桩体刚度越大,截面弯矩越大),当 $P=4000\text{kN}$ 时,桩 1、桩 2 之间土体被挤压剪坏,此处土体不能提供桩 2 所需要的反力,荷载转移,由桩 1 承担,致使水平荷载较大时,桩 1 截面正弯矩大幅增长。

图 4.2-17 所示为中部直桩桩 3 桩身弯矩分布,桩 3 桩身正弯矩与桩 1、桩 2 有所不同,负弯矩与桩 1、桩 2 分布类似。桩 3 桩身截面最大正弯矩并未出现在桩顶,而是在桩身中上部,而且同一水平荷载下,桩 3 桩身最大正弯矩小于桩 1、桩 2。水平荷载作用下,承台顶部不但发生水平位移,而且发生转动,单纯水平位移没有转动的情况下,桩身最大正弯矩均会出现在桩体顶部,但承台转动,致使桩顶最大正弯矩减小、桩身最大正弯矩下移,出现在桩体中上部。同一水平荷载下,桩 3 桩身截面负弯矩小于桩 1、大于桩 2,这是因为桩 3 桩周土体破坏情况没有桩 2 严重,桩 3 桩身前部土体能够提供一定反力保证桩 3 分担水平荷载。同样是由于承台转动,桩 3 桩身截面最大负弯矩小于桩 1。水平荷载作用下,桩 3 承载情况接近于正常状态,桩 3 对缺陷桩桩 1 的承载状态影响较小。

图4.2-18所示为叉桩桩身弯矩分布,桩4桩身弯矩基本上均为正值。在水平荷载作用下,承台结构产生水平位移 u_h 及竖向位移 u_v,两个位移综合作用的结果使得承台有转动趋势,如图4.2-19所示。水平荷载的作用在桩4顶部产生正弯矩 M_1,转动的结果在桩4顶部产生负弯矩 M_2,两者共同作用及桩4底部嵌固作用使桩4桩身中部在荷载作用方向的一侧受拉。随水平荷载的增加,桩4所承担的荷载也大幅增加。

图4.2-20所示为桩5桩身弯矩分布,在中上部,桩身弯矩基本上为负值,在中下部,桩身弯矩基本上为负值,桩身最大弯矩并未出现在桩身中部。

(2)桩身弯矩随荷载大小变化。

桩身弯矩随荷载大小变化如图4.2-21～图4.2-25所示,编号顺序为从桩顶到桩底依次编号。

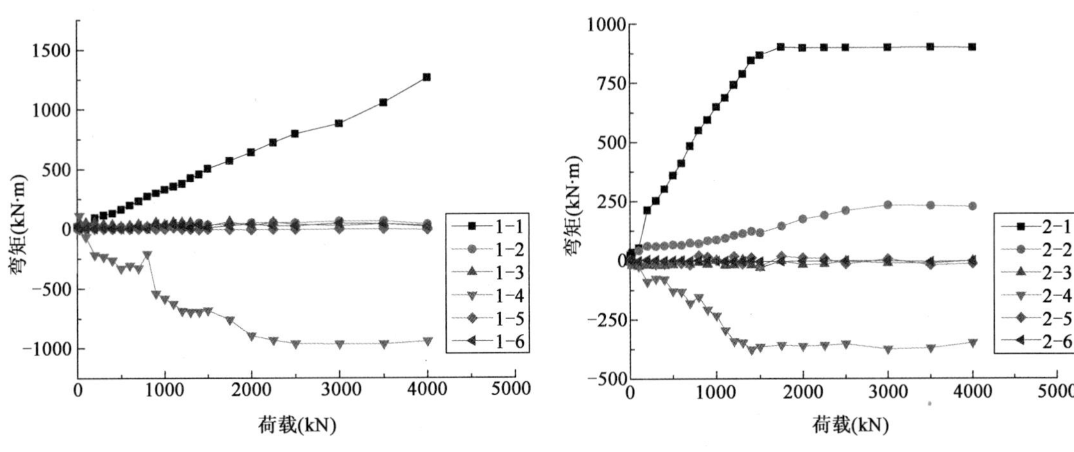

图4.2-21　桩1各点弯矩随荷载大小变化　　图4.2-22　桩2各点弯矩随荷载大小变化

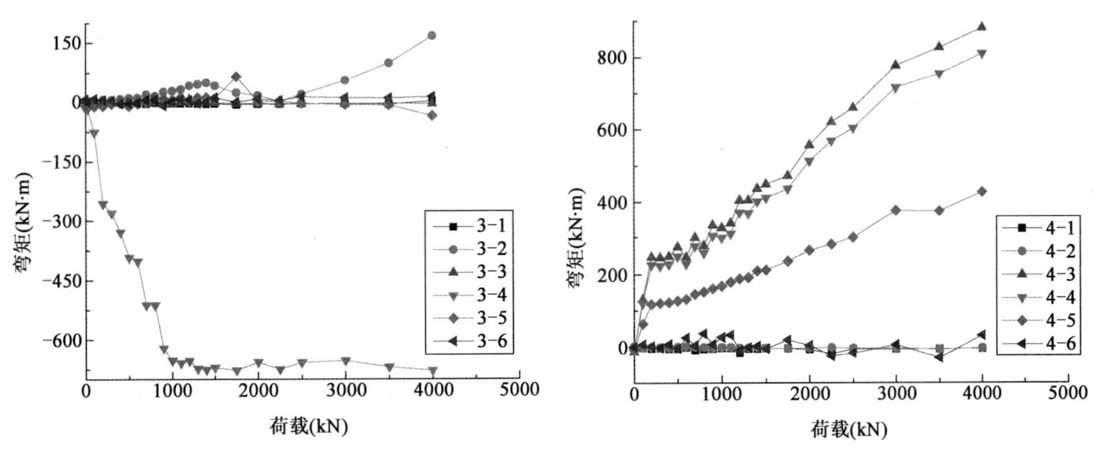

图4.2-23　桩3各点弯矩随荷载大小变化　　图4.2-24　桩4各点弯矩随荷载大小变化

图4.2-21所示为桩1各测试点弯矩随荷载大小的变化,在桩体顶部,桩身弯矩为正,并随荷载增加而呈近似线性增长。在桩身中部,桩身弯矩为负,当 $P<2000$kN时,桩身负弯矩随荷载增加而快速增加,当 $P>2000$kN时,桩身负弯矩并未随荷载增加而增加。其余中上

部、下部各点桩身弯矩变化很小。

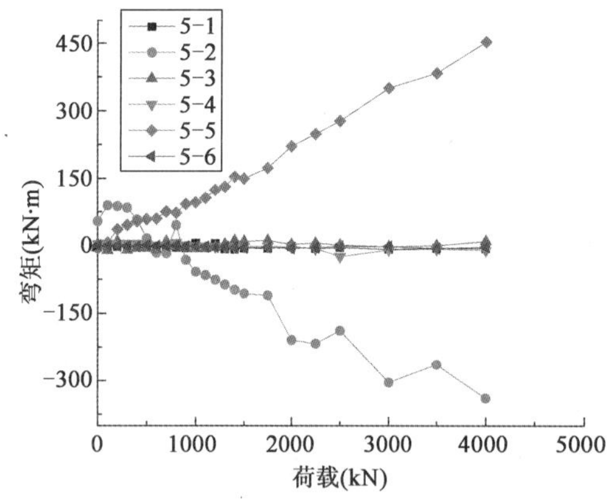

图 4.2-25　桩 5 各点弯矩随荷载大小变化

图 4.2-22 所示为桩 2 各测试点弯矩随荷载大小的变化,同样,在桩体顶部、中部桩身弯矩随荷载大小变化较为显著,但当 $P > 1500\mathrm{kN}$ 时,桩身弯矩变化基本停滞。其余各处桩身弯矩变化不明显。

图 4.2-23 所示为桩 3 各测试点弯矩随荷载大小的变化,桩 3 只是桩身中部负弯矩变化较为显著,当 $P > 1000\mathrm{kN}$ 时,桩身中部负弯矩变化基本停滞,其余各处桩身弯矩变化较小。

图 4.2-24 所示为桩 4 各测试点弯矩随荷载大小的变化,桩 4 桩身弯矩变化主要在桩身中上部、中部、中下部,并且随水平荷载增加持续增长。在桩体顶部、底部,桩身弯矩变化较小。

图 4.2-25 所示为桩 5 各测试点弯矩随荷载大小的变化,在中上部、中下部,桩身变化较为显著,并且随水平荷载的增加持续增加。在桩体顶部、中部及底部,桩身弯矩变化较小。

由图 4.2-21 ~ 图 4.2-23 可以看出,包括缺陷桩在内的直桩桩身弯矩并不完全是随着水平荷载增加而增加,最前端的直桩缺陷桩桩顶正弯矩随水平荷载的增加而增加,其余各处直桩桩身弯矩(包括正、负弯矩)只是在加载前期随荷载增加而增加,加载至一定程度,桩身弯矩基本不再变化。而且,随着远离承台前端,桩身最大弯矩停滞点所对应的水平荷载越小。由图 4.2-24 ~ 图 4.2-25 可以看出,叉桩桩身最大弯矩均随水平荷载增加而增加,叉桩的存在对缺陷结构的整体承载是有益的。

第5章　内河航道膨胀土高边坡与桥梁基础相互影响工程离心模型试验研究

5.1　概述

边坡稳定是很多实际工程中经常会遇到的问题，在公路工程、航道工程、堤岸工程以及建筑在边坡附近的工程中，都会面临边坡失稳的问题。边坡失稳对工程带来破坏性的灾害，一旦发生边坡失稳问题，其造成的损失往往是巨大的。边坡失稳可导致河道阻塞、交通紊乱、人类活动场所被埋等，会对人们的生命财产带来极大的损失。在公路、铁路、堤岸、河岸和海岸工程中，滑坡的发生是首先要控制和解决的问题。

因边坡失稳而产生严重后果的工程屡见不鲜。2012 年 3 月 27 日，陕西神木麻家塔办事处铧山村境内，发生一起道路边坡垮塌事故，沿山所建的简易房被山体滑坡掩埋，造成 4 人死亡。2015 年 6 月 24 日，重庆巫山大宁河江东寺北岸突发大面积滑坡引发巨大涌浪，造成对岸靠泊的 13 艘船舶翻沉，造成 1 人遇难，5 人受伤。2015 年 11 月 13 日，浙江省丽水市莲都区雅溪镇里东村发生山体滑坡，塌方量 30 余万立方米，27 户房屋被埋，21 户房屋进水，造成严重的人员伤亡和财产损失。2015 年 12 月 20 日，位于深圳市光明新区的红坳渣土收纳场发生滑坡事故，造成 73 人死亡，4 人下落不明，17 人受伤，33 栋建筑物被损毁、掩埋，90 家企业生产受影响，涉及员工 4630 人。事故造成直接经济损失为 8.81 亿元。

在我国发生的滑坡事故中，以降雨诱发的滑坡分布最为广泛，发生频率最高，危害最大。滑坡的发生一方面取决于边坡自身的地质和地貌条件，另一方面与边坡受到的内外营力和人为作用息息相关。在自然营力作用方面，水的作用是滑坡活动最重要的诱发因素。据文献统计，降雨型滑坡约占滑坡总数的 70%，同时统计结果表明，95% 的滑坡发生在雨季，边坡失稳给人类带来了很多的灾难。因此，研究边坡稳定的影响因素、边坡的失稳破坏机理对减少和解决失稳事故的发生有着很重要的意义。

在引江济淮工程所在菜巢分水岭和江淮分水岭地段，河道边坡类型主要为膨胀土边坡和岩、土混合边坡。明挖河道大部分挖方深度较大，开挖深度大于 30m 河段约 4.5km，开挖深度大于 40m 河段约 1.6km，最大开挖深度 46m。河道深开挖本身就会引起边坡的稳定性下降，同时伴有膨胀土特殊性质的影响，从而引起引江济淮分水岭段边坡垮塌的危险。膨胀土是在自然地质过程中形成的一种具有显著胀缩性且裂隙发育的地质体。由于膨胀土吸水膨胀失水收缩的特性，往往都是工程建设中的大难题。湖北鄂北岗地膨胀土地区主要灌溉渠道 937 条，出现滑坡 55 处，长达 15.5km。安徽淠史杭灌区干渠工程中涉及膨胀土渠段的滑坡多达 195 处，总长约 16km。南水北调中线工程中沙河段、南阳段膨胀岩(土)渠坡在开挖过程中的破坏现象非常普遍。

对膨胀土的本构关系、破坏机理等基础理论方面的研究工作，结合引江济淮试验段已经开展的专题研究工作,对边坡的失稳机理、膨胀土的裂隙扩展、裂隙对边坡稳定的影响等问题开展了研究,取得许多有价值的研究成果。但是应当看到,膨胀土边坡的破坏是很难完全避免的,在膨胀土高边坡上的桥梁基础处于复杂的受力环境中,除了承受上部结构传来的轴向荷载和水平荷载以外,还将承受坡体给予的侧向土压力。同时,由于桥梁基础的存在,影响了膨胀土边坡的整体性,改变了膨胀土边坡内的裂隙分布和渗流通道,使得膨胀土边坡出现局部的软弱区域。在膨胀土边坡和桥梁基础的相互影响下,一旦边坡土体滑动,产生巨大推力,造成桥梁变形过大甚至破坏失稳,后果将极其严重。

边坡自身的变形容许量和桥梁的变形容许量是不同等级的,没有桥墩的边坡发生一定的变形量甚至发生局部的滑动破坏都是可以接受的,但是桥梁是不允许发生较大位移的。同时,考虑极端情况下边坡发生的规模较大的滑动,这种情况下桥梁的变形量及稳定情况,现在还没有明确的数据可以提供以供参考。基于这种现实情况,本书在其他项目及已有的膨胀土研究成果基础上,重点开展应用技术研究,结合引江济淮工程的实际情况,着重分析膨胀土边坡滑动对桥梁的影响,从航道和桥梁安全的角度,分析膨胀土高边坡上的桥梁的变形情况。

5.2 试验设计

5.2.1 原型参数

试验比尺的确定需要根据引江济淮分水岭段的桥梁设计资料及边坡的规模来确定。通过对分水岭段膨胀土边坡资料的梳理和对比,选取其中具有代表性的桥梁(聂夹衖桥)边坡工程进行模拟。

引江济淮工程(安徽段)聂夹衖桥(图 5.2-1)位于安徽省合肥市肥西县境内,桥长271m,桥梁宽度 8.5m;接线公路路线长约 1.430km;总长约 1.701km。

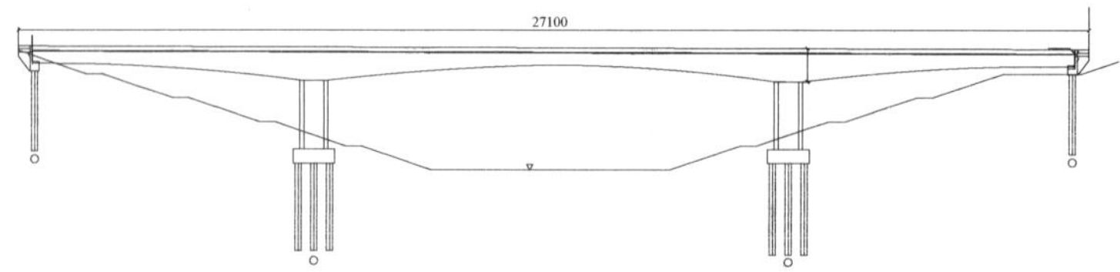

图 5.2-1 聂夹衖桥桥型布置图(尺寸单位:cm)

聂夹衖桥桥梁中心所在航道里程桩号为 K48 +651m。桥跨布置为 72m +120m +72m 连续梁桥,属于大型桥梁。

公路建设主要技术标准如下:

①公路等级:三级公路。

②设计速度:40km/h。

③路基宽度:8.5m。

④设计荷载:公路—Ⅱ级。

⑤设计洪水频率:1/100。

⑥路面结构类型:沥青路面。

根据现场勘探野外编录资料,结合现场工程地质调绘、原位测试和室内土工试验成果,在勘探深度范围内揭露的地层主要为第四系全新统(Q_4)种植土、黏性土和第四系上更新统冲积物(Q_3^{al})和白垩系(K)泥质砂岩。勘探揭露的地层按其地质时代、成因类型、埋藏深度以及岩土的工程地质特征,自上而下分别叙述如下:

①层种植土(Q_4^{ml}):黄灰色,松散,由软塑状黏性土组成,含植物根系。分布于农田中。层厚0.40m,层底高程38.42~40.70m。

②层粉质黏土(Q_4^{al}):灰黄色夹灰白色,软塑~可塑,夹铁锰氧化物,夹灰白色高岭土条带。该层分布于整个场地,层厚1.1~1.60m,高程37.32~39.10m。

③层粉质黏土(Q_3^{al}):灰褐色~灰黄色,硬塑,含铁锰氧化物,夹灰白色高岭土条带。该层分布于整个场地,层厚8.50~10.20m,层底高程27.12~30.60m。

④层粉土(Q_3^{al}):灰白色夹灰黄色,稍密~中密,夹灰白色高岭土团块,铁锰氧化物,有黏性。该层分布于整个场地,层厚8.40~13.00m,层底高程17.32~19.92m。

⑤$_1$层强风化泥质砂岩(K):棕红色,泥质、砂质结构,风化严重,呈硬塑黏性土状、砂状,局部为碎块状。该层分布于整个场地,层厚1.30~3.10m,层底高程14.50~16.92m。

⑤$_2$层中风化泥质砂岩(K):棕红色,岩芯呈柱状、短柱状,夹泥岩,锤击易碎,取芯率约92%。本次勘察未揭穿,揭露最大层厚47.50m,最深层底高程-31.18m。

岩土设计参数见表5.2-1。

岩土设计参数表　　表5.2-1

层号及层名	参数					
	天然重度(kN/m^3)	内摩擦角(快剪)φ_q(°)	黏聚力(快剪)C_q(kPa)	压缩模量$E_{s0.1-0.2}$(MPa)	地基承载力基本容许值[f_{a0}](kPa)	饱和单轴抗压强度标准值(MPa)
②层粉质黏土	19.6	11.1	19.8	5.50	140	—
③层粉质黏土	19.9	14.7	31.8	8.36	220	—
④层粉土	20.2	—	—	8.94	180	—
⑤$_1$层强风化泥质砂岩	—	—	—	—	350	
⑤$_2$层中风化泥质砂岩	—	—	—	—	500	0.91

5.2.2　试验布置

综合考虑工程地质条件、施工参数、桥梁类型、桥梁大小及离心模型试验箱尺寸等条件,为了在离心模型试验中完整地再现膨胀土边坡对桥梁桩基的影响,选定桥梁一侧的边坡和1/2桥梁开展模拟。选用1.2m×1m×1.2m模型箱,箱内中部加隔板,一半放置模型,一半放置水箱及其他部件。试验加速度为100g,试验设计如图5.2-2和图5.2-3所示。

5.2.3　土层模型参数

根据聂夹衕桥勘察资料,将试验区域内的膨胀土地层简化合并为三层,分别为②层粉质黏土(Q_4^{al})、③层粉质黏土(Q_3^{al})和④层粉土(Q_3^{al})。采用现场土模拟粉质黏土和粉土层,采用福建标准砂模拟膨胀土下部的砂岩地层,模型分层及相关试验参数见表5.2-2。

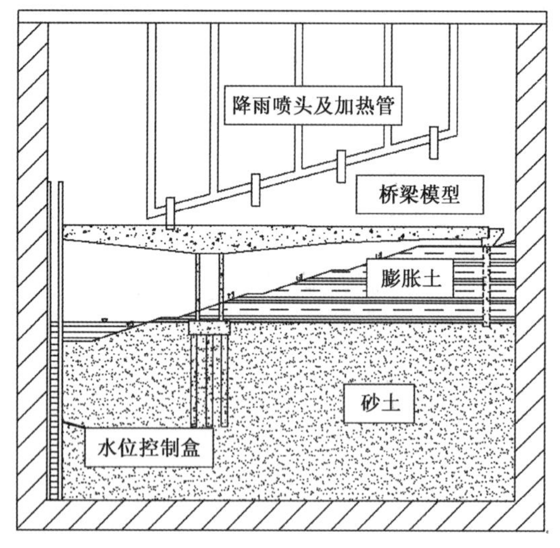

图 5.2-2　离心模型试验设计图

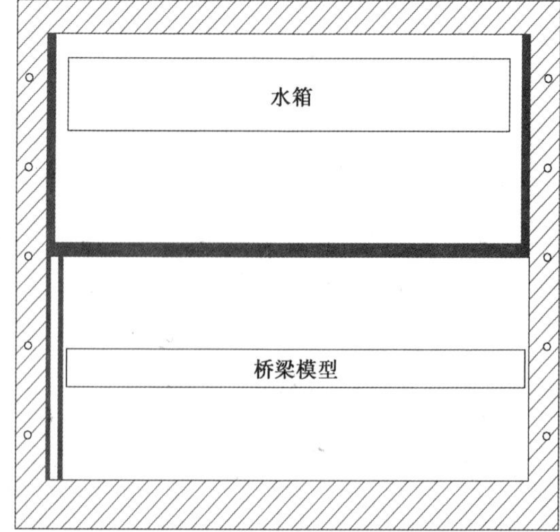

图 5.2-3　离心模型试验平面布置图

试验土层模型控制参数　表 5.2-2

层　号	参　数					
	厚度(mm)	密度(kg/m^3)	含水率(%)	内摩擦角(快剪) φ_q(°)	黏聚力(快剪) c_q(kPa)	压缩模量 $E_{s0.1-0.2}$(MPa)
1 号粉质黏土	16	1960	23.6	11.1	19.8	5.50
2 号粉质黏土	84	1990	20.5	14.7	31.8	8.36
3 号粉土	93	2020	21.3	16.6	32.6	8.94
4 号福建标准砂	—	—	—	—	—	—

5.2.4　桥梁模型设计

(1)桩基模型尺寸及材料的确定。

根据相似原理,模型应采用与原型材料一致的钢筋混凝土制成。当处理小型结构物模型时,采用原型混凝土材料将导致结构过于薄弱(根据相似比计算得出的桥梁桩基的直径只有 16mm),显然采用混凝土材料是不合适的。因此,对小型桥梁按照等效刚度相似原则选取与原型钢筋混凝土密度、泊松比相近、结构更为紧密、性质更均匀的铝合金材料进行替代,根据拟采用离心机加速度,通过比尺换算出桥梁基础的模型尺寸。计算过程如下:

经图纸计算桩基钢筋配筋率为 0.385%,普通钢材弹性模量为 200GPa,C30 混凝土弹性模量为 30GPa。

$$EA = E_1A_1 + E_2A_2$$

式中,E 为等效弹性模量;E_1 为钢筋模量;E_2 为混凝土模量;A 为桩截面面积;A_1 为钢筋截面面积;A_2 为混凝土截面面积。

计算得桥梁桩基的等效弹性模量 $E = 30.6545$GPa。

在桥梁的各项物理力学参数中,影响桥梁竖向变形量最显著的是桥梁抗弯刚度,因而必须保证模型纵向抗弯刚度的等效性。模型抗弯刚度等效公式为:

$$\frac{E_P I_P}{E_M I_M} = n^4$$

式中，I 为截面惯性矩，桥梁原型材料为 C30 混凝土，等效弹性模量为 30.65GPa，铝镁合金弹性模量为 69GPa，相似比 $n=100$。

计算得到桩基模型管直径为 16mm，壁厚为 1.1mm。

(2)桥梁上部结构设计。

试验所截取试验段桥梁原型长约 110m，质量约为 5350t；经换算，模型长 1100mm，质量为 5350g。由于桥梁的整体结构特性不是本书的研究重点，因此采用不锈钢方管 + 3D 打印外套 + 配重的形式模拟桥梁外形及自重。桥梁模型设计图如图 5.2-4 所示。

图 5.2-4　桥梁模型设计图

5.2.5　降雨、蒸发和水位升降模拟装置设计

(1)降雨装置。

①硬件设备。

本次研究降雨模拟系统采用最新介质雾化喷嘴，如图 5.2-5a)所示。采用介质雾化喷嘴结构模拟降雨，是最新应用于离心场中的降雨模拟系统。其主要优点是离心场雾化雨滴非常小，能更好地模拟原型降雨；通过调整水箱内的气压可方便地控制降雨强度，通过外界控制阀控制进水管通水可方便控制降雨时间。水箱如图 5.2-5b)所示。

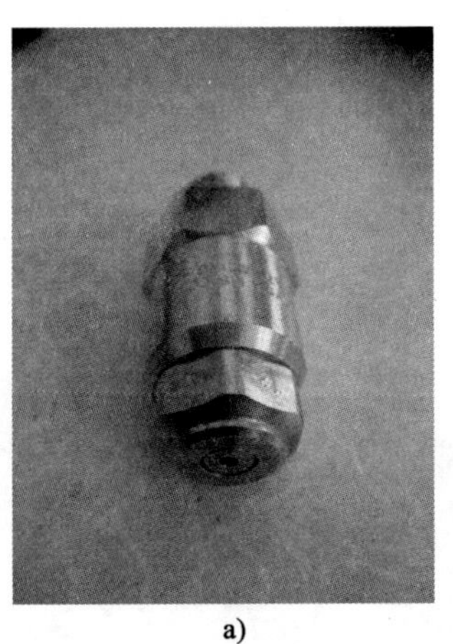

a)

b)

图 5.2-5　降雨模拟装置

②硬件系统联络图。

图 5.2-6 为降雨系统联络图，整套装置主要由水箱、雾化喷头、电磁阀和控制箱等部件组成。水箱的主要作用是提供水源和控制水位；通过给水箱内增加气压，使水通过模型箱上部的喷头喷出。

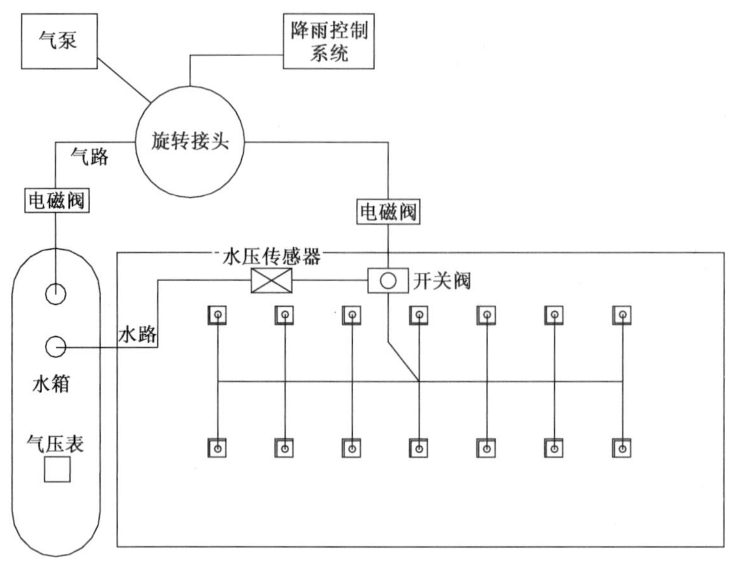

图 5.2-6　降雨系统联络图

③降雨装置标定。

单个雾化喷头喷出的降雨范围呈圆形分布，且中间降雨强度大于外部，为了保证整个试验区域降雨的全覆盖，需要将多个喷头交错排布，如图 5.2-7 所示。试验前需要对降雨系统进行标定，在模型箱底部放置冰格，如图 5.2-8 所示。在规定加速度条件下，对该降雨装置的布置间距、流量大小和喷头角度进行率定，率定结果如图 5.2-9 所示。

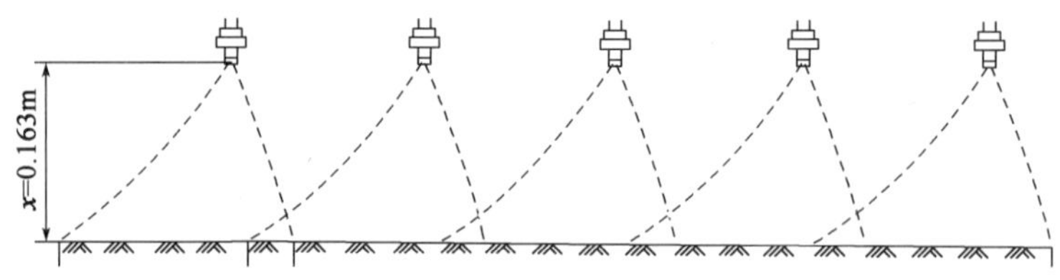

图 5.2-7　喷头布置示意图

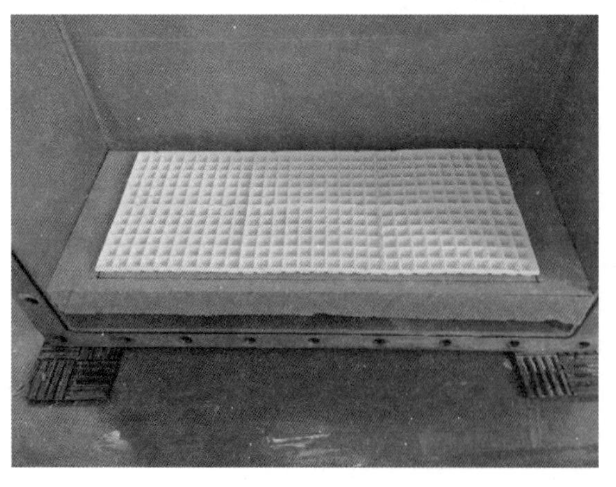

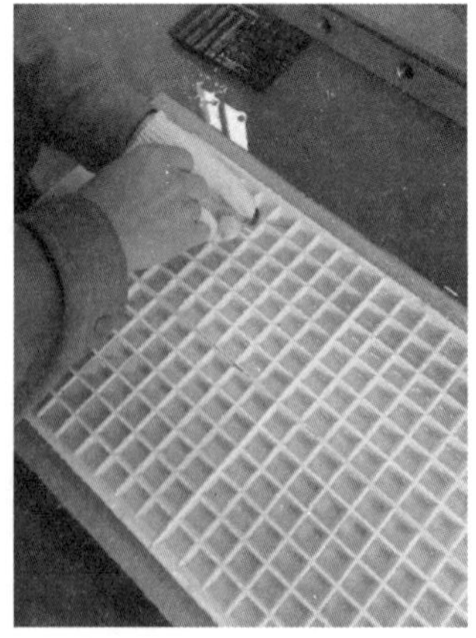

图 5.2-8　标定过程

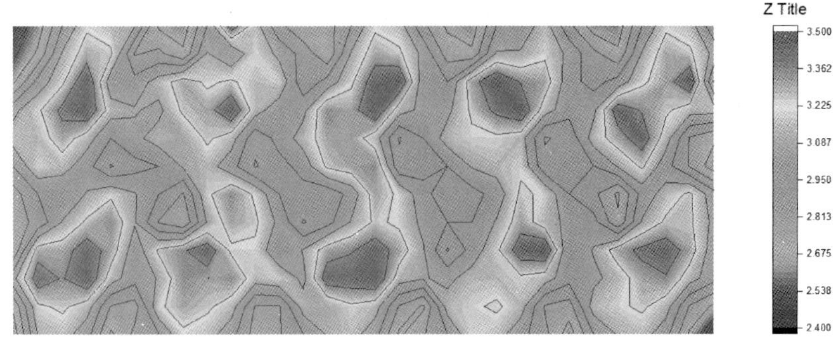

图5.2-9　降雨量分布

图5.2-9为喷头纵向间距150mm、横向间距150mm、降雨强度9mm/min、降雨时间0.5min的雨量分布图，降雨均匀性及分布区域基本满足要求。

采用雾化喷头降雨系统模拟降雨，根据上述比尺关系，离心模型试验降雨强度的换算关系为：

$$Q_r = \frac{M}{At} \times \frac{1}{n} \tag{5.2-1}$$

式中，Q_r 为原型降雨强度；M 为试验降雨总质量；A 为试验降雨面积；t 为试验降雨时间；n 为模型比尺。

我国气象部门一般采用的降雨强度标准为：小雨条件10mm/d，中雨条件24.9mm/d，大雨条件49.9mm/d，暴雨条件70～250mm/d。

试验模拟实际雨强为120mm/d的暴雨极端工况，在100g条件下的模型降雨强度为500mm/h，模型降雨面积为500mm×1000mm，则30min的模型降雨水量为125kg。

(2)水位升降装置。

试验中将水箱与水位盒连通，通过控制水箱内的气压，对模型箱内水位盒的水位高度进行动态调节。水位控制盒采用10mm钢板焊接而成，表面设置若干排水孔。可通过排水孔＋螺栓的方式提高水位控制盒的整体刚度，将对试验的影响降到最低。

(3)蒸发装置。

U形防水电加热管如图5.2-10所示。加热管额定工作电压为220V，具有升温快、耐冷热骤变性强的特点。试验中为了便于水分散发，需要停机拆除降雨系统及其盖板后，安装加热管和其支架，完成蒸发的模拟。

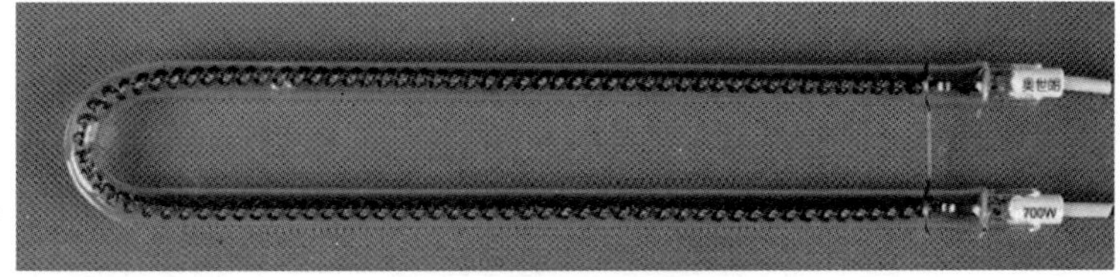

图5.2-10　电加热管

5.2.6　试验工况确定

(1)T1工况。

本工况模拟干湿循环(强降雨和水位骤升、蒸发和水位骤降)两次后，原型边坡发生了浅层滑动，研究滑坡后的坡体形态、破坏模式和对桥梁主墩的冲击力等问题。

(2)T2 工况。

本工况模拟 3/4 桩身插入基岩中，干湿循环(强降雨和水位骤升、蒸发和水位骤降)两次后，在坡顶进行加载，边坡发生中层滑动，研究滑坡后的坡体形态、破坏模式和对桥梁主墩的冲击力等问题。

(3)T3 工况。

本工况模拟 1/2 桩身插入基岩中，在坡顶进行加载，边坡发生深层滑动，研究滑坡后的坡体形态、破坏模式和对桥梁主墩、连接墩的影响。

5.2.7 监测方案

(1)桥梁桩基应变测量。

本部分内容包括桥梁桩基的弯矩监测。监测迎坡面和背坡面外侧桩基的弯矩分布情况，如图 5.2-11 和图 5.2-12 所示。对于弯矩，桩身每隔 50mm 设置一个监测点，共计 20 个监测点。

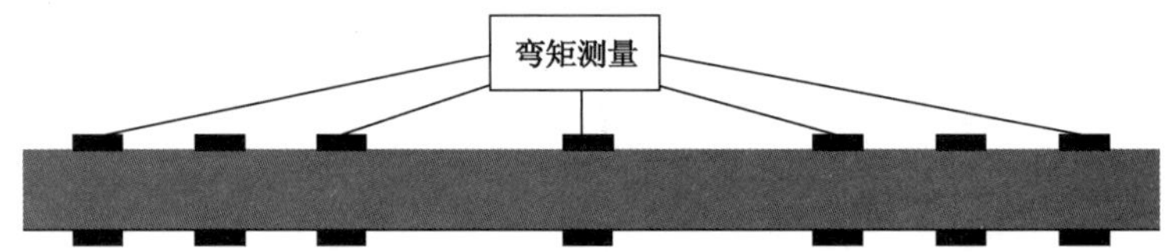

图 5.1-11 模型应变片粘贴位置示意图

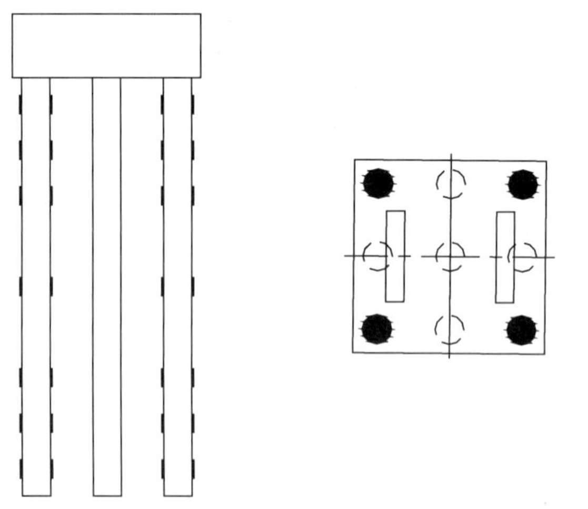

图 5.1-12 桩基弯矩测点布置图

试验前将桥梁基础模型等距分为 5 个断面，每个断面布置一个全桥即 4 个半导体应变片用来测量桩身弯矩。贴应变片前应在模型桩上涂抹绝缘胶水防止形成通路。粘贴应变片并焊好接线端子，最后在模型桩表面涂 2 ~ 3 层环氧树脂。

(2)土压力监测。

如图 5.2-13 所示，每组试验中设置了 3 个水平土压力测点用于测量滑坡体对桥墩和桩基的冲击力，位置分别位于桩基、承台和桥墩前方。

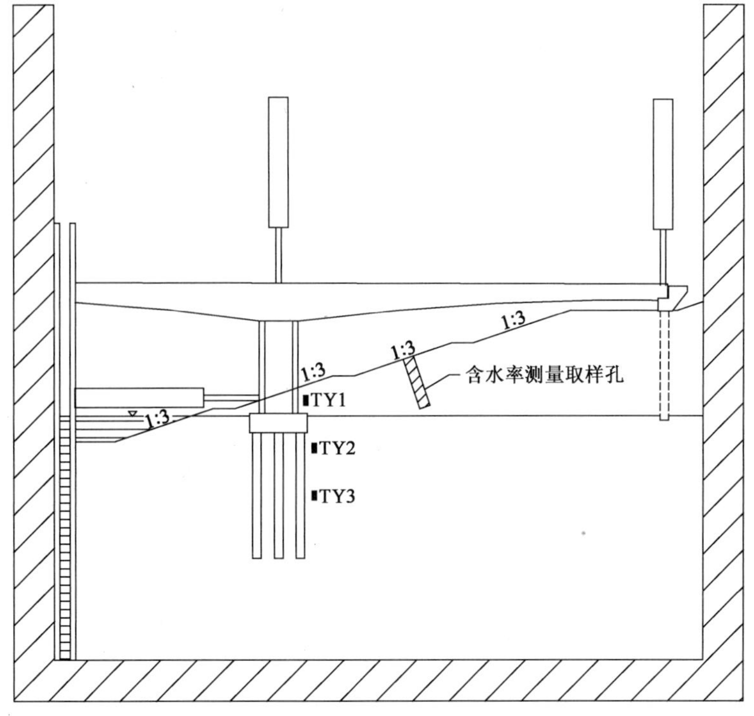

图 5.2-13　传感器布置图

(3)含水率测量。

如图 5.2-13 所示,试验后在坡体中部位置钻孔取样,测试降雨入渗造成的含水率-深度剖面变化。

(4)桥梁位移监测。

如图 5.2-13 所示,试验中拟布置了 1 个水平位移测点,用来监测桥墩顶部的水平位移情况。

5.3　试验过程

5.3.1　实地踏勘和现场取样

试验前,课题组对膨胀土边坡和桥梁的情况进行人工踏勘,同时了解膨胀土的现场特征,对膨胀土的膨胀性作出初步判断(图 5.3-1)。

根据勘察报告,初步选定 3 个钻孔(CS13、CS15、CB309)位置的膨胀土作为离心模型试验用土,此三个探孔膨胀土埋深较浅、膨胀土在深度范围内分布较为连续。结合现场条件,CS15 位置处土体已开挖、CB309 处施工机械难以到达。CS13 探孔从 3m 以下至 10m 处,土体自由膨胀率大概为 51% ~70% ,膨胀土在深度上分布较为连续。另外,结合现场取土条件,此处渠道尚未开挖、施工机械也能够顺利进入,因此选择此处土体作为离心模型试验用土。

5.3.2　土样物理力学性质检测

通过对现场取得的膨胀土土样进行室内试验,获取了膨胀土的物化特性、成分特性及基本物理力学性质,为后续试验中配制土样提供依据(图 5.3-2)。对引江济淮地区膨胀土中所含的伊利蒙脱矿物、高岭土矿物、斜长石等常见膨胀土矿物成分的含量进行确定。

a)定位　b)去除上部杂土

c)取土　d)取土完成

图 5.3-1　现场踏勘及取土

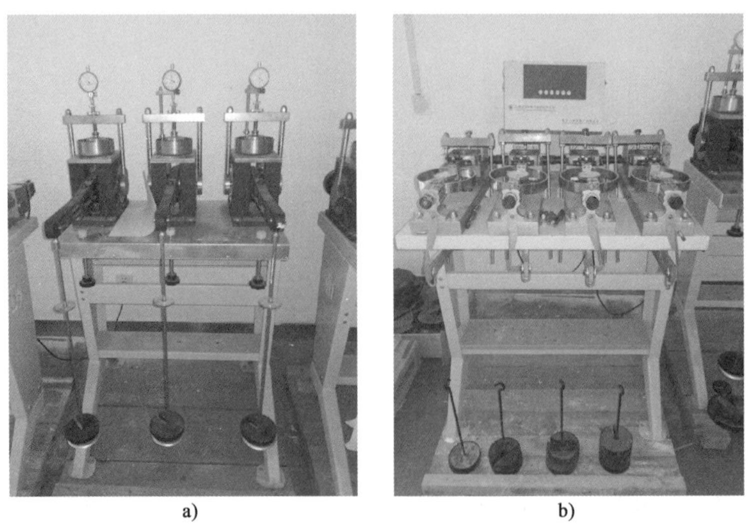

a)　b)

图 5.3-2　室内试验情况

5.3.3　模型加工制作

根据 5.2.4 节计算结果制作桥梁桩基模型，将桥梁桩基模型等距分为 7 个断面，每个断面布置一个全桥即 4 个半导体应变片，分别用于测量桩的弯矩。粘贴应变片前应在模型桩上涂抹绝缘胶水防止形成通路，粘贴应变片并焊好接线端子，最后在模型桩表面涂 2mm 厚的环氧树脂保护，制作过程如图 5.3-3 所示。

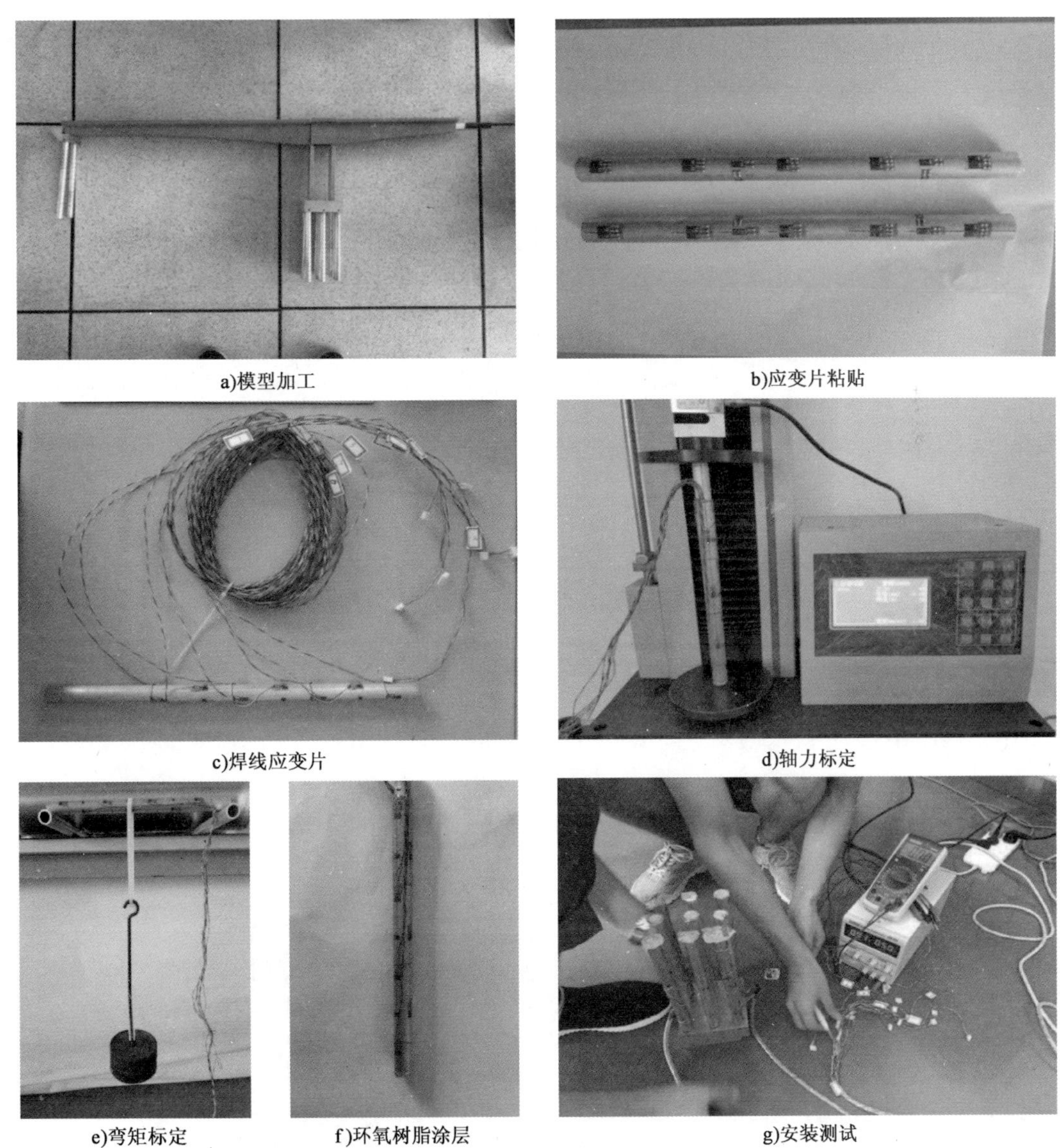

a)模型加工　b)应变片粘贴　c)焊线应变片　d)轴力标定　e)弯矩标定　f)环氧树脂涂层　g)安装测试

图 5.3-3　桥梁模型的制作

5.3.4　模型土材料制备

项目组针对不同类型的土样采取了不同的方法进行制备。粉质黏土经过烘干—粉碎—筛分—拌和等步骤完成土样的制备。

砂岩地基使用福建标准砂，经过筛分和拌和完成配制。

5.3.5 地基模型制作

模型地基土层制备之前，将排水体放入模型箱底部，以利于制模完成后进行饱和。为减少模型箱壁的边界效应对试验的影响，在模型箱内壁涂抹凡士林，以模拟半无限场地。

地基土的制备采用砂雨法和击实法，具体不再赘述。

5.3.6 制作网格线

在100g加速度下固结完成后，拆开前玻璃面板，用黑砂撒出30mm×30mm间距的网格，如图5.3-4所示。

图5.3-4 制作网格线

5.3.7 削坡

网格线制作完毕后，根据设计图纸进行削坡，如图5.3-5所示。

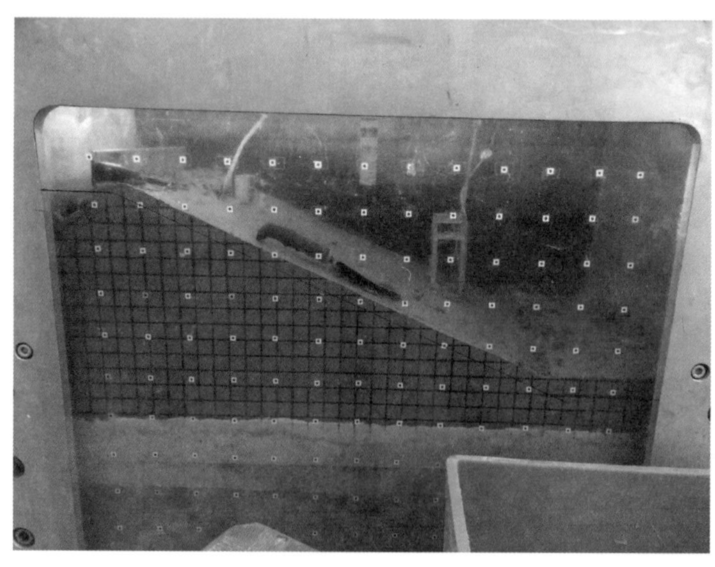

图5.3-5 削坡

5.3.8　降雨装置安装

安装降雨喷头，使其每个喷头与边坡的距离同为195mm，如图5.3-6所示。

图5.3-6　降雨喷头安装

5.3.9　试验步骤

(1)试验模型制作完成后，将模型箱吊入离心机吊篮并放置妥当，安装降雨装置、摄像机、LED照明灯及其他附属配件，完成接线及传感器清零工作，准备启动离心机开始试验。

(2)以20g为一级，分级加载至100g，稳定运行120min(相当于原型2.28年)，以还原土体的应力状态。观察各个位移传感器的读数变化，趋于稳定之后，开始降雨。

(3)降雨完毕后，停机，开启加热棒模拟蒸发过程，并持续4～8h。启动离心机，重复降雨过程。

(4)重复步骤(3)，直至在某一次降雨发生滑坡或加载产生滑坡，保存相应试验数据。停机，将模型箱吊出，完成试验。

5.4　结果分析

5.4.1　T1工况

本工况模拟了干湿循环(强降雨和水位骤升、蒸发和水位骤降)两次后，边坡发生了浅层滑动，研究滑坡后的坡体形态、破坏模式和对桥梁主墩的冲击力等问题，试验布置如图5.4-1所示。

(1)边坡破坏过程及失稳模式。

图5.4-2是在暴雨强度下边坡几个失稳破坏时间点的摄像画面。

随着降雨的进行，雨水逐渐沿纵向裂隙入渗，土体饱和度逐渐增加，抗剪强度降低，重度增加，可观测到边坡逐渐变形至破坏。从图5.4-2b)中可以看出，较大的裂隙从坡体的中部逐渐扩大；从图5.4-2c)中可以看出，边坡中下部已产生明显的水平滑移；此后，裂隙逐渐向坡顶发展，边坡上部近坡肩部位出现贯穿性的裂隙。滑坡经历了由局部向整体发展的过程，即首先在坡体中部发生局部失稳，然后失稳范围逐步扩展，边坡整体坡度逐步增加，最后发生浅层整体滑动。由于降雨雨水的作用，造成滑坡体成为松散的泥水混合物，厚度1～2m。

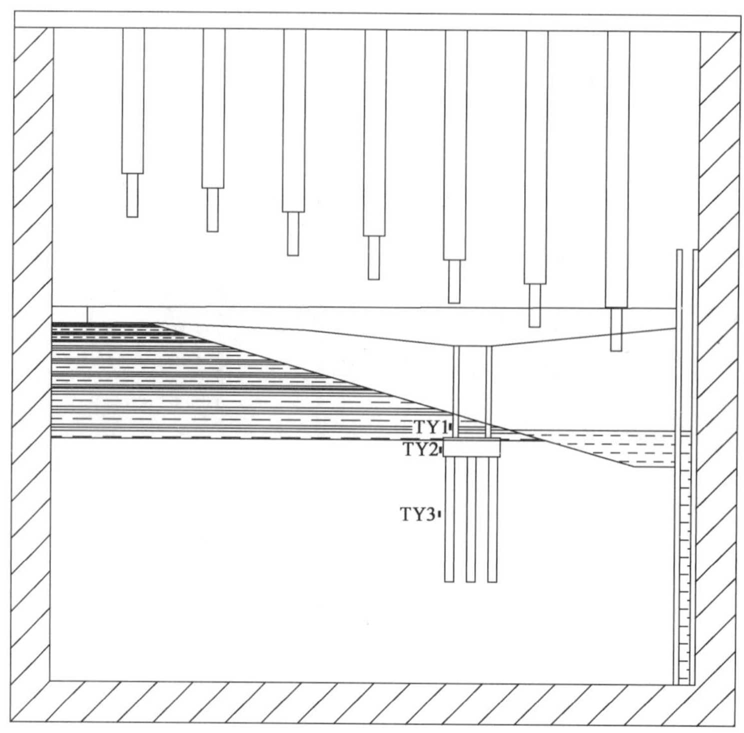

图 5.4-1　T1 工况模型试验设计图

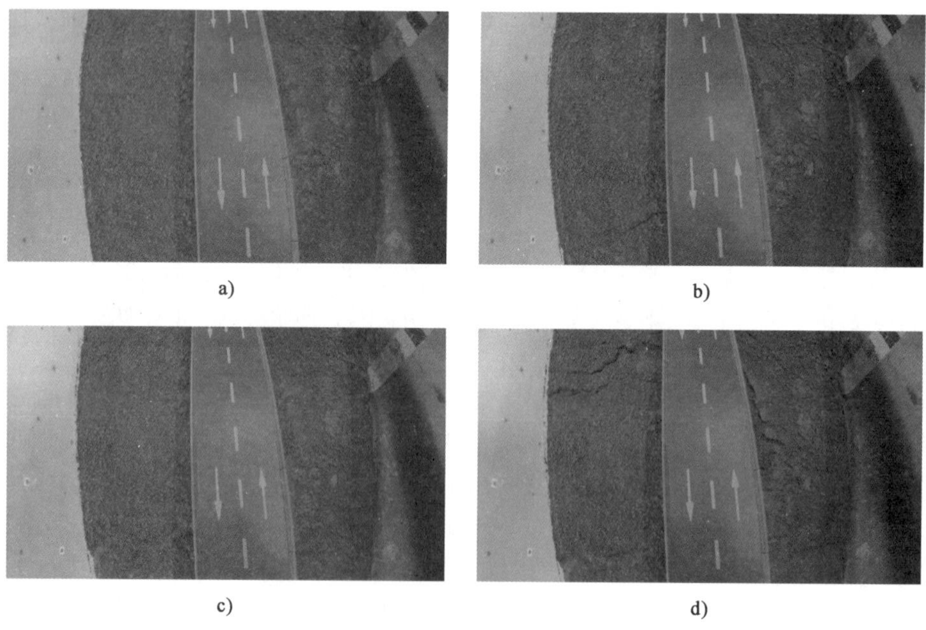

a)　b)　c)　d)

图　5.4-2

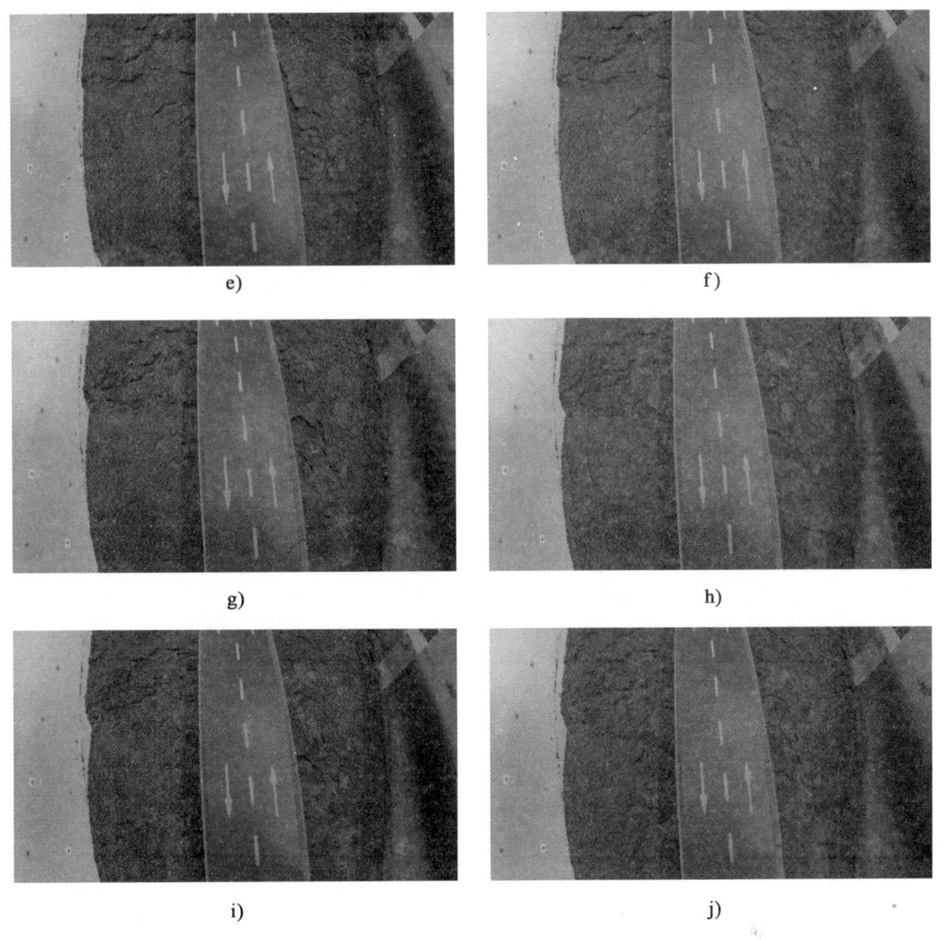

e)　f)　g)　h)　i)　j)

图5.4-2　浅层滑坡的破坏过程

(2)含水率变化。

图5.4-3显示了试验前后在含水率采样点不同深度土体的含水率变化情况。试验前获得的不同深度的土体含水率均在20%左右,稍低于土料目标含水率21.3%,这是由于模型制备过程中蒸发等因素造成的。停机后钻孔取样测得的浅层含水率明显增加,浅层土体(埋深3.5m处)的含水率均由初始的约20%增加到27%左右。但随着深度的增加含水率逐渐减小。

(3)土压力变化。

图5.4-4显示了不同深度处水平土压力的变化情况,从图中可以看出,降雨开始30s后桥墩前部的TY1水平土压力测点数据产生微弱增大,说明此时发生的浅层滑坡土体对桥墩的冲击力不大。而更深处的TY2和TY3测点的水平土压力在此时并没有产生明显的升高,说明深部土体并没有发生明显滑动。从总体趋势来看,随着降雨的进行,土压力缓慢上升,这是由于降雨导致土体的含水率增大,土体的孔隙水压力升高,土体的总应力变大所致。

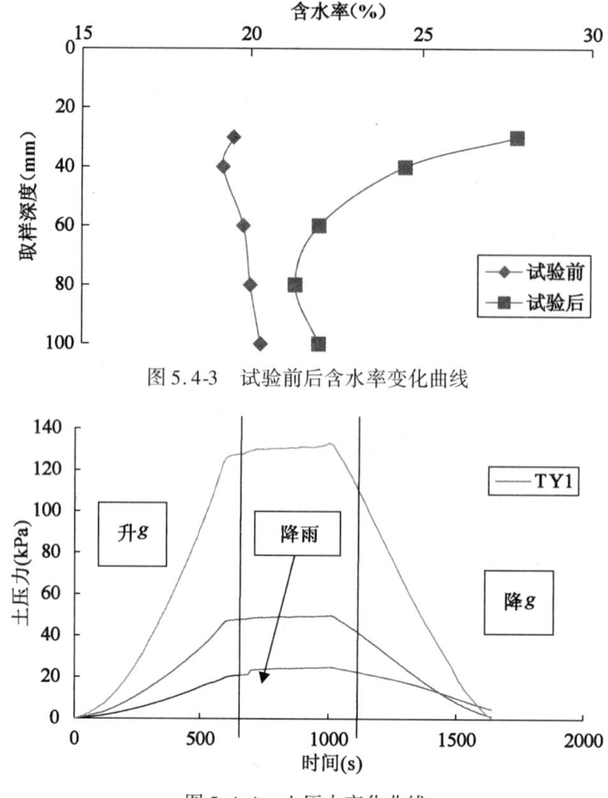

图 5.4-3　试验前后含水率变化曲线

图 5.4-4　土压力变化曲线

5.4.2　T2 工况

本工况模拟干湿循环(强降雨和水位骤升、蒸发和水位骤降)两次后,在坡顶进行加载,边坡发生中层滑动,研究滑坡后的坡体形态、破坏模式和对桥梁主墩的冲击力等问题。试验设计如图 5.4-5 所示,试验前的模型照片如图 5.4-6 所示。

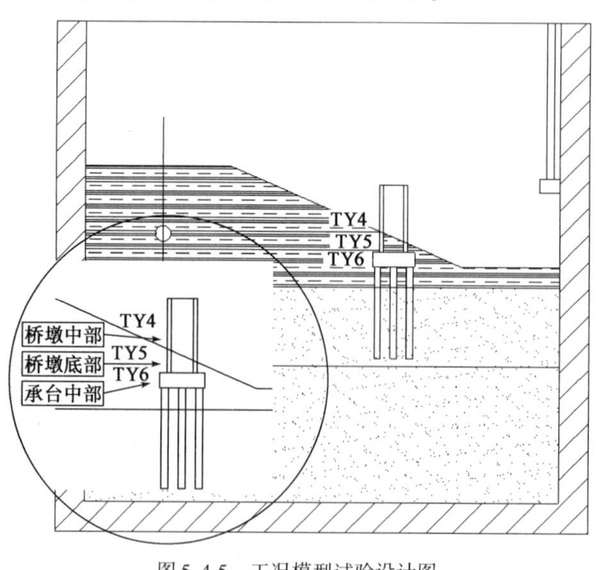

图 5.4-5　工况模型试验设计图

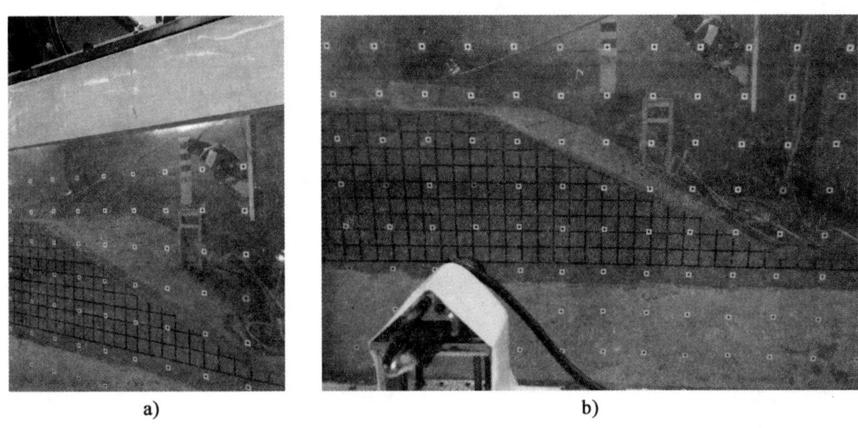

a)　　b)

图 5.4-6　T2 工况试验前模型照片

(1)边坡破坏过程及失稳模式。

图 5.4-7 是边坡发生滑动时坡面形态的变化过程，从图 5.4-7a) ~ c)可以看出坡表面的裂隙从桥墩迎坡面上产生，并呈闪电状逐渐分散和扩大，最终形成枯树干的形状，且裂隙不断变宽分叉增生；由于桥墩的挡土作用，上部坡体的总体位移要小于下部土体的位移；在背坡向桥墩根部处出现凹坑，这是由于整个边坡的中部和下部发生大面积整体滑动而形成的。从图 5.4-7d) ~ f)中可以看出，桥墩以上坡面的土体在滑坡过程中的移动路径，总体呈现了在桥墩两侧的土体离桥墩距离越远位移越大的趋势。

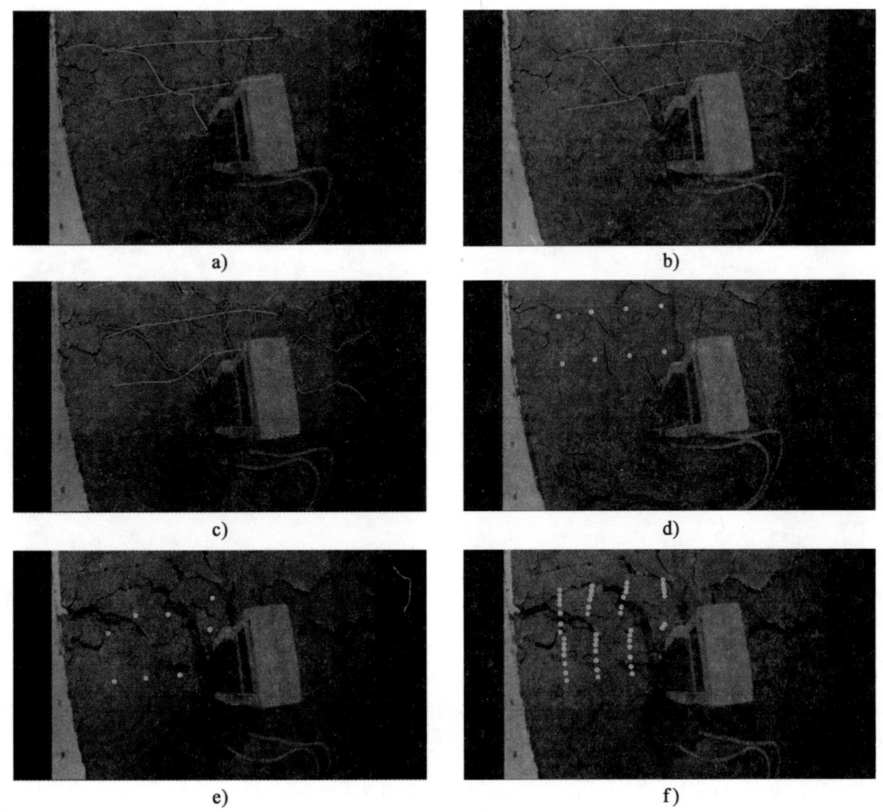

a)　　b)

c)　　d)

e)　　f)

图 5.4-7　滑坡表面的破坏过程

图 5.4-8a)显示了试验后坡体的剖面形态,从图中可以看出,标记网格从试验前的规则形状变为试验后扭曲的形态,且能从网格的形态上判断出有两个明显的剪切滑动面,说明边坡在坡顶加载的过程中先后发生了两次滑动。首先,随着上部荷载的不断增加,由于先前两次干湿循环的作用,坡表面以下 2 ~ 3m 深土体的整体强度已经发生了明显的下降,造成边坡表层土体首先发生了浅层滑动;随着上部荷载的不断增加,坡体内形成了更深的贯穿滑动面,此时坡体发生中层滑动,滑坡体最厚处约 13m。图 5.4-8b) ~ d)为试验后坡体的表面形态。

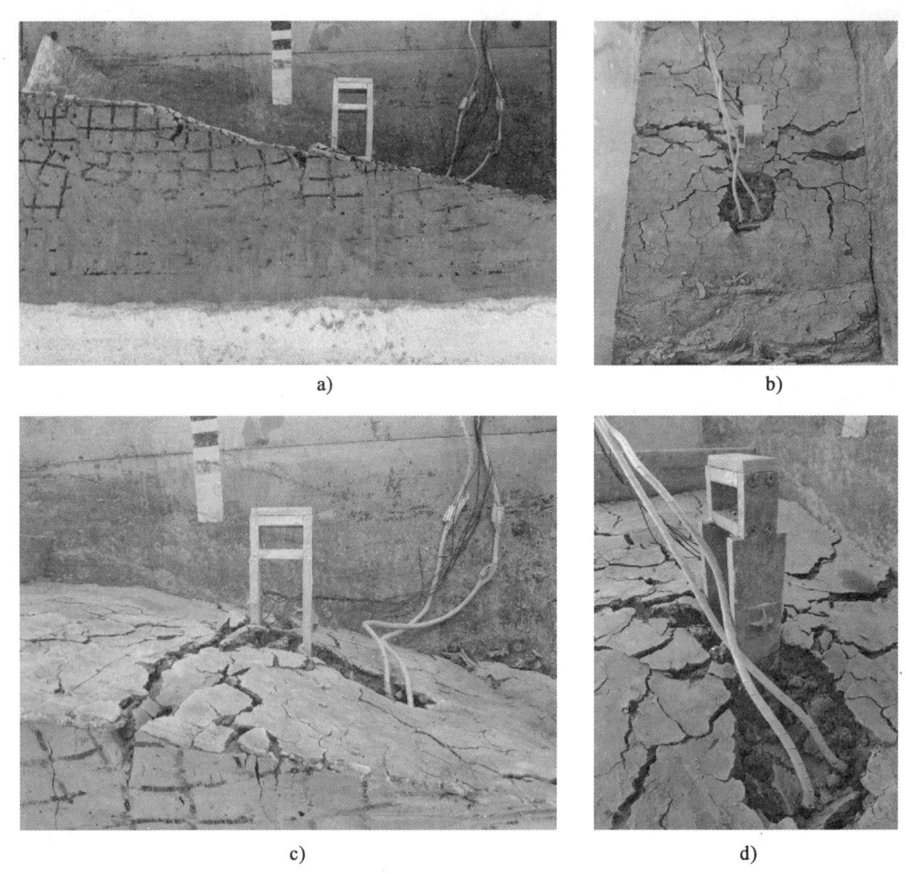

a)　b)　c)　d)

图 5.4-8　T2 模型试验后边坡的剖面和坡面形态

(2)土压力变化。

图 5.4-9 所示为试验过程中桥墩前侧土压力的变化情况。从 TY6 曲线中可以看出,承台中部的水平土压力出现了两次明显的上升,浅层滑动时土压力从 106kPa 上升到 142kPa,中层滑动时土压力从 138kPa 上升到 274kPa,而后逐渐下降,这是由于中层滑坡时,滑坡体对桥梁的瞬间冲击是动力荷载,之后逐渐转变为稳定的静力状态;从 TY5 曲线中可以看出,第 1 次浅层滑动对桥墩底部的影响较为明显,而中层滑坡时土压力没有发生明显的变化,这是因为中层滑动时承台承担了绝大部分水平冲击力;TY4 监测点临空于土面之上,从浅层滑动到中层滑动土体没有影响到此处。

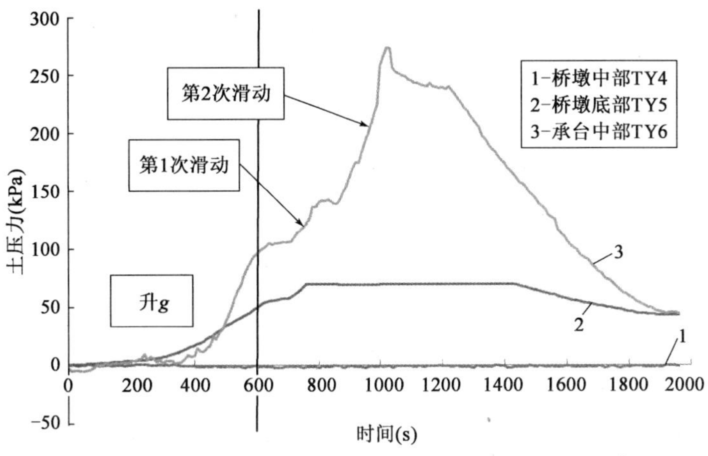

图 5.4-9　土压力变化曲线

(3)桥墩及桩基的冲击力换算。

表 5.4-1 所示为发生滑坡后,桥墩各处所受的冲击力情况,浅层滑动承台所受的冲击力约为 1335.6kN,中层滑动承台所受的冲击力约为 5045.6kN。

桥 墩 冲 击 力　　表 5.4-1

项目	桥墩中部(kPa)	桥墩底部(kPa)	承台中部(kPa)
第一次滑动	—	14	36
第二次滑动	—	—	136

(4)墩顶水平位移变化。

图 5.4-10 所示为试验过程中墩顶水平位移变化情况。升 g 稳定后,经过浅层和深层两次滑动后,墩顶总共产生了 3.1mm 的水平位移,换算成实际约为 310mm,已经造成了桥梁的整体破坏。

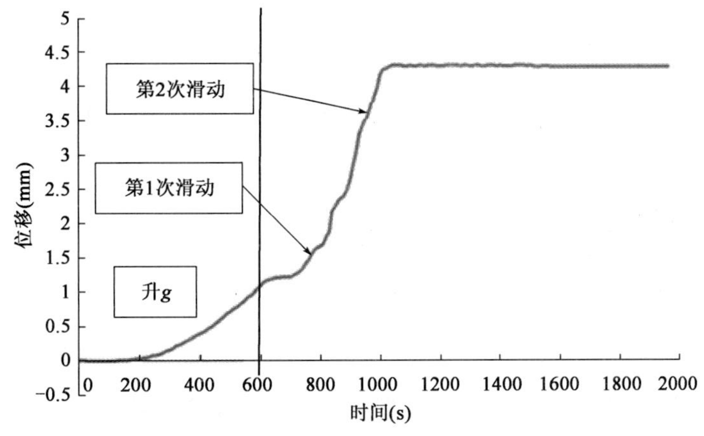

图 5.4-10　墩顶水平位移变化曲线

(5)桩身弯矩变化。

图5.4-11为不同时间的迎坡面桥墩桩基弯矩随深度变化曲线图。从图中可以看出,各条弯矩曲线呈反S形分布。当缓慢加载520s后,深度10m处出现反弯点,表明在此深度处出现了潜在滑动面,造成潜在滑动面的桩身上部与桩身下部受力不同,上部桩体体现抗滑作用,下部桩体体现锚固作用。且随着加载的不断进行,桩身弯矩逐渐增大,但反弯点深度并没有明显变化。

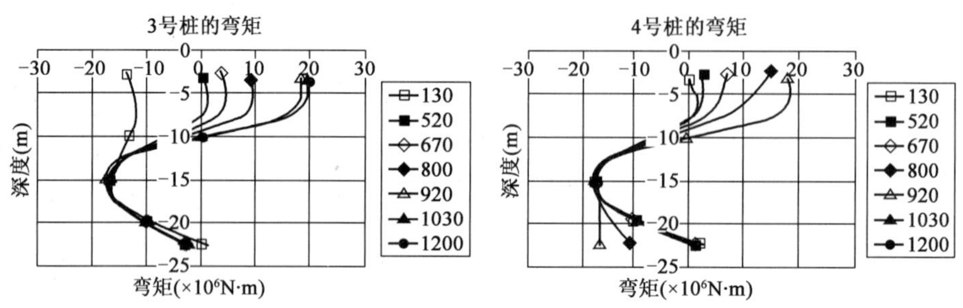

图5.4-11　桩身弯矩图

5.4.3　T3工况

本工况模拟坡顶进行加载,边坡发生深层滑动,研究滑坡后的坡体形态、破坏模式和对桥梁主墩的冲击力等问题。试验设计如图5.4-12所示,试验前的模型照片如图5.4-13所示。

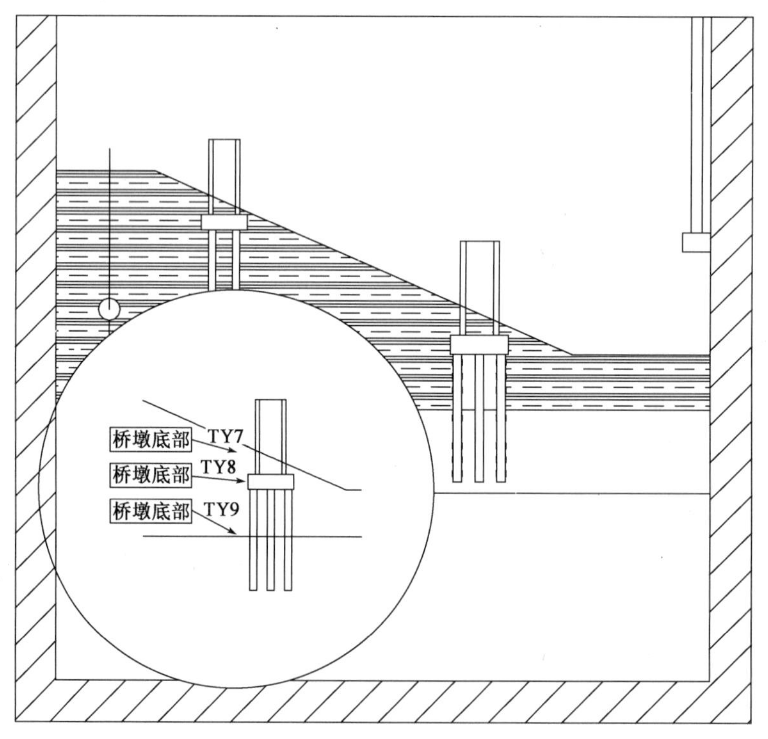

图5.4-12　T3工况试验设计示意图

图 5.4-13　T3 工况试验前模型照片

(1)边坡破坏过程及失稳模式。

图 5.4-14 是边坡发生滑动时坡面形态的变化过程,从图中可以看出,坡表面的裂隙从主桥墩以上的坡面上产生,并呈闪电状逐渐分散和扩大,最终形成枯树干的形状,且裂隙不断变宽分叉增生;由于桥墩的挡土作用,上部坡体的裂隙发展程度明显大于下部坡体,随着滑坡的进行,主桥墩产生了明显的位移。

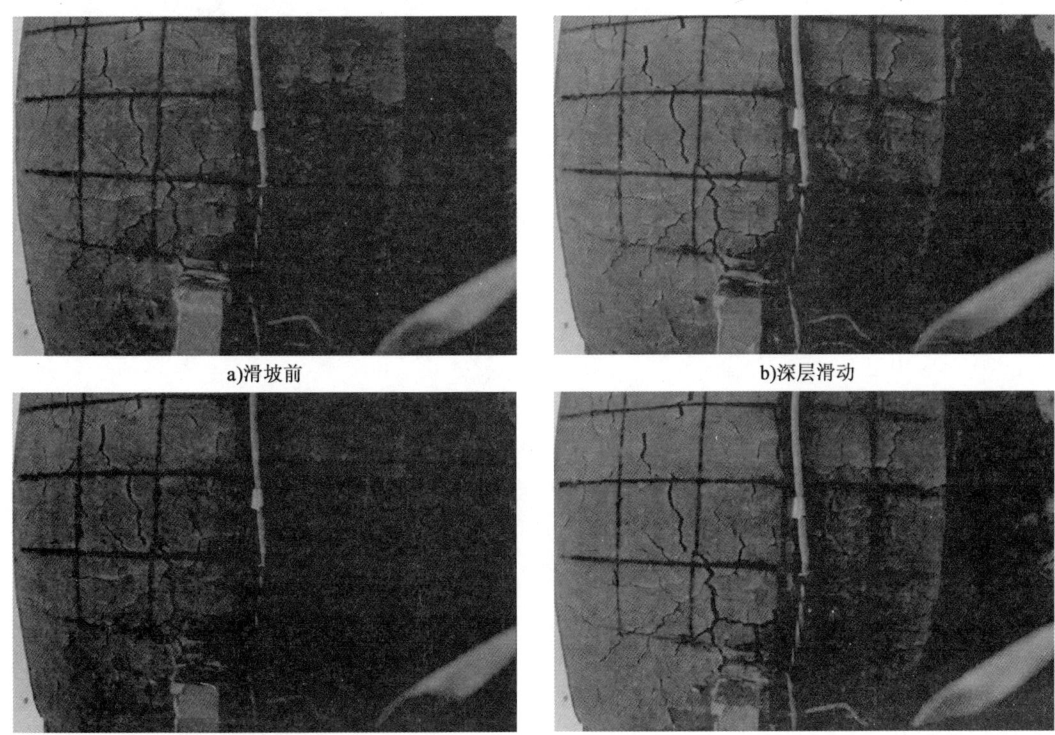

a)滑坡前　b)深层滑动　c)深层滑动　d)滑坡后

图 5.4-14　滑坡表面的破坏过程

图 5.4-15 显示了滑坡后坡体的剖面形态,从图中可以看出,标记网格从试验前的规则形状变为试验后扭曲的形态,且能从网格的形态上判断出 1 个明显的剪切滑动面。随着上

部荷载的不断增加，坡体内形成了更深的贯穿滑动面，此时坡体发生深层滑动，滑坡体最厚处约20m。图5.4-16显示了坡脚处的滑坡舌形态。图5.4-17所示为坡体中上部连接墩桩基和承台的倾斜状态。

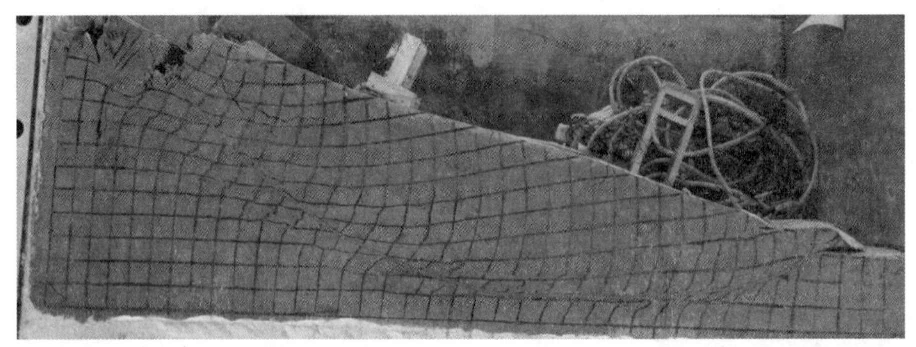

图5.4-15　滑坡后的形态

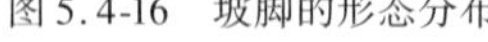

图5.4-16　坡脚的形态分布

图5.4-17　滑坡导致的桩基倾斜

(2)土压力变化。

图5.4-18所示为试验过程中桥墩前侧土压力的变化情况。从TY9曲线中可以看出，桩基中部的水平土压力在滑坡过程中出现了明显下降，这是因为贯穿的深层滑动面位于此点位传感器上方，当滑坡时，滑坡体推动桥墩和桩基朝坡脚倾斜，造成被动土压力区土压力明显下降；从TY8曲线中可以看出，模型出现了一次明显的深层滑动，土压力从110kPa上升到233kPa，其变化量略小于T2工况时此点位的土压力值，这是由于坡体上部连接墩的桩基起了抗滑作用；TY7曲线则表明桥墩底部土压力上升非常有限，表层土对桥墩的冲击力不大。

(3)桥墩及桩基的冲击力换算。

表5.4-2所示为发生滑坡后，桥墩各处所受的冲击力情况，深层滑动时承台所受的冲击力约为4563.3kN。

桥墩冲击力　　表5.4-2

项目	桥墩底部(kPa)	承台中部(kPa)	桩基中部(kPa)
第一次滑动	2	123	—

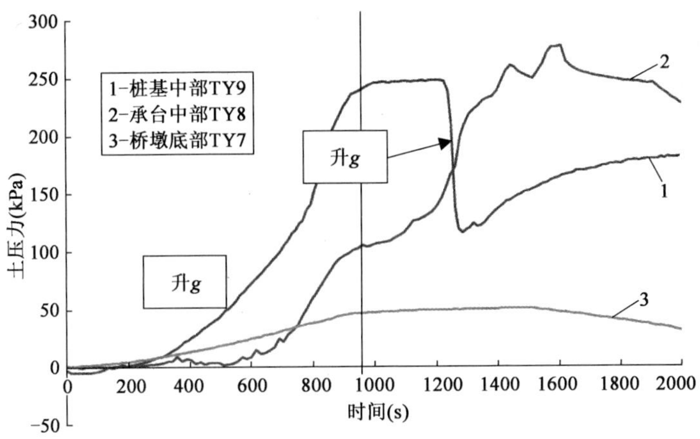

图5.4-18 土压力变化曲线

本次试验针对的是主墩和连接墩共同存在的情况,可以看出,连接墩的存在使得滑坡体的整体性提高明显,所以整个边坡在强扰动情况下发生了整体滑动,从剖面上可以看到具有明显的滑裂面。

边坡的整体活动引起的桥墩周边的土压力变化并不明显,但是会使得桥墩呈现明显的倾斜,从而引起桥梁的整体破坏。

5.4.4 主要结论

(1)由上述试验可以发现,随着干湿循环次数的增加,饱和膨胀土的强度指标会显著降低。应该说,干湿循环对强度的影响,只是一种表象,实际上是干湿循环造成了裂隙开展,裂隙开展才是强度降低的根本原因。一方面,裂隙的存在破坏土体的整体性,使其强度削弱;另一方面,裂隙也加剧了大气对土体的影响,使水分的入侵与土体的风干更为剧烈。由此可知,裂隙的存在和发展会使安全因素大大降低,显著降低边坡的稳定性。

(2)没有降雨时,经过两次循环的边坡表层土体在其自重作用下整体处于稳定状态;在强降雨作用下,引起土体抗剪强度降低,边坡形成强大下滑力促使边坡失稳破坏,但此种破坏模式区别于传统的圆弧滑动,边坡表面逐层滑落,形成类似于泥石流的形态,此类浅层滑坡对桥墩或桩基的影响很小。

(3)试验中的降雨模拟系统,能有效控制降雨的范围,实现不同降雨强度和历时的降雨模拟。

(4)在只有主桥墩的边坡上,当发生中层滑坡时,主桥墩所受的冲击力约为5000kN,但是由于此时下部桩基3/4长度已经嵌入基岩中,所以相对于工况T3来说,桥墩并没有产生明显的位移或倾斜现象。

(5)在有连接墩和主墩的边坡上,当发生深层滑动时,由于连接墩的阻抗作用,主桥墩所受的冲击力比中层滑动的冲击力更小(约为4500kN),但是由于此时下部桩基只有1/2长度嵌入基岩中,造成主墩桩基的水平向承载力严重不足,导致在较小的冲击力下,桥墩产生很大的位移和倾斜。

(6)在易发生滑坡的膨胀土边坡上修建桥梁,需要特别考虑桥墩桩基的抗滑作用,也就是桩基的嵌岩深度,提高桩基的水平承载力,从而提高整桥的稳定性。

第6章　海洋工程离心模型试验研究

6.1　黏土中宽浅式筒型基础与地基的地震响应研究

6.1.1　概述

我国海陆风能资源十分丰富，其中海上风力资源因距离用电区域近、风速较高、湍流强度小、有稳定的主导方向等优势，成为近期我国风能开发的重点，截至2020年我国风机装机总量超过3000MW。虽然海上风能开发前景广阔，但是海上风电场的建设面临众多技术难题，如何保证风机在以弯矩为主的荷载作用下正常运行就是其中的重要一环。为了解决这一技术问题，天津大学提出了宽浅式复合筒型基础，该基础长径比通常不大于0.4，基础直径可达40m。相较于常规基础类型，这种宽浅式的结构特征具有安装高效、差异沉降小等优势。但因该基础入土深度较浅，通常不大于12m，具有浅基础的承载特点，因此对浅层土体的强度有一定的要求。地震荷载的作用会使土体产生一定的强度弱化，而目前对宽浅式筒型基础的研究多关注承载特性问题，对评价地震作用下宽浅式筒型基础与黏土地基的动力作用特性研究不足。

本书通过离心振动台模型试验，对筒-土动力作用下黏土地基和筒型基础的动力响应进行研究，揭示黏土中孔压响应规律，探讨不同强度和类型的地震荷载作用下黏土地基的动力响应特点，为宽浅式筒型基础的抗震设计提供参考。

6.1.2　试验条件和试验方案

6.1.2.1　试验仪器和比尺

试验所涉及主要仪器包括500g·t土工离心机、离心机振动台和不锈钢矩形层状剪切箱。离心机容量为500g·t，最大离心加速度为150g。离心机振动台为伺服液压驱动式，可实现竖向和水平两向施振，有效频率为10～300Hz。不锈钢矩形层状剪切箱内部尺寸为800mm×350mm×500mm（长×宽×高），剪切箱由20层矩形框堆叠而成，两层间有滑柱轴承，以减小运动时产生的摩擦力，剪切箱内铺设有厚度为2.5mm的橡皮膜，研究表明这种柔性边界可以有效地起到边壁消波的作用。

试验在离心加速度n为58g的试验工况下进行，为方便结果展示，以下除传感器布置图外，其他试验结果均以原型比尺展示，土工离心机振动台试验相似比尺见表6.1-1。

土工离心机振动台试验相似比尺　　表6.1-1

类　别	物理量	量　纲	相似比（模型/原型）
几何尺寸	长度	L	$1/n$
	位移	L	$1/n$
材料特性	密度	ML^{-3}	1

续上表

类　别	物理量	量　纲	相似比(模型/原型)
材料特性	黏聚力	$ML^{-1}T^{-2}$	1
	内摩擦角	1	1
	阻尼比	1	1
	应变	1	1
	应力	$ML^{-1}T^{-2}$	1
动力特性	重力加速度	LT^{-2}	n
	加速度	LT^{-2}	n
	速度	LT^{-2}	1
	时间(动力)	T	$1/n$
	频率	T^{-1}	n
渗流特性(水饱和)	动力黏滞性	$ML^{-1}T^{-1}$	n^2
	渗透系数	LT^{-1}	1
	时间(渗透)	T	$1/n^2$

6.1.2.2　试验模型

试验用土选用英格瓷高岭土,塑限为27.3%,液限为48.4%,土粒相对密度 G_s 为2.60。试验黏土地基采用高重力固结法制备。试验前首先将高岭土以2.5倍液限加水混合并在真空搅拌机中充分搅拌均匀,后将搅拌均匀的泥浆倒入剪切箱中并在离心高重力环境下自然固结。为防止表层出现硬壳层,在表层200mm的黏土中均匀插入排水板,如图6.1-1所示。

黏土地基上下设置30mm厚排水砂层,砂层与黏土地基之间铺设土工排布,顶部砂层上设置垫板,并对垫板施加竖向荷载,加速高岭土的固结速度。上离心机固结至表层黏土达到15kPa,并采用十字板测量黏土不排水抗剪强度 S_u,如图6.1-2所示。经室内试验测试高岭土的含水率为35.0%,高岭土的渗透系数为 1.0×10^{-7}cm/s。

为研究筒型基础对地基的影响,试验加工了1个筒型基础模型,为等效原型筒的一阶自振频率,模型筒上部设有配平加载杆和配重块。模型筒采用304不锈钢加工而成,极限抗拉强度为520MPa,弹性模量200GPa。加载杆和配重块采用6061铝合金加工而成,极限抗拉强度为124MPa,弹性模量69GPa。模型筒和原型筒的参数见表6.1-2,模型筒自振频率试验测定值如图6.1-3所示。

模型筒与原型筒参数　　表6.1-2

类　型	筒　径	裙　高	壁　厚	一阶自振频率
原型筒	5.0m	2.0m	50mm	0.335
模型筒	100mm	40mm	1.0mm	16.75

由图6.1-3可知,模型筒的两次自振频率测定值的平均值为18.65Hz,与理论计算所得模型筒一阶自振频率相近,说明试验结果可以有效反映黏土地基中宽浅式筒型基础的动力特性。

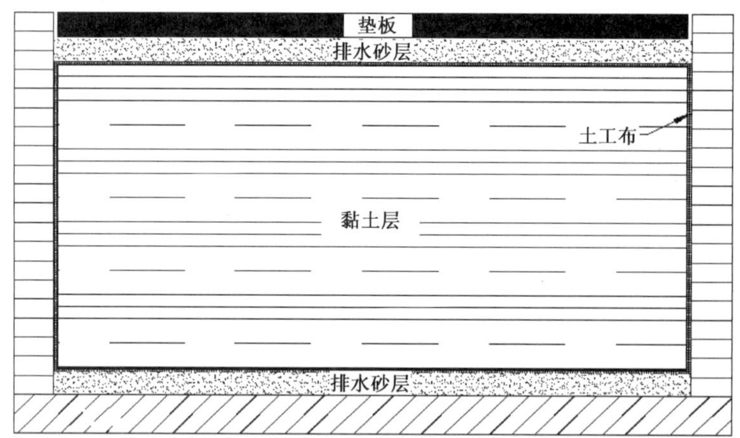

a)黏土制备断面图

b)制备过程中插板分布

图 6.1-1　黏土制备示意图

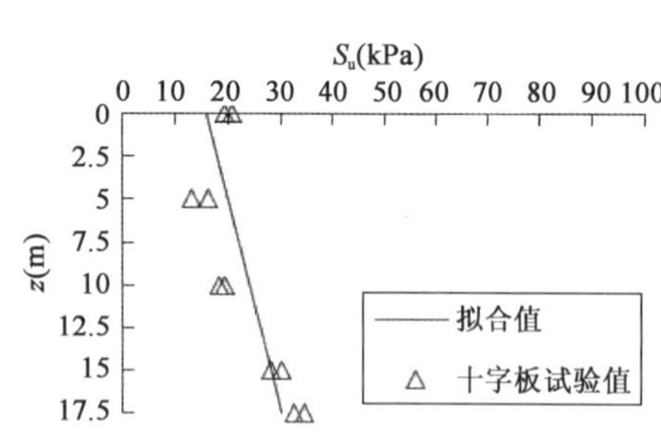

图 6.1-2　试验黏土强度

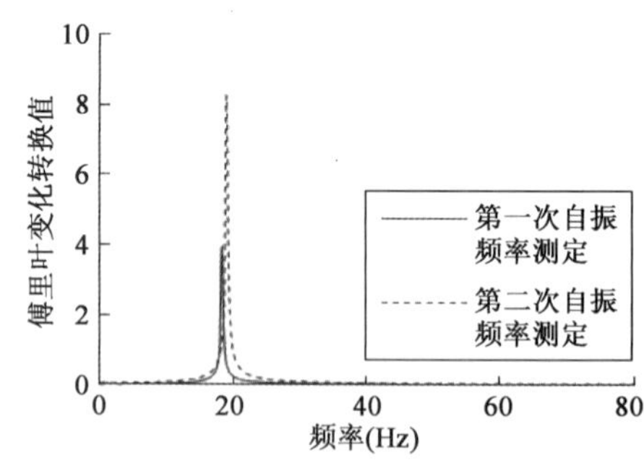

图 6.1-3　模型筒自振频率

6.1.2.3　试验布置

试验中共使用三轴加速度传感器 1 个、单轴加速度传感器 7 个、TYANFS16 型孔隙水压力传感器 6 个和动态差动位移传感器 1 个。试验中所用传感器及测试目的见表 6.1-3，模型内传感器布置方式如图6.1-4所示。

传感器汇总表 表6.1-3

传感器类型	编号	测试目的
TYANFS16型孔隙水压力传感器	P1、P3、P4、P5	监测模型筒周边土体的孔压响应
TYANFS16型孔隙水压力传感器	P2、P6	监测自由土体的孔压响应
动态差动位移传感器	D1	监测土体的竖向位移变化
三轴加速度传感器	A0	监测台面加速度
单轴加速度传感器	A1～A5	监测黏土地基的加速度响应
单轴加速度传感器	A6、A7	监测模型筒的加速度响应

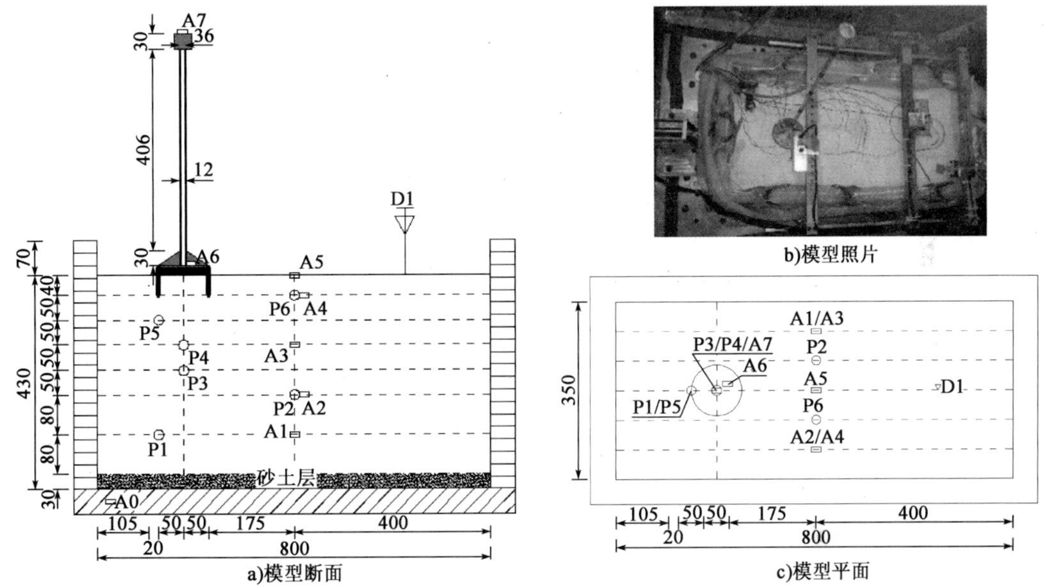

图6.1-4 模型传感器布置(尺寸单位:mm)

6.1.2.4 试验方案

试验采用逐级加载方式,以减少开机旋转对施振前黏土地基的影响。黏土地基中离心加速度沿竖向是变化的,为减少离心加速度场分布不均带来的误差,试验设定模型场地表面以下1/3土体厚度处离心加速度为$50g$,通过计算得台面离心加速度为$58g$。离心加速度达到$58g$后,稳定一段时间,待孔隙水压力和沉降稳定后通过振动台控制系统向振动台发送水平振动激励信号。试验采用频率$f=50\text{Hz}$的SIN波及ELCentro波,波形如图6.1-5所示,试验具体方案见表6.1-4。

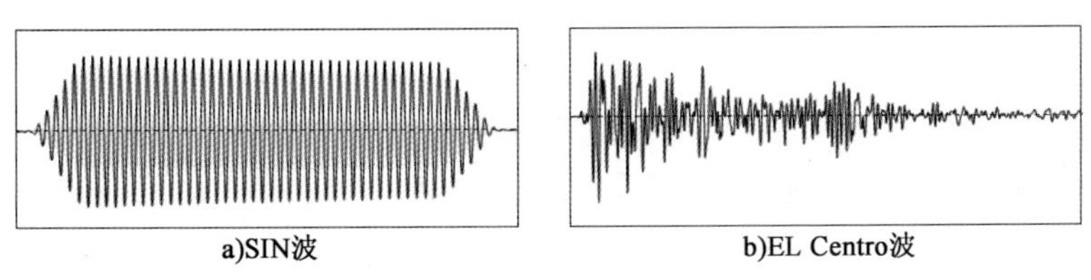

图6.1-5 地震波形

试验方案

表6.1-4

阶　段	地震波波形	地震波峰值(g)	等效峰值(g)	时长(s)
1	EL Centro 波	50.00	1.00	1.18
2	SIN 波	25.00	0.50	1.20
3	EL Centro 波	100.00	2.00	1.18
4	SIN 波	37.50	0.75	1.20
5	EL Centro 波	150.00	3.00	1.18
6	SIN 波	50.00	1.00	1.20

6.1.3 试验结果分析

6.1.3.1 孔压响应

(1)静止孔隙水压力。

试验结果均采用原型比尺。离心机加速旋转过程中不同深度处静水压力实测值 P_w 随时间 t 的变化如图6.1-6所示。

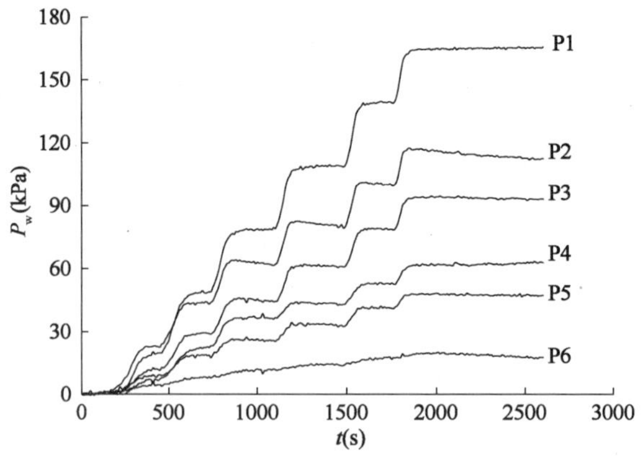

图6.1-6　离心机加速旋转过程中孔隙水压力变化

根据图6.1-6所示的孔压实测值和模型饱和后液面高度(0m)计算孔压传感器埋深 z，可得P1～P6孔压传感器所在位置，见表6.1-5。

孔压传感器埋深

表6.1-5

编号	P1	P2	P3	P4	P5	P6
埋深 z(m)	16.5	11.5	9.4	6.25	4.75	1.85

表6.1-5所示各孔压传感器实测埋深与图6.1-4所示试验布置图所示孔压传感器预设埋深相近,表明了试验传感器埋设的可靠性。

(2)震中孔压响应。

振动台试验过程会受到随机噪声影响,为消除该影响,对加速信号采用了带通滤波处理。鉴于土工离心机振动台可靠施振频域为10～300Hz,带通滤波截止频率取10～300Hz。

由于各阶段孔压响应特点相近,以阶段1为例分析EL Centro地震波作用下地基的孔压响应,阶段1输入地震波波形如图6.1-7a)所示;以阶段2为例分析SIN波作用下地基的孔压响应,阶段2输入地震波波形如图6.1-7b)所示,其中加速度用 α 表示。

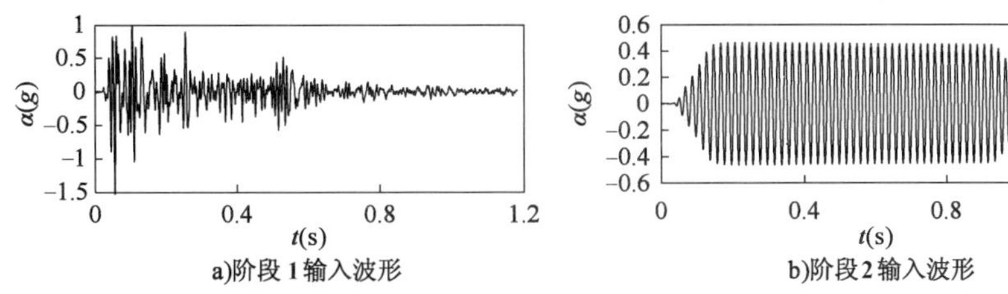

图6.1-7　振动台台面输入波形图

为分析孔压的响应，计算不同位置处的超静孔压比 η，计算公式如式(6.1-1)所示。

$$\eta = \frac{\Delta P_{w}}{\sigma'_{v}} \tag{6.1-1}$$

式中，ΔP_{w} 为超孔压增量；σ'_{v} 为地震作用前土的有效应力。

地震荷载作用前孔压传感器所在位置处的静止孔隙水压力及自重应力可根据表6.1-5计算。由于模型筒的作用，土的有效应力由自重应力和附加应力组成。根据 Boussinesq 理论中附加应力的计算方法，可计算不同位置处的附加应力，计算结果见表6.1-6。

附加应力计算结果表　　表6.1-6

编号	P1	P2	P3	P4	P5	P6
基底附加应力(kPa)	71.28					
附加应力系数	0.042	0.008	0.146	0.360	0.357	0
附加应力(kPa)	2.99	0.57	10.41	25.66	24.45	0

由表6.1-5可计算得到不同位置处的自重应力，结合表6.1-6所示不同位置处附加应力，可得到不同深度处土的有效应力，从而得到超静孔压比随加速度的响应。阶段1超静孔压比的响应如图6.1-8所示。

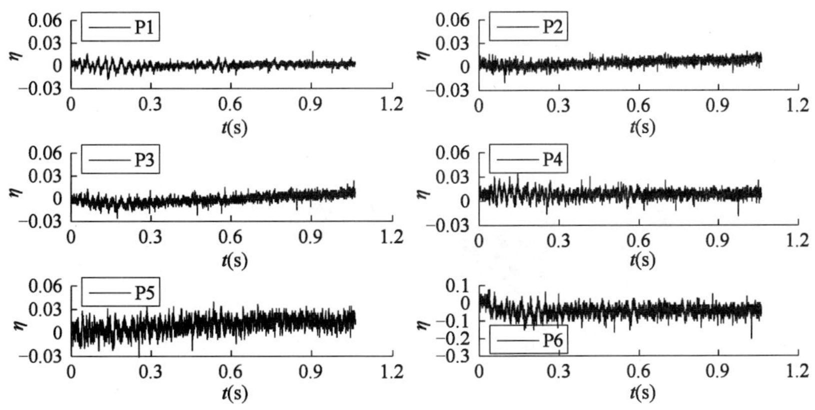

图6.1-8　阶段1超静孔压比响应

由图6.1-8中P1、P3、P4和P5的对比可知，随着埋深的增加，模型筒下土体中的超静孔压比没有明显累积，这是由于地震荷载的作用时长较短，黏土地基的渗透系数较低(1.0×10^{-7}cm/s)，地震荷载作用时孔压的响应有较强的滞后性，在地震荷载施加阶段孔压只随地震波在超静孔压比为0的基线上下变化。

对比自由场地处的 P2、P6 和基础以下的 P1、P3、P4、P5 可知，在地震荷载作用下，自由场地位置处的 P6 的响应幅值最为明显，这说明筒型基础的作用减小了黏土地基中孔压响应的幅值，使基础以下黏土的强度弱化程度减小。

以阶段 2 为例分析 SIN 波作用下超静孔压比的响应特点，如图 6.1-9 所示。

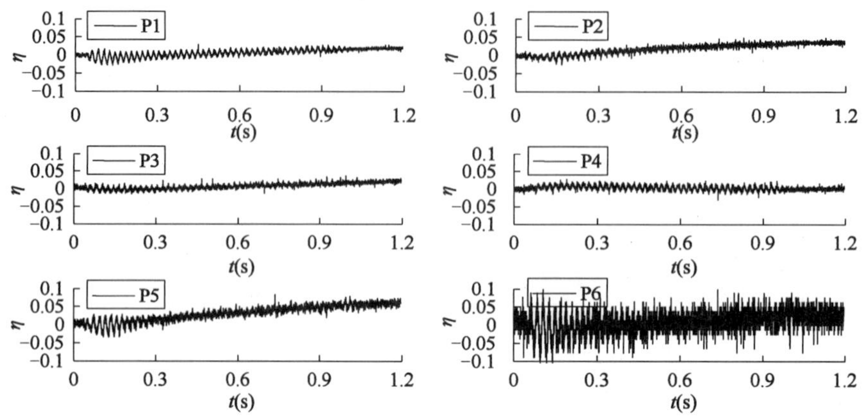

图 6.1-9　阶段 2 超静孔压比响应

比较图 6.1-8 和图 6.1-9 可知，相较于 EL Centro 波，SIN 波作用下黏土地基的孔压响应幅值较大，这是由于 SIN 波所产生的能量较高，孔压响应更为剧烈。同时由于 SIN 波产生的能量较高，使黏土中孔压产生了一定程度的上升，说明在 SIN 波作用下土的有效应力产生一定的降低，土的强度减小。

阶段 1 的 EL Centro 波试验结果和阶段 2 的 SIN 波试验结果具有一定的代表性，表明了黏土地基在两种波形地震荷载作用下的孔压响应特点。而与上述孔压响应特点不同的是阶段 6 试验中 P4 的超静孔压比的变化，如图 6.1-10 所示。

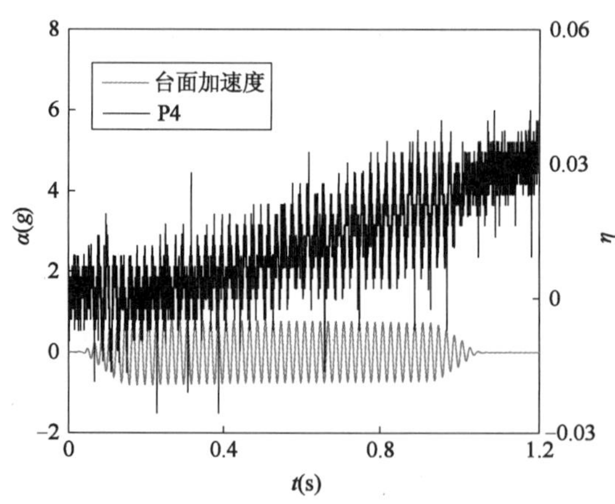

图 6.1-10　阶段 6 震中 P4 孔压响应

由图 6.1-10 可知，在峰值为 $1g$ 的 SIN 波作用下，P4 位置处的孔压在地震波施加过程中就产生了明显的累积，说明强震作用下黏土地基在震中会产生较强的弱化效应。

(3)震后孔压响应。

分析试验各阶段超静孔压的震后累积过程,得到相似的孔压累积特点,以阶段 1 为例分析超静孔压比的累积过程,如图 6.1-11 所示。

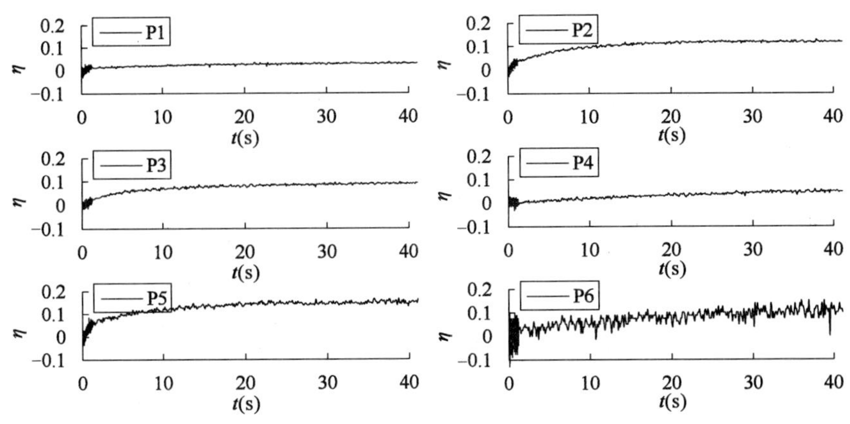

图 6.1-11　超静孔压累积过程图

由图 6.1-11 可知,筒壁以下埋深较小的 P5 处超静孔压比明显大于埋深较大的 P1 处,自由场地中埋深较小的 P6 处超静孔压比略大于埋深较大的 P2 处,说明筒壁以下及自由场地处的超静孔压比的累积程度随埋深的减小逐渐增加,震后浅层土体的超静孔压累积程度高于深层土体。这是因为浅层土体的有效应力较小,在地震荷载作用下,孔压累积更容易使浅层土体的超静孔压比增加,使浅层土体强度产生弱化。

自由场地中的 P2 和 P6 处孔压累积程度高于基础中心线上的 P3 和 P4 处,说明筒型基础的作用可以减弱黏土地基孔压累积程度,使筒型基础以下土体的强度弱化程度降低。出现该现象的原因是,筒型基础的作用使基础以下土体中产生了一定的附加应力,增加了土的有效应力,产生相同的累积孔压时,基础以下土体的有效应力较大,从而造成基础以下土的超静孔压比较小,减弱了土体的强度弱化程度。由图 6.1-11 中 P4 和 P5 的超静孔压比可知,基础中心线的 P4 处超静孔压比小于筒壁以下的 P5 处,说明筒型基础中心线上土体强度弱化程度相对较小,筒型基础对其下黏土的强度弱化有减弱作用。

图 6.1-11 表明了黏土地基震后的孔压响应特点。而与上述孔压响应特点不同的是阶段 6 试验中 P4 处震后超静孔压比的变化,如图 6.1-12所示。

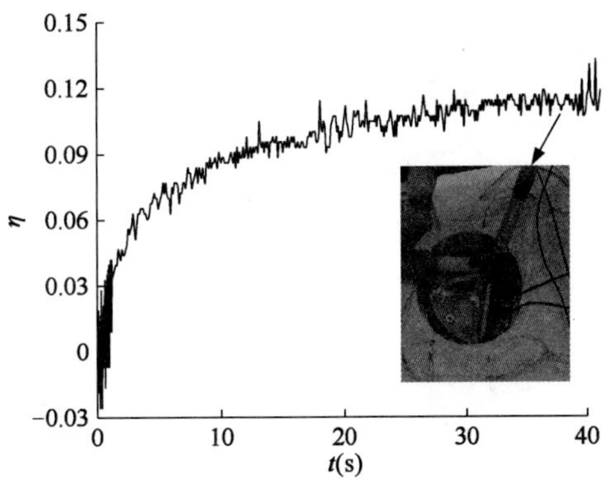

图 6.1-12　阶段 6 中 P4 位置超静孔压比累积情况

由图 6.1-12 可知,在峰值为 1g 的 SIN 波作用下,P4 位置处的孔压在震后产生了明显的孔压累积,说明强震作用下黏土地基的孔压累积有一定的滞后性。地震荷载施加会使土体在震后的短时间内产生了较强的孔压累积(超静孔压比为 0.11),一般认为超静孔压比达到 1.00 时土体强度完全丧失,因此阶段 6 试验中土体强度发生弱化,黏土地基所能提供的竖向抗力降低,从而造成如图6.1-12所示模型筒竖向失稳下沉的现象。

6.1.3.2 地基基础的动力响应

(1)峰值加速度。

筒型基础和地基的加速度响应如图6.1-13和图6.1-14所示,其中图6.1-13为EL Centro波作用下的加速度响应,图6.1-14为SIN波作用下的加速度响应。

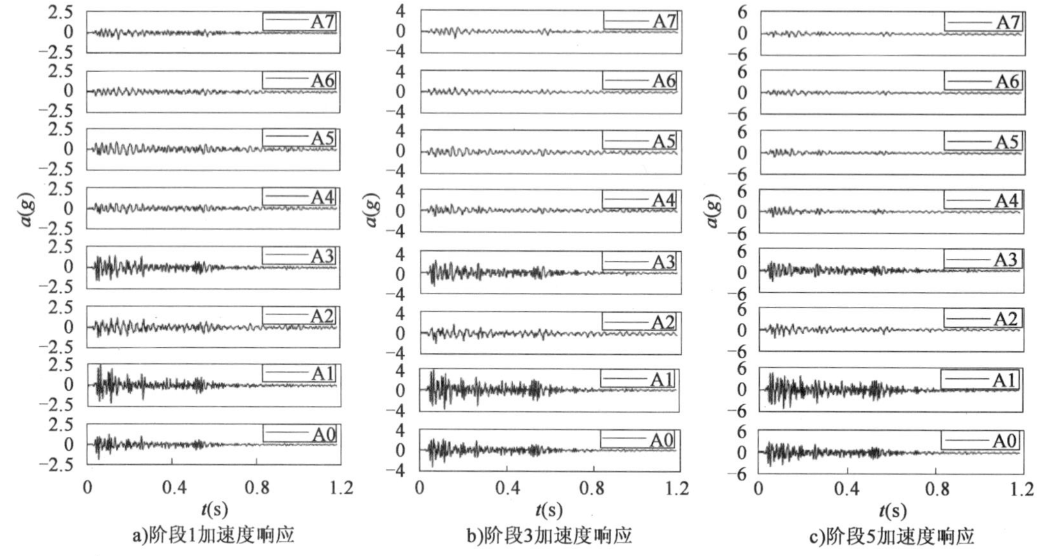

图6.1-13 EL Centro波作用下的加速度响应

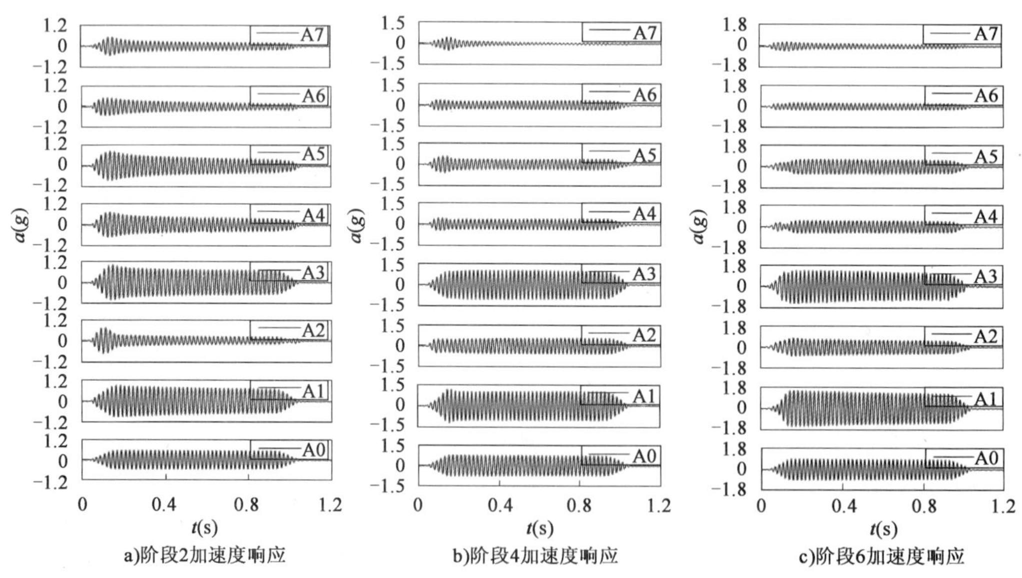

图6.1-14 SIN波作用下的加速度响应

由图6.1-13和图6.1-14可知,A1处的加速度均大于A0处(台面处),说明地基的加速度相较于台面加速度具有放大效应,随着埋深的减小,土体的峰值加速度逐渐减小,说明地震波在黏土地基中向表层传播时逐渐衰减。图 6.1-13 和图 6.1-14 所示 6 个试验阶段中,A2 位置处的加速度响应均与 A1 和 A3 有较大的不同,原因是加速度传感器的测试具有方向性,A2 传感器在安装过程中产生了一定的偏角,使加速度测试结果偏小。

为进一步分析土体中不同埋深位置处的加速度响应,分析各埋深处的加速度峰值,如图 6.1-15所示。

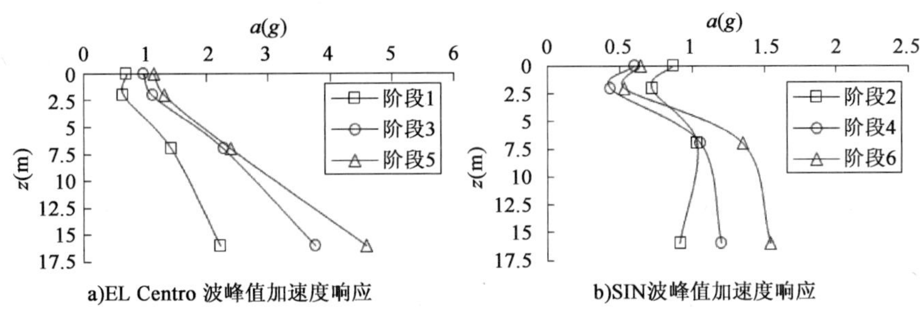

图 6.1-15　不同埋深处土体加速度峰值

由图 6.1-15 可知,靠近底部的地基中加速度大于台面加速度,这是由黏土地基对地震荷载的放大效应造成的。而黏土地基对 EL Centro 波和 SIN 波的加速度响应有所不同,图 6.1-15a)所示的 EL Centro 波作用下土体的峰值加速度随着埋深的减小而减小,呈现近似线性衰减的变化规律,而图 6.1-15b)所示的 SIN 波作用下土体的峰值加速度则随着埋深的减小呈非线性衰减的变化规律。

由图 6.1-13 和图 6.1-14 可知,顶盖处的峰值加速度(A6)和塔筒处的峰值加速度(A7)均小于表层地基的峰值加速度(A5),为分析地震作用下筒型基础的动力响应,通过式(6.1-2)计算模型筒加速度响应系数。

$$\begin{cases} \lambda_1 = \dfrac{a_{A6}}{a_{A5}} \\ \lambda_2 = \dfrac{a_{A7}}{a_{A5}} \end{cases} \tag{6.1-2}$$

式中,λ_1是顶盖加速度响应系数;λ_2是塔筒加速度响应系数;a_{A5}是表层地基的峰值加速度;a_{A6}是顶盖处的峰值加速度;a_{A7}是塔筒处的峰值加速度。

不同试验阶段模型筒响应系数如图 6.1-16 所示。

由图 6.1-16 可知,对于所有加载阶段,模型筒上的加速度响应系数均小于 1.0,且顶盖处和塔筒处的加速度响应系数相近,这是由于模型筒相较于黏土而言刚度较大,在地震荷载作用下,模型筒整体呈现相似的加速度响应。

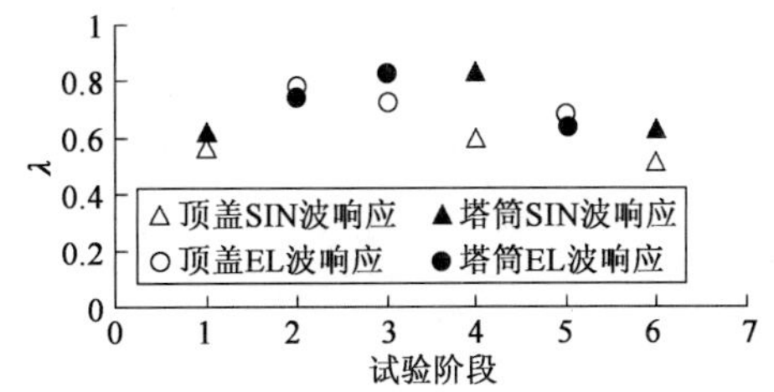

图 6.1-16　模型筒上加速度响应系数

由图 6.1-16 可知模型筒加速度响应系数在[0.5,0.8]区间内变化,由此可知对于黏土地基上的宽浅式筒型基础,在校核地震荷载时,可将基础上的水平加速度取为 0.8 倍浅层地基的水平加速度。由于顶盖和塔筒处响应系数相近,因此在校核基础剪应力时,对于基础各个断面同样应采用 0.8 倍浅层地基的水平加速度进行校核。

(2)地基剪应力-剪应变分析。

分析黏土地基在地震荷载作用下的剪应力-剪应变关系,其中剪应力 τ 通过对加速度在深度上一次积分获得,剪应变 γ 通过对加速度在时间上两次积分后算得,如式(6.1-3)所示。

$$\begin{cases} \tau(z) = \int_0^z \rho \ddot{u} \mathrm{d}z \\ \gamma = \dfrac{u_2 - u_1}{z_2 - z_1} \end{cases} \tag{6.1-3}$$

式中,ρ 是土体密度;$\ddot{u}$ 是土体加速度;u_1 和 u_2 分别是以计算点为中点的上下两点的位移;z_1 和 z_2 是以计算点为中点的上下两点的埋深。

根据图 6.1-13 和图 6.1-14 所示各点加速度响应情况,通过式(6.1-3)可得不同阶段地基的剪应力与剪应变的关系,如图 6.1-17 所示。

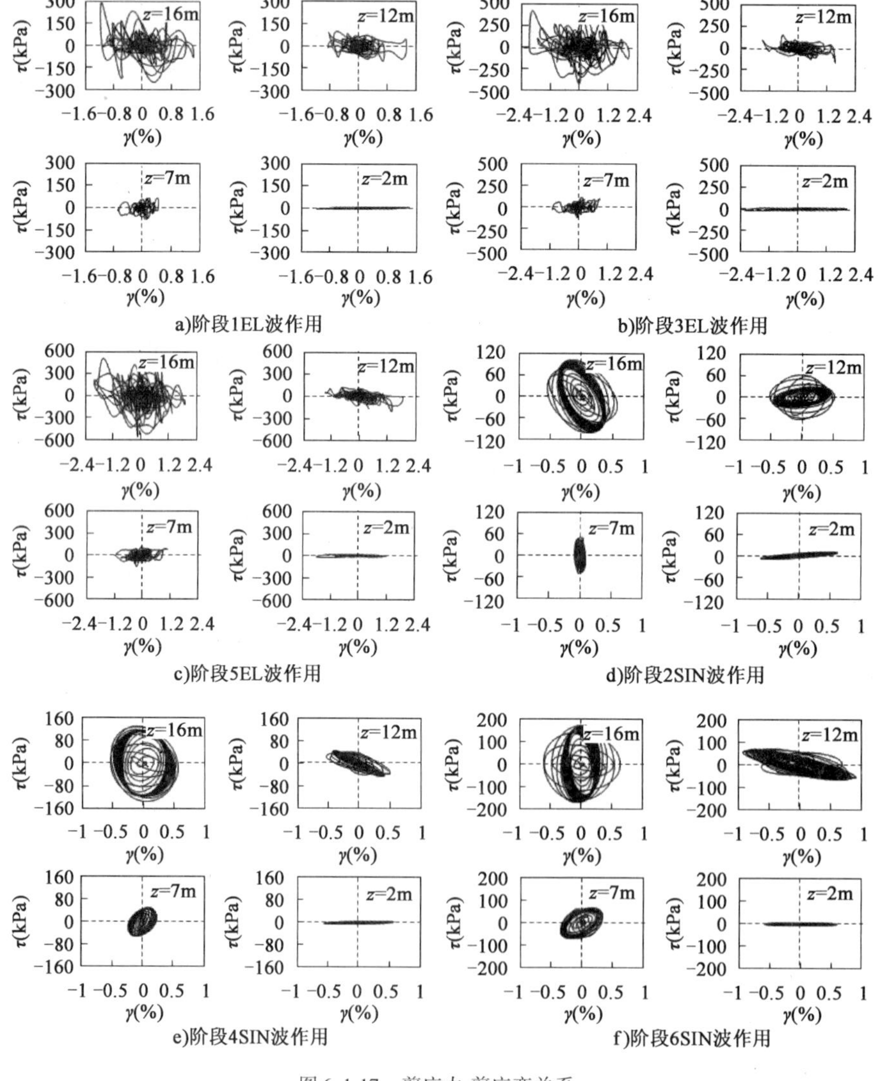

图 6.1-17 剪应力-剪应变关系

由图 6.1-17 所示各阶段 7m、12m 和 16m 处的剪应力-剪应变对比可知，基础以下地基(7m、12m 和 16m)的应力应变滞回圈随埋深的增加而增大，随地震荷载的施加，基础以下土体的剪应力随埋深的增加而增加，剪应变随埋深的增加而减小。根据剪应力-剪应变关系随埋深的变化规律可知，地震荷载作用下，基础以下土体剪应力-剪应变变化关系与自由场地相似。

对比各阶段 2m 和 7m 埋深处的剪应力-剪应变关系可知，基础底面处地基的剪应变大于基础以下地基，而基础底面处地基的剪应变则小于基础以下地基，说明地震荷载作用下筒型基础会使基础埋深范围内的黏土地基产生较大剪应变，这是由于地震荷载作用下筒型基础有产生水平向位移的趋势，使底面处土体产生了较大的剪应变。

6.1.4　主要结论

本书开展了不同强度和类型的离心振动台试验，对筒型基础及周边黏土地基的动力响应进行了监测和分析，具体结论如下：

(1)地震作用下黏土地基中的孔隙水压力累积存在滞后效应，且位于筒型基础中心线上土体的超静孔隙水压力相对较小，筒型基础的附加应力作用有利于减小黏土地基震动弱化程度。

(2)随着埋深的减小，黏土地基的加速度在 EL Centro 波作用下呈线性衰减规律，在 SIN 波作用下呈非线性衰减规律，塔筒加速度与筒型基础顶盖位置加速度相近且峰值加速度明显小于浅层地基。

(3)基础底面以下土体的应力应变滞回圈随埋深的增加而增大，基础底面处的土体剪应变明显提高。

6.2　水下泥水盾构隧道开挖面稳定离心模型试验研究

6.2.1　概述

越江海隧道现已成为城市、地区之间的重要的连接通道，甚至是国家之间的交通命脉，它独特的特点，如通行能力强、受气候影响小、抵抗战争破坏强并且不影响航运等，决定了它不可替代的地位。从上海在黄浦江修建过江通道后，各大沿江沿海城市纷纷开始制订越江海通道计划。2000 年以后，很多工程使用盾构法修建公路、铁路、输水隧道，特别是在上海、南京、武汉、杭州等城市修建了多个大直径过江通道，我国的穿越珠江、长江、黄河的众多越江海隧道以及国外的东京湾越江海隧道、英法海底隧道等等都各自在所在的城市、国家中承担着重要的使命，在我国沿江沿海的城市中，越江海隧道也凭借其综合优势成为重要的交通主线，甚至成为国家的网格控制性节点。我国在深水地区拟建的高水压条件下的越江海交通隧道，如台湾海峡隧道、烟大海峡隧道及琼州海峡隧道等，都有一定高度的水压，如琼州海峡隧道，其水压高达 1.5MPa 以上，而国内外目前的案例中的最大水压为 0.7MPa，所以工程本身就存在了很大的风险，并且现有的有关设计施工的基础理论也有着诸多的新问题和挑战。我国未来拟建的各越江海隧道的工程地质和水文地质条件均十分复杂，并且都有着长距离及大直径等特点。虽然国内积极地引进与世界水平同步的最新的盾构硬件技术条件,但是越江跨海隧道的建设复杂、动态及开放的特点并涉及了多场、多元耦合的因素,所以此类越江海盾构隧道的工程建设将面临着重大安全问题的挑战。

在此类越江海隧道的建设中较为重要的是如何控制盾构掘进开挖面稳定问题,比如在我国南京长江隧道、南京长江纬三路过江通道的建设过程中,都发生过开挖面失稳冒浆的险情。所以为了保证工程安全,如何确保开挖面稳定,特别是在高水压条件下的稳定显得尤为重要。

6.2.2 研究内容

泥水盾构掘进时,开挖面的稳定主要包括三方面的支护作用,首先是泥浆介质渗入土体中形成弱透水性的泥膜支承开挖面,平衡开挖面前方的水土压力;其次是泥水压力之间的作用,维持开挖面稳定;最后刀盘对土体还有一定的支护作用,特别当盾构处于停机状态时,刀盘作为一个静止的支撑面板起到维持开挖面稳定的主要作用。因而,泥水平衡盾构隧道工程中,是泥浆支护力与刀盘的共同作用维持着隧道开挖面的稳定。

在模型试验中,通常采用应力控制式来模拟盾构开挖面支护形式,通过密贴于隧道内充满支护介质的柔性乳胶囊模拟隧道开挖面,通过调节介质的支护压力来实现开挖面的主动破坏,这种控制方式可以精确地调控支护压力的变化,同时更符合实际中由于支护介质压力不足或过高导致的开挖面失稳状态,但其不足之处在于无法准确评价土体软化对支护力变化规律的影响,故本书在贴近玻璃面板一侧设计了半圆形断面的盾构模型,可以通过玻璃面板较为准确地捕捉开挖面渐进失稳破坏模式,同时在高离心加速度值的离心模型试验中可以实现和控制,可以反映真实开挖面失稳状态。

本书主要研究不同水压条件下隧道开挖面支护压力大小以及隧道开挖面前方土体破坏形式。试验设备主要由隧道支护体系、泥水加压系统、动态监测系统三大部分组成。隧道衬砌采用铝合金材料进行模拟,在设备上同时加工圆形断面盾构模型和半圆形断面盾构模型,其中半圆形断面盾构模型紧贴着试验箱有机透明玻璃一侧放置,目的是为了研究在不同的支护压力条件下开挖面前方土体破坏形式与机理;同样规格的圆形断面盾构模型放置于试验箱中部,主要用于研究开挖面合理支护压力大小,两种盾构模型的开挖面支护均采用泥水支护模拟,加压系统包括气泵和液柱,控制过程为:泥水补给仓可补充开挖面往外渗流的泥水,同时可以控制液柱高度进而改变支护力大小,上部储气加压仓可对液柱上部进行0~2MPa精确加压,整个加压系统能较精确调控隧道内部泥水压力大小,即开挖面支护压力大小。土体破坏形式动态监测系统主要采用PIV粒子图像法对土层变位进行观测,因此试验需单独在压力容器侧面加工高强度有机玻璃视窗,辅以人工观测进行校核;开挖面支护压力监测通过在隧道内部放置高精度微型土压力盒来进行控制。

6.2.3 离心模型试验设计

6.2.3.1 设备装置

本书采用天科院TK-C500型土工离心机,设定水头高度120m(从液面到隧道顶部),离心加速度达到150g,设计原型与模型相似比例常数见表6.2-1。模型箱材料采用合金铝组合式结构,内径尺寸为1200mm×600mm×1200mm。

原型与模型试验相似比例常数 表6.2-1

参量	比例常数	原型规格	模型规格
隧道直径	1:150	16.7m	11cm
覆土厚度	1:150	$3.0D_p$	$3.0D_m$
压缩模量	1:1	4.4MPa	4.4MPa
渗透率	1:1	$4e^{-2}\mu m^2$	$4e^{-2}\mu m^2$
流体密度	1:1	$1000kg/m^3$	$1000kg/m^3$
流体黏度	150:1	1.5mPa·s	225mPa·s
水压	1:150	1.2MPa	8.0kPa
环境加速度	150:1	$1g$	$150g$
时间	$1:150^2$	—	—

试验装置主要由隧道支护体系、泥水加压系统、动态监测系统三大部分组成(图6.2-1、图6.2-2)。隧道支护体系包含圆柱和半圆柱型隧道,圆柱形位于模型箱中部,半圆柱切面部分紧贴试验箱有机透明玻璃一侧放置,作为观测窗口实时监测开挖面的失稳,均采用泥水加压方式维持开挖面稳定;泥水加压系统包含泥浆仓和气压调节装置,通过在泥浆仓内泵入或泵出气体进行调压,调压范围为2MPa,调压精度为5~10kPa。监测系统由PIV颗粒图像测速系统、土水压力传感器、位移传感器以及相应的配套采集系统组成。

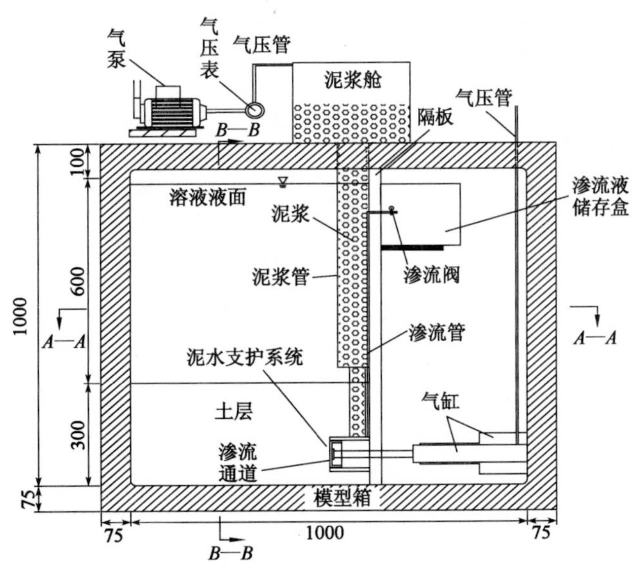

图6.2-1 试验装置设计图(尺寸单位:mm)

装置采用高精度气缸进行驱动,可以有效避免高加速度值下油压介质传送不顺畅等问题,隧道设有临时支护面板,面板上设置流通孔,孔径3mm(图6.2-3),当加速度值稳定后调节泥浆压力等于外部水土压力,稳定后缓慢撤出临时支护面板,开挖面完全由泥浆进行支护。盾壳侧壁粘贴聚四氟乙烯薄膜以减小盾壳摩擦,支护面板通过两道密封胶条与盾构连接以防止过多砂粒涌入隧道。

图 6.2-2　开挖面稳定试验装置

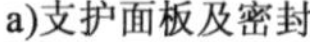
a)支护面板及密封

b)泥水补给舱

图 6.2-3　试验装置细部

6.2.3.2　材料制备

(1)水环境模拟。

越江跨海盾构隧道建设的关键难点在于复杂的水力环境，试验中既需要满足应力相似条件又要满足渗流相似。通常在离心模型试验中，离心加速度 a_m 为 n 倍常重力，模型尺寸 L_m 减小为原型尺寸 L_p 的 n 倍，因此依据尺寸的相似原理推导出时间的相似比例关系为：

$$t_m = \sqrt{\frac{L_m}{a_m}} = \sqrt{\frac{L_p/n}{a_p n}} = \frac{t_p}{n} \qquad (6.2\text{-}1)$$

然而，在需要关注渗流及孔压消散的试验中，时间相似比由固结控制方程决定，假定模型与原型采用相同的土体与孔隙流体材料，固结系数 c_v 相同($c_{vm} = c_{vp}$)，考虑渗流的时间相似比例关系为：

$$t_m = \frac{d_m^2}{c_{vm}} = \frac{(d_p/n)^2}{c_{vp}} = \frac{t_p}{n^2} \tag{6.2-2}$$

$$c_v = \frac{km_v}{\rho g} \tag{6.2-3}$$

式中,k 为土体渗透系数;m_v 为土体压缩系数;ρ 为空隙流体密度;d_p 和 d_m 分别为原型和模型的渗透距离。

因此,尺寸的时间相似常数与考虑渗流的时间相似常数并不一致,在考虑渗流的模拟试验中,需要保证渗流相似条件使两种时间尺度协调一致。由于固结系数与渗透系数成正比[式(6.2-4)],因此可通过增加流体黏度 n 倍使渗透系数减小 n 倍,从而实现渗流的相似性。

$$k = \frac{K\rho g}{\mu} = \frac{Kg}{\upsilon} \tag{6.2-4}$$

式中,K 为绝对渗透系数;υ 为运动黏滞系数;μ 为动力黏滞系数。

根据相似理论对模型参数要求以及已有研究成果,本书采用羟丙基-甲基纤维素水溶液(hydroxypropyl methylcellulose,HPMC)模拟水环境,该溶液具有以下优势:

①生物可降解性,易于洗土重复利用。

②其成分与水不同比例均可充分混合,可调黏度范围大。

③溶液相对密度基本与水相同,除黏度外不改变液体其他物理性质。

④经济成本低,易于获取。

试验通过混合不同比例的 HPMC 溶液,结合品式黏度计对液体黏度进行标定,配置指定黏度的 HPMC 水溶液(水黏度的 150 倍)。静置两天以备用,本次溶液配比为 HPMC∶水 = 1∶200。

(2)土体参数。

试验设置土体埋深为 2D(D 为隧道直径),土体采用国际常用的丰浦砂(Toyoura Sand),具有硬度高、颗粒较细等优点,可以一定程度上避免高加速下颗粒破碎和粒径效应等问题。根据国际土力学与岩土工程学会(ISSMGE)的 TC2(Physical Modeling in Geotechnics)技术委员会所给出的离心试验模型相似准则以及 Chambon 等的研究成果,对土体进行筛分制备,进一步消除粒径效应,土体参数见表 6.2-2。

土体物理力学参数表　　　　表 6.2-2

G	ρ(g/cm^3)	φ(°)	e_{max}	e_{min}	d_{50}(mm)	e	E(MPa)
2.65	1.46	34	0.97	0.61	0.2	0.80	20

注:G 为相对密度,ρ 为土体密度,φ 为土体内摩擦角,e_{max} 为土体最大孔隙比,e_{min} 为土体最小孔隙比,d_{50} 为砂土平均粒径,e 为土体孔隙比,E 为土体弹性模量。

(3)泥浆制备。

"土-水-隧道"是一个复杂的系统,试验难以做到系统的严格相似,由于土体采用真实砂土材料,泥浆制备仍然以实际工程所用泥浆材料为主。本书中泥浆支护形成的难点还在于常规泥浆在高加速度条件下的分层离析,为解决上述问题,以预胶化淀粉、植物甘油、膨润土、微量碳酸钠等为原料,通过对不同配比泥浆进行离心试验,根据相似原理调试泥浆黏度为水黏度的 150 倍,稳定性满足离心试验要求,泥浆配比见表 6.2-3。

泥浆材料配比　　表6.2-3

原料	钠基膨润土	预胶化淀粉	甘油	水	纯碱
比例(g)	2.65	1.46	34	0.97	0.61

此外,试验中需要对泥浆支护性能进行判定,判定条件包括:

①在泥浆仓内泵入泥浆至指定高度(0.8m),静置30min液面高度无变化。

②离心机稳定在150g加速度后,泥浆仓内气压稳定不变,闭气性良好。

以上两个条件均满足,说明泥浆滤失量小,泥膜形成良好,才可进行试验。

6.2.4 试验方案

6.2.4.1 监测方案

本书对土体位移、土压力、孔隙水压力等进行实时监测。在圆形支护前方土体中共布设13个土压力测点,竖向土压力测点11个,分别布置在开挖面轴线、竖直和水平方向上,水平土压力测点3个,测点间隔均为5cm。孔隙水压力测点共布置4个,沿竖向埋深方向布置,测点间隔5cm。此外,在泥浆压力仓、气压仓以及支护面板上也设有压力传感器,气缸轴上安设2个LVDT差动式位移传感器,用于实时监测开挖面支护面板位移。测点布置方案如图6.2-4所示。

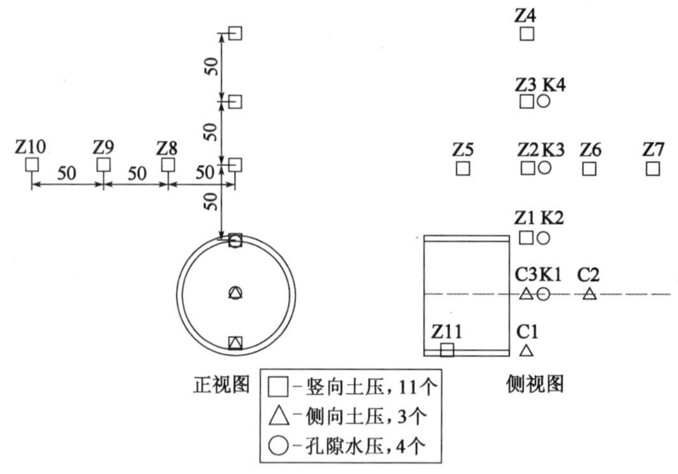

图6.2-4　土压力、孔隙水压力传感器布置(尺寸单位:mm)

6.2.4.2 试验过程

试验的主要流程包括如下内容。

(1)设备安装及密封:设备舱组装完毕后,将设备舱吊装入模型箱内,设备舱与模型箱侧壁、底板接缝处打设防水密封胶,设备舱与模型玻璃面板接触一侧加设两道止水胶条并打密封胶,半圆隧道与玻璃面板接触面粘贴硅胶防水密封垫(图6.2-5)。

(2)土体制备及传感器埋设:土样的制备采用砂雨法,试验前预先进行砂雨法落距标定,控制相对密实度65%,落距高度为600mm,制备过程中埋设传感器。

(3)形成水环境:通过底部排水体加入预先配置处理过的无气黏性溶液,缓慢加至预设液面高度,同时向泥浆管中填充泥浆密闭保压,启动离心机并稳定至150g,运转10h以上对土样进行饱和处理,直至孔隙水压传感器数值稳定才可确认饱和。

(4)圆形开挖面失稳:缓慢回撤临时挡板,使开挖面完全由泥水压力进行支护,泵出气体以缓慢降低泥水压力,直到开挖面发生坍塌破坏。

(5)停机:控制离心加速度由150g缓慢减少至0,将试验装置吊出并拆除。

图6.2-5　试验设备安装图

6.2.5　试验结果分析

6.2.5.1　开挖面失稳模式

试验采用PIV颗粒图像测速系统捕捉半圆隧道失稳全过程位移变化,图6.2-6所示为土体位移场分布和泥水压力变化曲线。由图可知,土体失稳过程主要可以分为以下几个阶段:

(1)随着泥水压力的降低,在极小位移变化过程中支护压力迅速降低,此时土体尚处于弹性阶段,未产生塑性破坏。

(2)当泥水压力减小到初始压力(即静止土水压力)的92.5%左右时,开始出现局部塑性破坏,初始破坏仅发生于隧道拱顶位置。

(3)当泥水压力达到初始泥浆压力的89%时土体破坏区域首次呈现贯穿整个开挖面的完整土拱,土拱效应发挥到最大程度,破坏形态呈现"楔形体—椭球体"式分布。

(4)随着泥水压力继续降低,破坏区域呈现渐进式向上扩展,当泥水压力达到静止土水压力的87.3%左右时,土拱效应消失,破坏已逐渐扩展至地表,土面可观测到明显沉降槽,失稳区域分布形态转变为"楔形体-漏斗"状破坏模式,破坏表现出有拱顶和拱底发展延伸出的两条剪切破坏分界面的剪切变形区域,在整体失稳过程中可观测到滑移倾角逐渐减小,滑移范围逐渐扩张,特别是破坏扩展到地表时失稳区域倾角显著小于$45° + \varphi/2$,地表沉降影响范围扩展至开挖面前方1.25D,开挖面后方0.5D。

6.2.5.2　土压力及孔隙水压力变化

图6.2-7和图6.2-8所示为不同位置处竖向及水平土压力变化曲线。由图可知,开挖面前方土体土压力随着泥浆压力降低而逐渐减小,土体应力变化可以分为弹性变形、塑性破坏以及松动区发展三个阶段。第一阶段土压力随泥浆压力减小呈小幅递减趋势,具有一定的

线性特征;第二阶段土体发生塑性失稳破坏,土压力值发生突变并急速降低,土体压力拱形成,相应的泥浆压力即为极限支护压力。极限支护力取值 $P_c=0.89P_0$(P_0 为相应位置土体初始静止土压力);第三阶段土拱效应逐渐失效,土体破坏延伸至地表,土压力逐渐升高并趋于平稳。

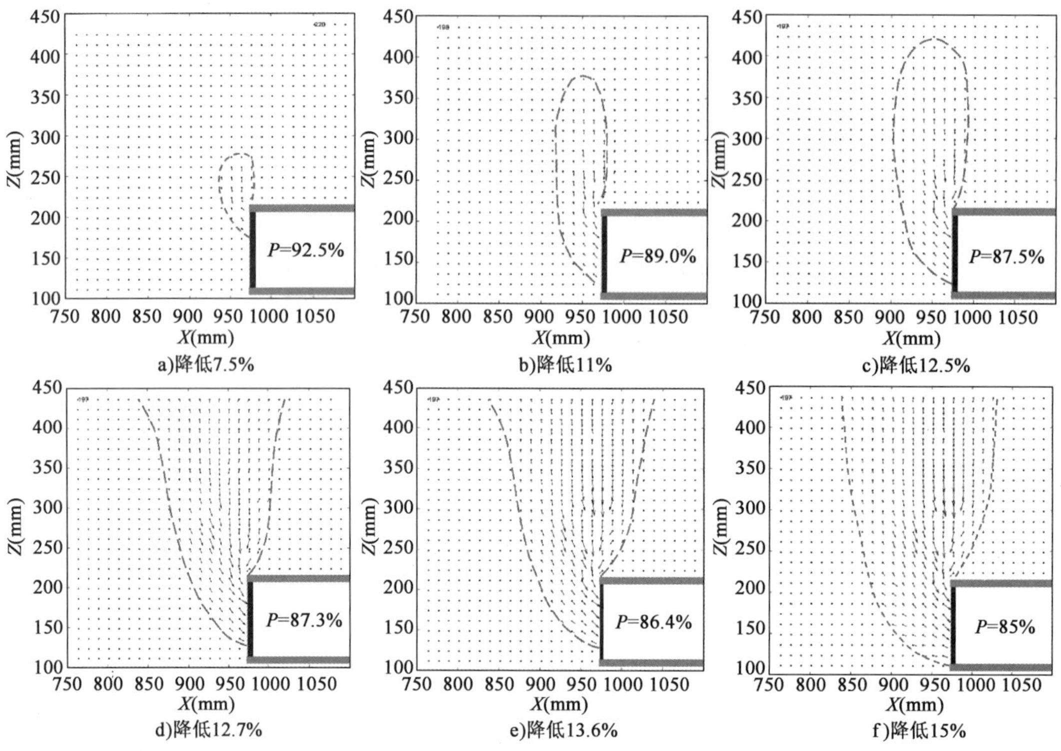

图 6.2-6 泥水压力降低时位移场

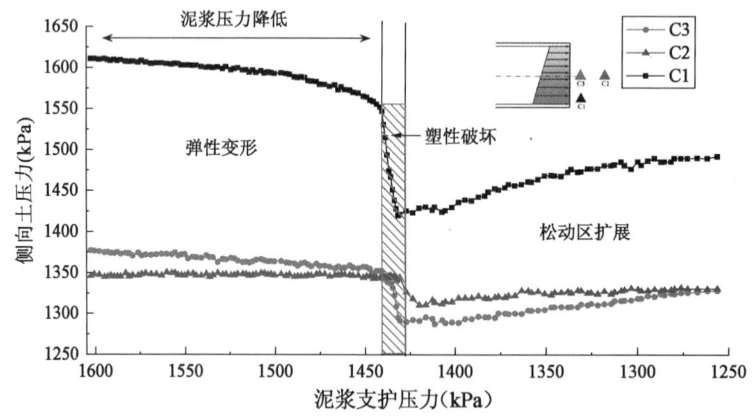

图 6.2-7 开挖面前方侧向土压力随支护力变化曲线

图 6.2-9 所示为开挖面前方不同埋深位置的孔隙水压力随时间变化曲线,当离心加速度达到 150g 后,孔隙水压力基本保持稳定。随着泥浆支护压力的逐渐降低,孔隙水压力略微有所降低,当开挖面发主动破坏时,孔压急剧降低。这是由于高应力条件下砂土具有剪胀

效应，体胀趋势会引起负孔压导致孔隙水压力突然下降，随着失稳扩展孔隙水压又逐渐恢复至原有水平，这种孔压波动会对开挖面失稳带来不利影响，加速开挖面失稳进程、导致失稳区域的扩大，这也是导致开挖面滑移倾角减小的重要原因。试验中孔压最大降幅约为30kPa，发生在开挖面正前方位置，距离开挖面竖向距离越远影响越小，影响范围约为开挖面上方1倍洞径，远场孔压几乎未受影响。

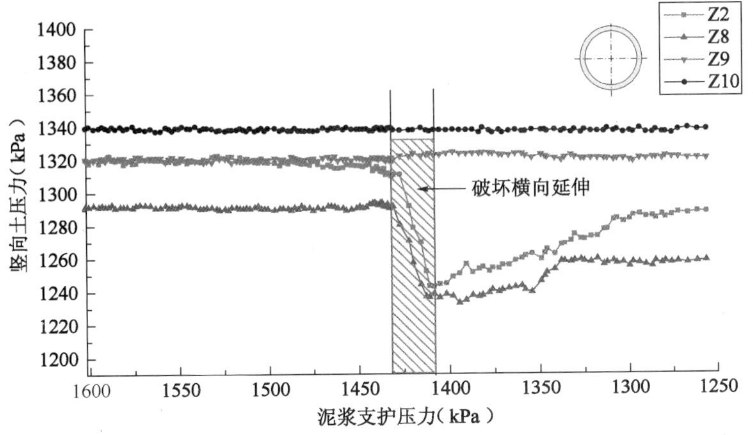

图6.2-8　隧道横断面竖向土压力变化曲线

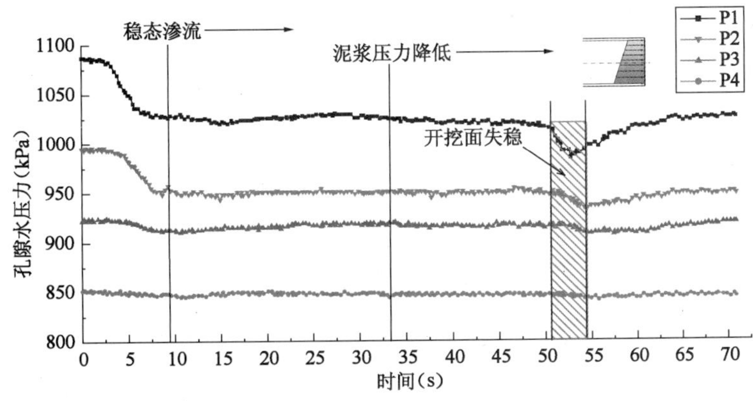

图6.2-9　孔隙水压力变化曲线

6.2.5.3　土拱发展

为进一步研究开挖面失稳过程中土拱的分布规律，对土体应力状态进行分析，取支护力为P_c和$0.95P_c$（P_c为极限支护压力）时刻断面各监测点的竖向土压力（σ_c）与初始土压力（σ_0）进行对比，定义应力比$\eta = \sigma_c / \sigma_0$。

如图6.2-10、图6.2-11所示，分别为$P = P_c$和$P = 0.95P_c$时刻开挖面周围土体应力状态。由图可知，当泥浆支护压力达到临界值时，开挖面土体发生局部松动，松动区内部土体应力比降低，同时将一部分应力传递给土拱范围外的稳定土体。随着开挖面泥浆支护压力继续降低，松动区向上发展，土拱范围也随之逐渐变化，当支护力小于极限支护力$P = 0.95P_c$时，土体呈现整体失稳，破坏发展至地表。

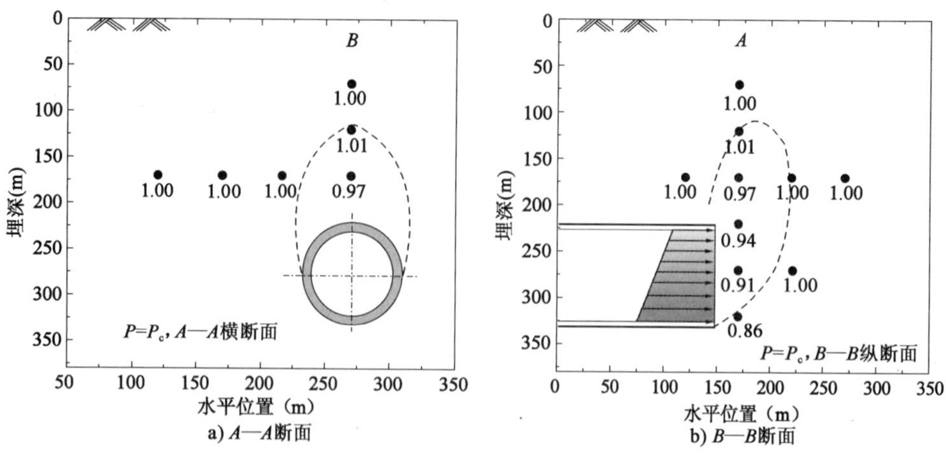

a) A—A断面　b) B—B断面

图 6.2-10　$P=P_c$ 时刻应力比分布规律

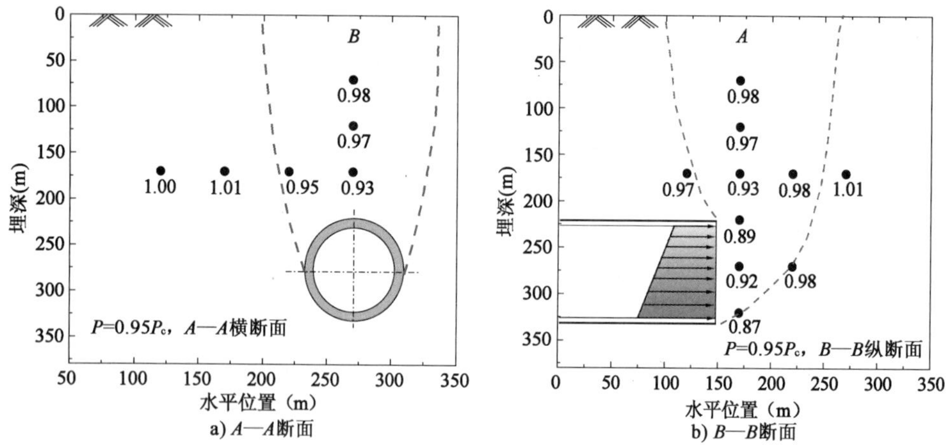

a) A—A断面　b) B—B断面

图 6.2-11　$P=0.95P_c$ 时刻应力比分布规律

6.2.6　主要结论

本书以砂土地层高水压泥水平衡盾构开挖面稳定为研究对象，结合土工离心模型试验技术方法，考虑高水压泥水支护等越江跨海盾构施工实际特性开展研究，得到主要成果如下：

(1)高水压条件下开挖面失稳具有突发性，土体呈现由局部-整体形式急速发展破坏，初始的局部塑性流动发生于开挖面拱顶位置附近，随后迅速扩展至整个开挖面，形成"楔形体-椭球体"形态的初始破坏模式。随后泥水压力较小变化幅度即可导致土体迅速发展为整体破坏并传至地表，失稳区域转为"楔形体-漏斗"破坏形态，失稳过程中可观测到滑移倾角逐渐减小，滑移范围逐渐扩张，滑移倾角显著小于 $45°+\varphi/2$。

(2)开挖面前方土体应力变化主要经历了弹性变形、塑性变形、松动区扩展延伸三个阶段，开挖面失稳过程中，处于松动区内部的土体应力减小，同时将部分应力传递给周围土体，土拱效应随着泥浆支护压力持续降低而逐渐丧失。

(3)开挖面附近孔压降低明显，距离隧道轴线竖向距离越远孔压变化越小。当开挖面发主动破坏时,孔压急剧降低,这是由于高应力条件下密砂具有剪胀效应,体胀趋势会引起负孔压导致孔隙水压力突然下降,这种孔压波动会对开挖面失稳带来不利影响,加速开挖面失稳进程、导致失稳区域的扩大。

(4)通过高水压条件下离心模型试验可知,在高水压(120m 水头)及埋深为 $2D$(D 为盾构隧道直径)条件下开挖面极限支护压力约为 1.43MPa,为静止土水压力的 89% 左右,可为类似工程极限支护压力设定提供参考。

第 7 章 岛礁防波堤的地震稳定性离心模型试验研究

7.1 试验背景

土工离心机配套振动台(以下简称振动台),可以在原型应力条件下,在模型底部产生可控地震波,从而可以通过各种监测手段获得地震引起的岩土结构物的动力变形和稳定特性。

在离心状态下,探究岛礁护岸防波堤、钙质砂地基及其后方建筑物的地震动力响应。要求根据岛礁防波堤结构和试验条件选取适当的比尺,考虑钙质砂地基的变形、软化、液化,考虑护岸防波堤及建筑物的位移、沉降,从试验的角度综合评价岛礁工程的稳定性。

在防波堤的后方考虑两种典型建筑物:楼房和机场。

楼房结构布置如图 7.1-1 ~ 图 7.1-2 所示,在防波堤后方,安置框架结构的楼房建筑,建筑基础为筏板-箱结构。

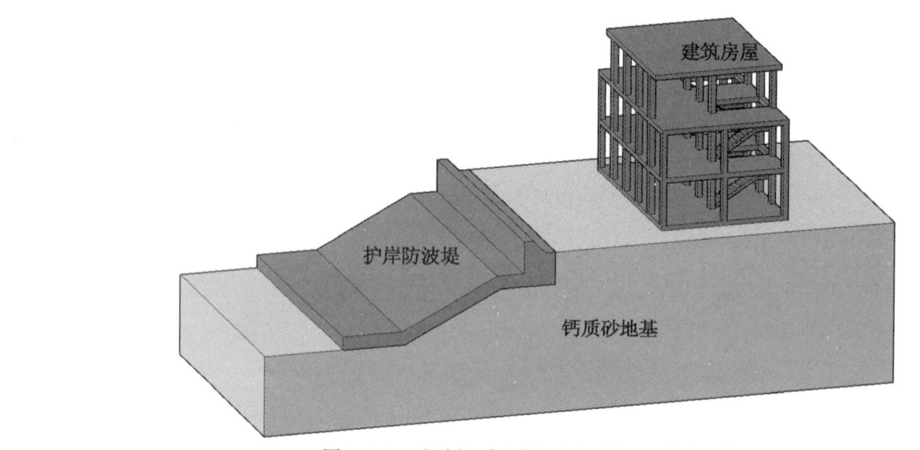

图 7.1-1 防波堤、钙质砂地基、楼房建筑布置图

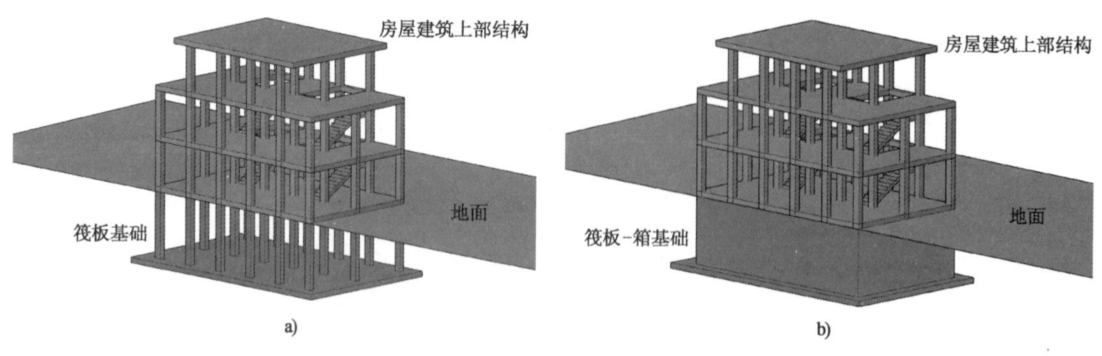

图 7.1-2 楼房和筏板基础结构图

机场主要考虑跑道，可以简化为一块板，无基础结构，如图 7.1-3 所示。

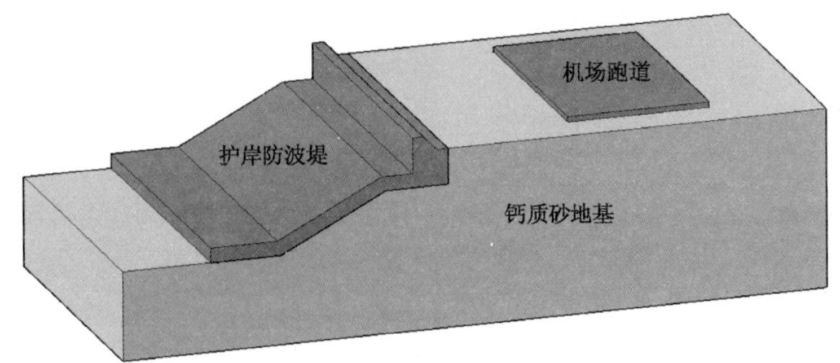

图 7.1-3　防波堤、钙质砂地基、机场布置图

7.2　土工离心模型试验设计

7.2.1　相似关系确定

为了较好地模拟土与地下结构之间的动力相互作用，土与地下结构之间的相对刚度应尽量与原型相等或相近。因此模型根据抗弯刚度等效的原则进行换算，即：

$$E_P \times I_p = n^4 \times E_M \times I_M$$

式中，E_P为实际材料弹性模量；I_p为实际截面惯性矩；n 为相似比尺；E_M为模型材料弹性模量；I_M为模型截面惯性矩。铝合金 E_P为 70GPa。

7.2.2　材料选取及模型规格

7.2.2.1　土体材料选取

本次试验土样取自南海永兴岛，经烘干-破碎-筛分-拌和等步骤配制而成。

海床基础采用现场钙质砂，物性参数与原型相同。

要求所选钙质砂粒径小于 1mm。

7.2.2.2　模型比尺和尺寸

防波堤原型尺寸：纵深 13500mm × 高差 5800mm。

确定模型比尺为 1∶50。

防波堤原型几何外观及尺寸、试验模型布置、试验模型几何尺寸如图 7.2-1、图 7.2-2、图 7.2-3 所示。

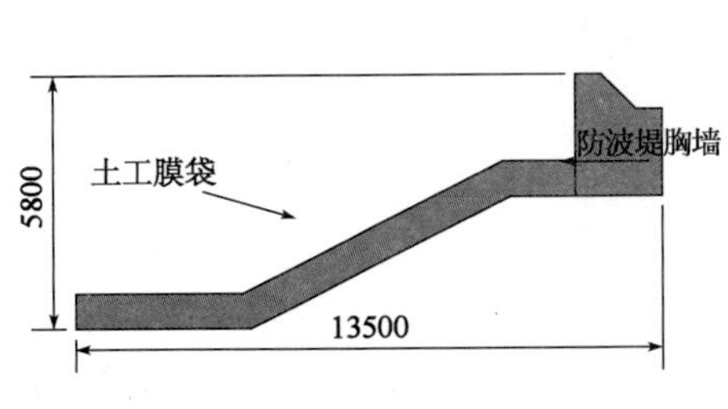

图 7.2-1　防波堤原型几何外观及尺寸（尺寸单位：mm）

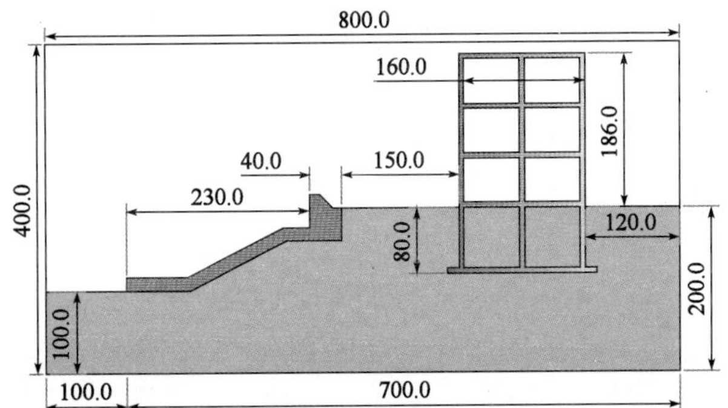

图 7.2-2　试验模型布置图（尺寸单位：mm）

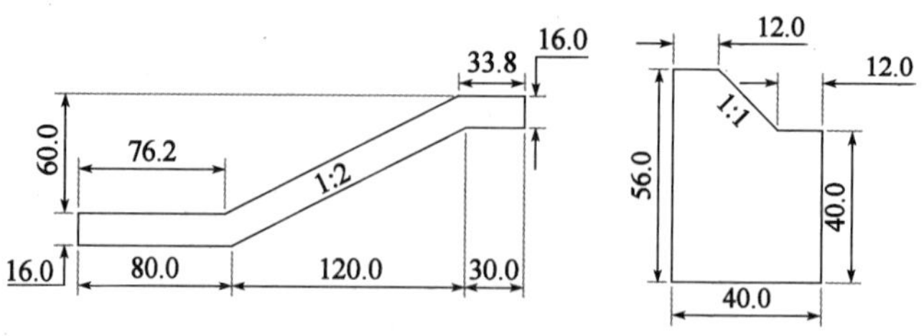

图 7.2-3 试验模型几何尺寸(尺寸单位:mm)

7.2.2.3 孔隙流体

在模型中使用黏滞性是水的 N 倍的孔隙流体,或者是在模型土样中使用一种精炼油代替原型中的水作为孔隙流体。

选取甲基纤维素加水调制 50 倍的黏度(11.5℃时黏度为水的 50 倍的 HPMC 水溶液浓度为 1.59%)。

流体深度:150mm。

7.2.3 监测方案

7.2.3.1 加速度

(1)防波堤胸墙、土工模袋顶底部加速度监测。

(2)房屋建筑沿竖直方向、不同深度处加速度监测。

(3)钙质砂海床内部沿竖直方向、不同深度处加速度监测。

(4)模型箱底部,即输入加速度的监测。

加速度传感器布置如图 7.2-4 所示。

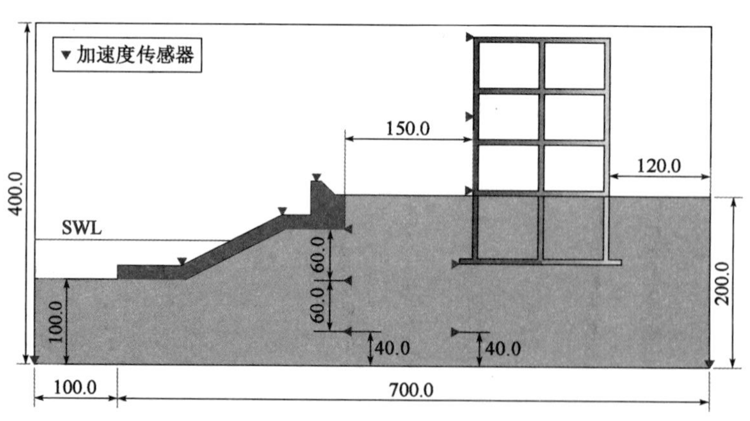

图 7.2-4 加速度传感器布置图(尺寸单位:mm)

7.2.3.2 孔隙压力

钙质砂海床及其基础内部孔隙压力响应监测。孔压传感器布置如图 7.2-5 所示。

7.2.3.3 位移

(1)监测防波堤胸墙、土工模袋水平方向、竖直方向位移。

(2)监测房屋建筑水平方向、竖直方向位移。

位移传感器布置如图 7.2-6 所示。

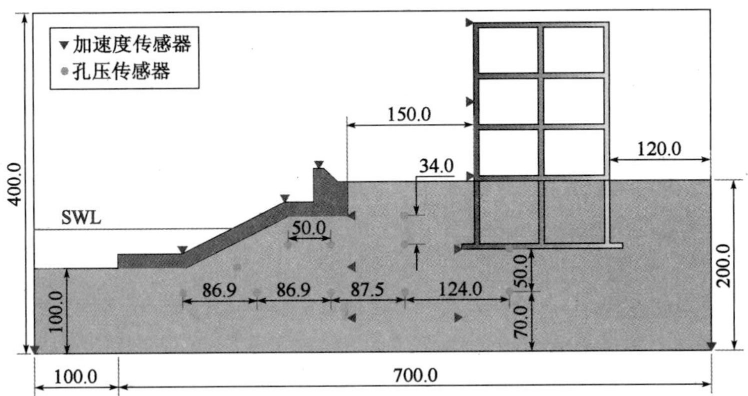

图 7.2-5　孔压传感器布置图(尺寸单位:mm)

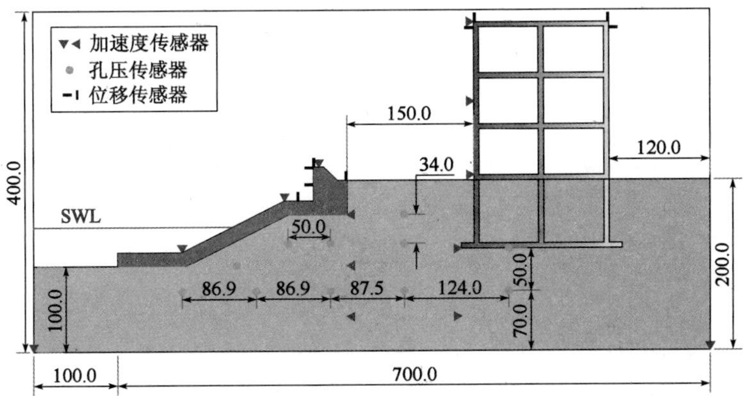

图 7.2-6　位移传感器布置图(尺寸单位:mm)

7.3　试验内容

7.3.1　试验编号

密实度:松散、密实。

结构物:楼房、机场。

地震波类型:白噪声、真实地震波,日本、汶川地震波。

试验中场加速度为 $50g$,试验方案统计见表 7.3-1。

试验方案统计表　　表 7.3-1

<table>
<tr><th>序　号</th><th>密　实　度</th><th>结　构　物</th><th>地震波类型</th></tr>
<tr><td>1</td><td rowspan="4">密实</td><td rowspan="2">房屋</td><td>J×2.5</td></tr>
<tr><td>2</td><td>W×0.3</td></tr>
<tr><td>3</td><td rowspan="2">机场</td><td>J×2.5</td></tr>
<tr><td>4</td><td>W×0.3</td></tr>
<tr><td>5</td><td rowspan="2">松散</td><td rowspan="2">房屋</td><td>J×2.5</td></tr>
<tr><td>6</td><td>W×0.3</td></tr>
</table>

续上表

序　　号	密　实　度	结　构　物	地震波类型
7	松散	房屋	J×2.5
			W×0.3

注:J-日本波;W-汶川波。

7.3.2　试验步骤

7.3.2.1　前期准备

(1)率定传感器。

试验中需用到:加速度传感器、孔压传感器、位移传感器。在试验开始重新率定了传感器,保证传感器的线性度、灵敏度良好,系数准确可靠,采集系统运行稳定。试验前对每一种传感器制定了率定方案,采用专门设备进行系数率定。如图7.3-1所示,使用多通道传感器标定设备对所使用的土压力和孔隙水压力传感器进行逐一标定。

(2)模型箱防水处理。

模型箱内应铺设乳胶膜。制作模型之前,检查乳胶膜的完整性。向模型箱内加水,测试密闭性完好,如图7.3-2所示。

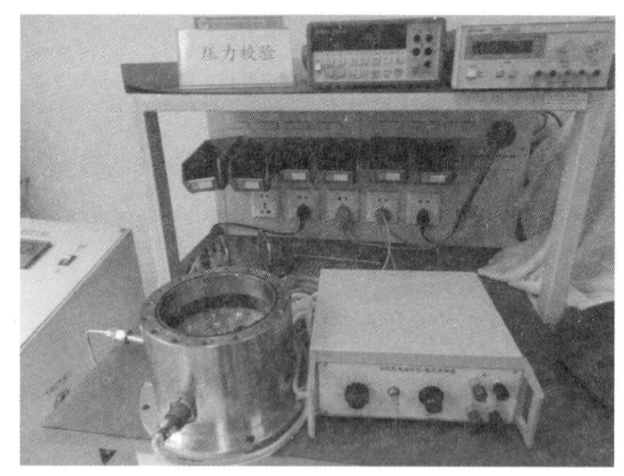

图7.3-1　压力传感器标定设备

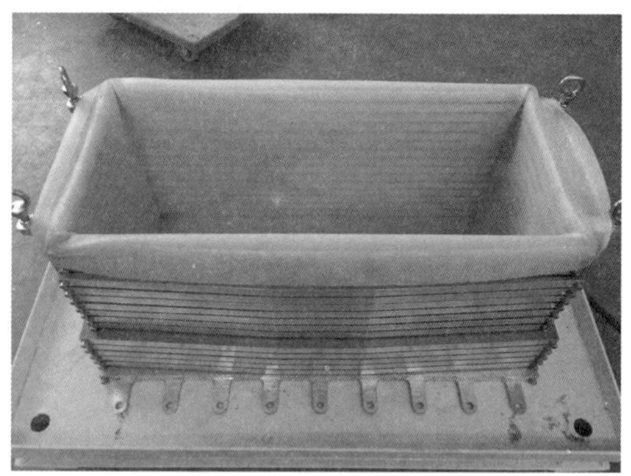

图7.3-2　套硅胶膜的模型箱

(3)试验模型设计。

①试验设计在防波堤后方,布置框架结构的楼房建筑,建筑基础为筏板结构。建筑模型布置、基础结构,如图7.3-3、图7.3-4所示。

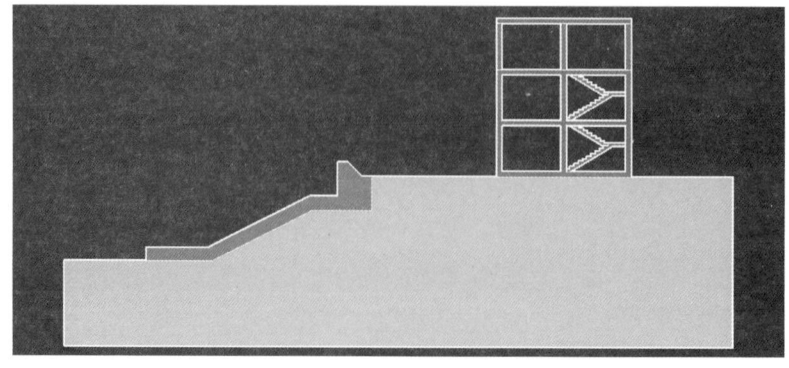

图7.3-3　楼房建筑布置图

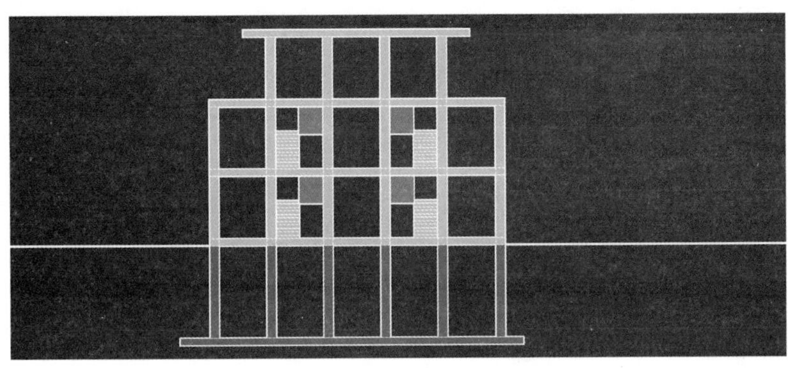

图7.3-4　楼房建筑和基础结构图

采用铝合金材料加工建筑和筏板基础。可拆成板、柱等零件加工,做相应连接(焊接),拼装成整体。

②机场主要考虑跑道,基础为筏板结构,机场简化为一块板,下面做筏板基础。房屋建筑采用拼装结构时,可以采用底板和筏板基础代替机场,如图7.3-5和图7.3-6所示。

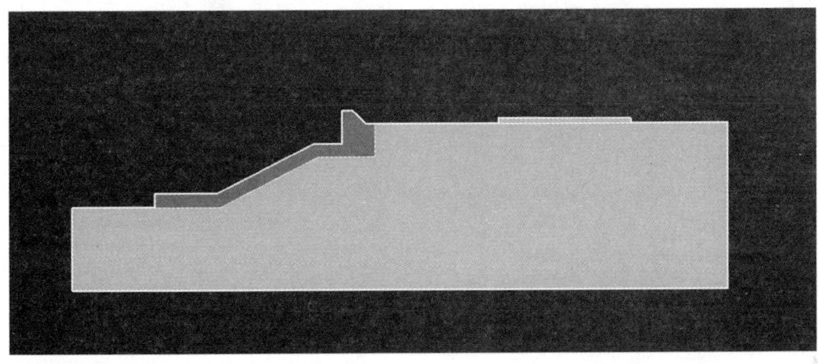

图7.3-5　筏板建筑布置图

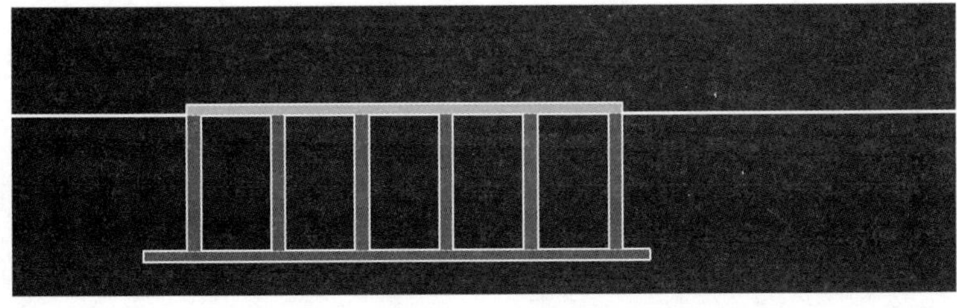

图7.3-6　筏板建筑和基础结构图

(4)试验材料制备。

①检查防波堤和结构物模型加工情况。试安装、拼装模型,确保模型尺寸、形状、安装精度符合试验要求。

制作完成的楼房建筑模型,如图7.3-7所示。

②准备试验砂样,经烘干-破碎-筛分-拌和等步骤进行配制。计算试验需要的钙质砂量,并取相应质量的砂烘干备用,如图7.3-8所示。

图 7.3-7　建筑和基础模型

图 7.3-8　制备完成待使用的砂样

③配制黏度为 50 倍水的 HPMC 溶液，如图 7.3-9 所示。配置过程考虑温度影响，配置完成后应采取措施测定溶液黏度，如图 7.3-10 和图 7.3-11 所示。

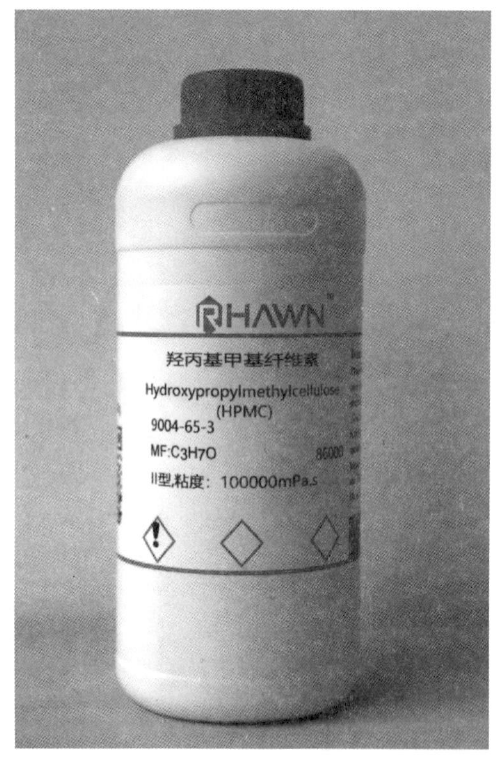

图 7.3-9　HPMC

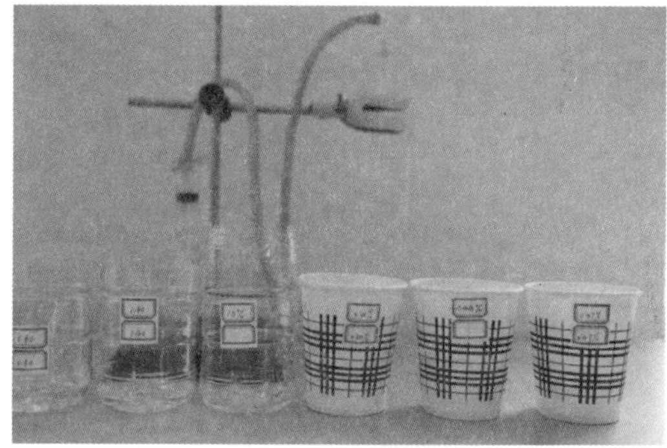

图 7.3-10　黏液黏度标定

图 7.3-11　黏液搅拌

④在防波堤和结构物的指定位置贴加速度传感器，确保粘贴牢固。埋在钙质砂中的传感器，预先贴片。加速度传感器均为双向（三向）布设，如图 7.3-12 所示。

（5）准备地震波文件。

明确系统需要输入的地震波文件格式，制作波形文件，并导入振动台控制系统，如图 7.3-13所示。

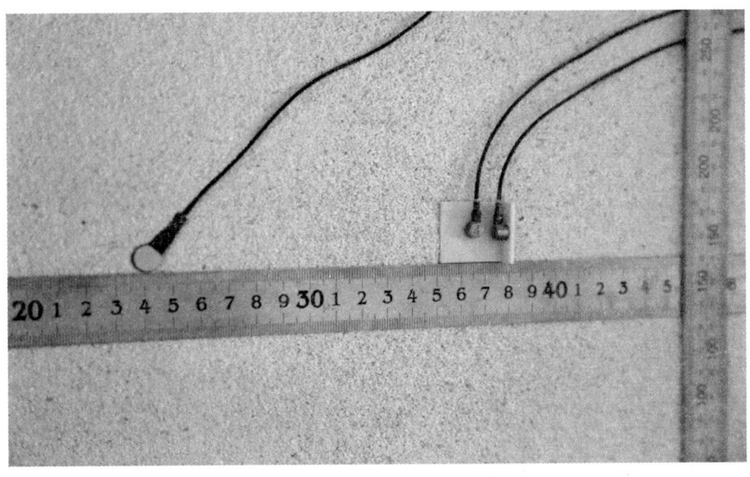

图 7.3-12　加速度传感器固定

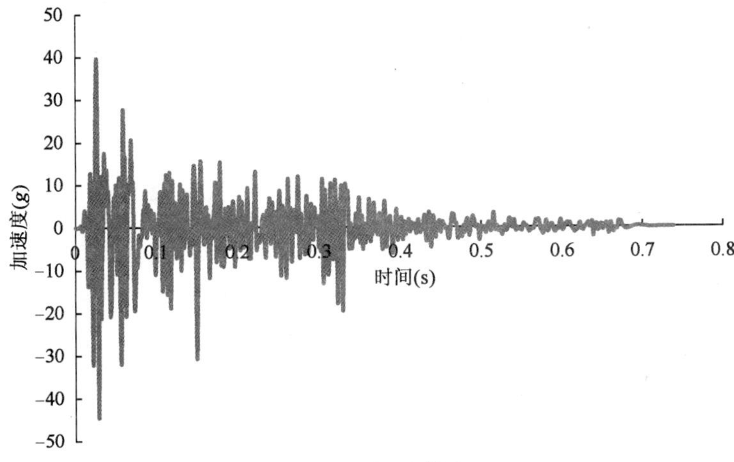

图 7.3-13　波形文件处理

7.3.2.2　模型制作

(1)采用叠环式模型箱,整理模型箱乳胶膜,使各侧壁的乳胶膜平整,紧贴模型箱壁。

(2)为减少模型箱侧壁摩擦,考虑左、右两侧壁是否要涂抹凡士林或润滑硅脂。

(3)采用砂雨法或分层夯实法铺装模型,每一层压实到计算高度的 120%(预留 20% 的自重沉降高度,以保证 50g 条件下模型自重沉降到设计高度,此为估计值,预留沉降高度应根据试验预估模型固结沉降值)。

(4)在每一设计高度埋设孔压、加速度传感器,安装要平稳,方向正确。加速度传感器均为双向加速度传感器。

(5)平整钙质砂地基,平稳安放防波堤和结构物,继续撒砂至模型铺装完成。

(6)模型安装完成后,对防波堤和模型箱接触的两侧壁用土工布或海绵填缝,避免动力试验过程中发生漏砂现象,如图 7.3-14 所示。

图 7.3-14　填缝完毕的试验模型

(7)模型制作完成后,在模型箱内加入调制好的甲基纤维素溶液,使钙质砂地基完全浸没在溶液里进行饱和,将模型箱整体调入真空饱和箱进行抽真空加速饱和。

(8)模型制作完成后进行称重并吊装,完成固定-接线-清零等过程,试验准备过程如图 7.3-15 ~ 图 7.3-20 所示。

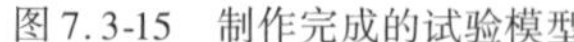

图 7.3-15　制作完成的试验模型

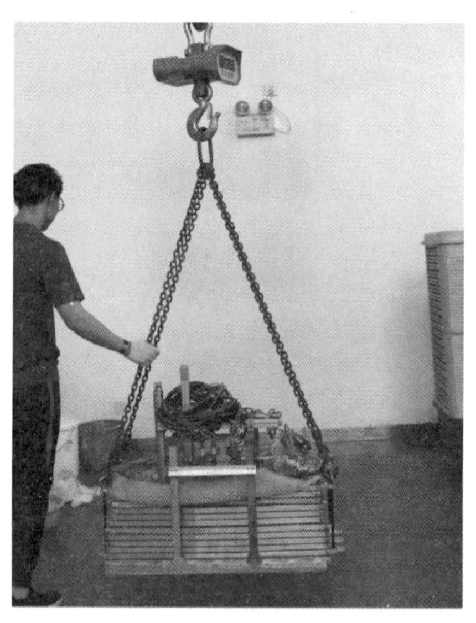

图 7.3-16　称重准备吊装

(9)关闭离心机室大门,启动离心机,分级将离心加速度升至 50g 并稳定 30min,按照预定的要求将不同的波形文件导入控制系统,按能量从小到大的规则,逐一对模型实施激震。

7.3.2.3　地震波调试

考虑制作一个试验模型,在模型箱底部安装加速度传感器,在防波堤和建筑物上安装位移传感器。

图 7.3-17　楼房建筑模型试验准备完毕状态

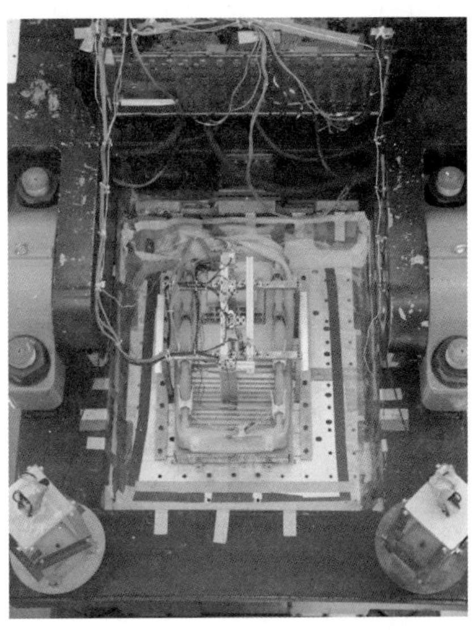

图 7.3-18　楼房建筑即将开始试验

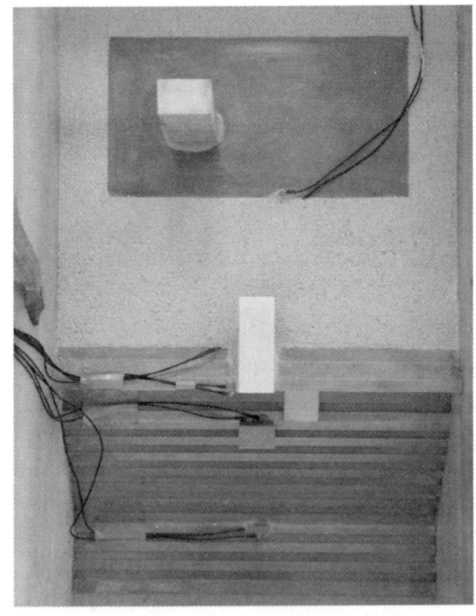

图 7.3-19　机场模型试验准备完毕状态

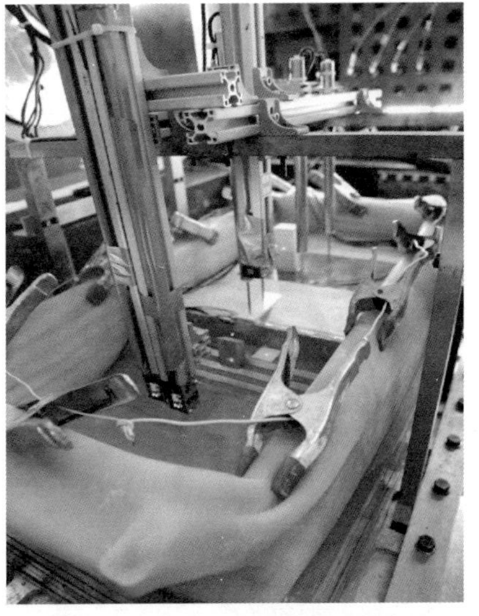

图 7.3-20　机场即将开始试验

一方面,通过调整输入地震波参数(加速度系数),使模型箱底部加速度传感器采集到的波形曲线等于设计输入地震波。

另一方面,预估模型固结沉降值,避免试验开始时的不均匀沉降。

7.3.2.4　*加速度施加*

尝试把转动中心到模型 2/3 高度(距箱底 120mm)处的距离作为有效半径。

加速度加载速率、过程、到达设计加速度后运行时间(20min)。

7.4　可获得的成果

每组试验过后,可得到包括加速度、孔压和位移在内的试验数据。通过对试验数据进行整理分析，现将工况1的部分成果列举如下，暂未做机理分析。

7.4.1 日本波

（1）波形输入及台面反馈。

输入的波形及台面反馈加速度曲线如图7.4-1和图7.4-2所示。

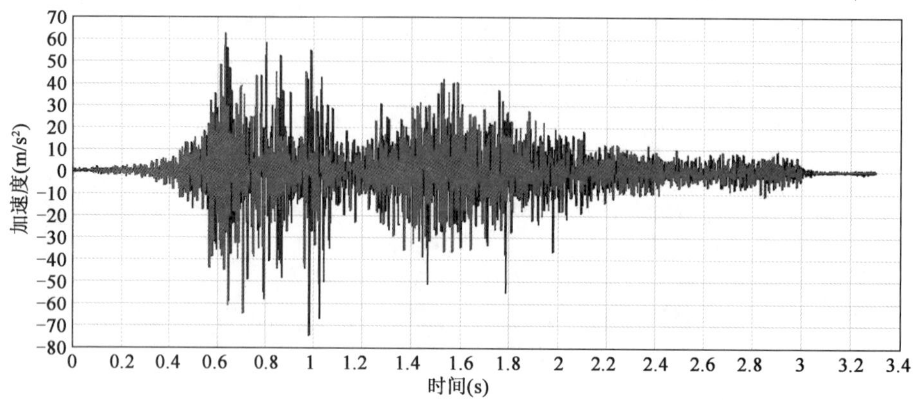

图7.4-1　水平向波形输入及台面反馈加速度曲线图

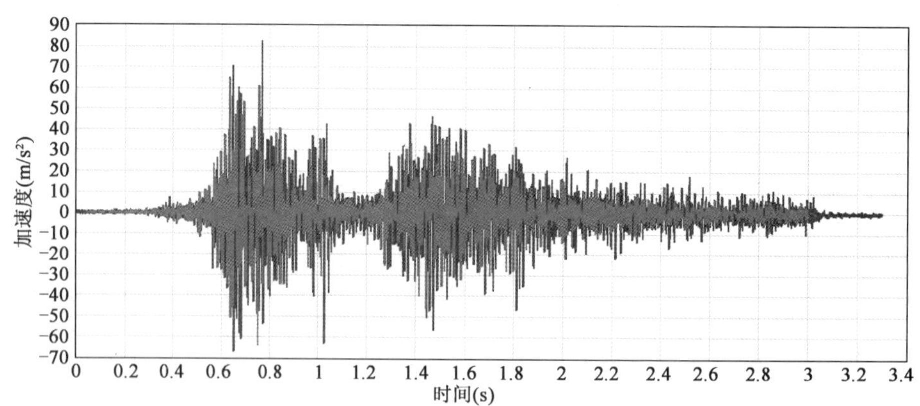

图7.4-2　垂向波形输入及台面反馈加速度曲线图

（2）加速度。

8号加速度监测点数据如图7.4-3和图7.4-4所示。

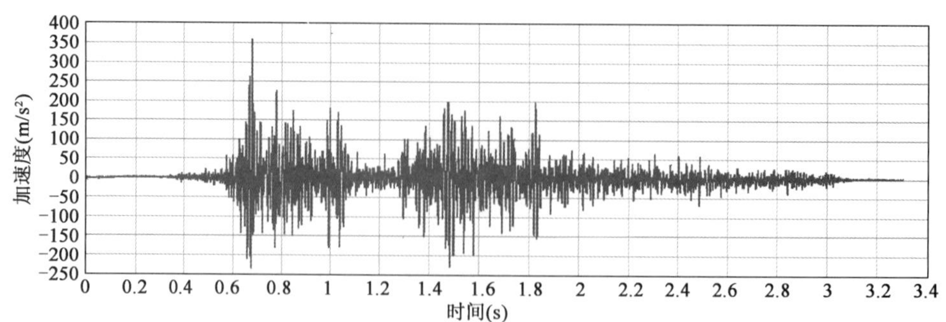

图7.4-3　8号监测点水平加速度变化曲线图

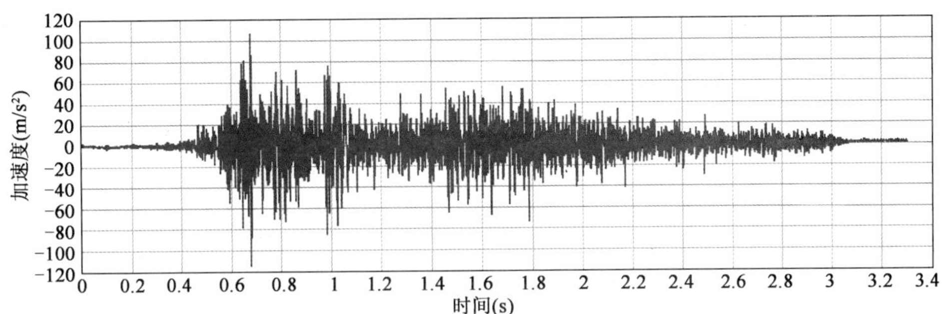

图 7.4-4　8 号监测点垂向加速度变化曲线图

9 号加速度监测点数据如图 7.4-5 和图 7.4-6 所示。

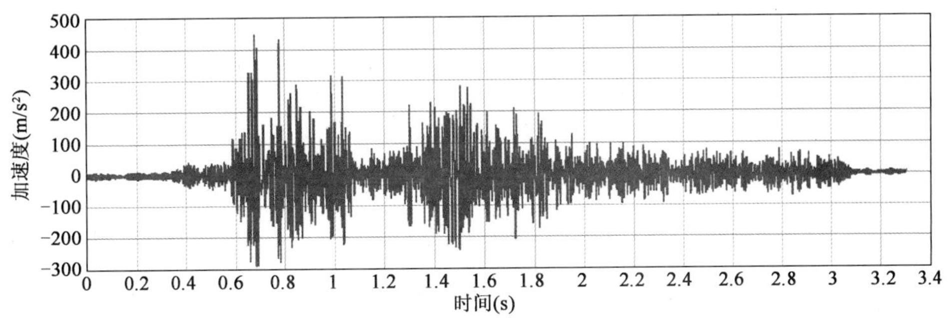

图 7.4-5　9 号监测点水平加速度变化曲线图

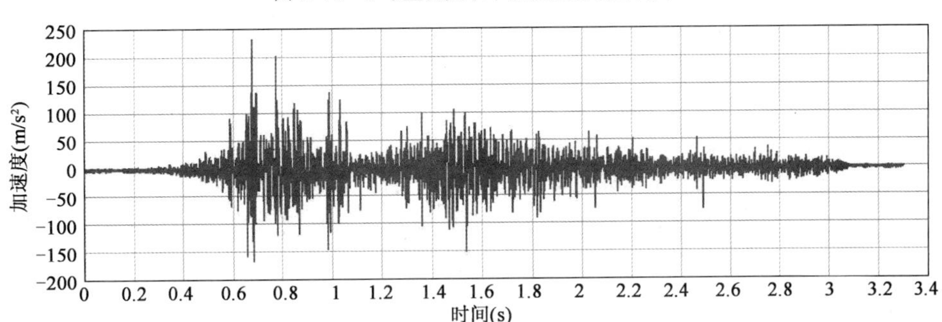

图 7.4-6　9 号监测点垂向加速度变化曲线图

(3)孔隙水压力。

KY3-9 和 KY4-9 号监测点孔隙水压力数据如图 7.4-7 和图 7.4-8 所示。

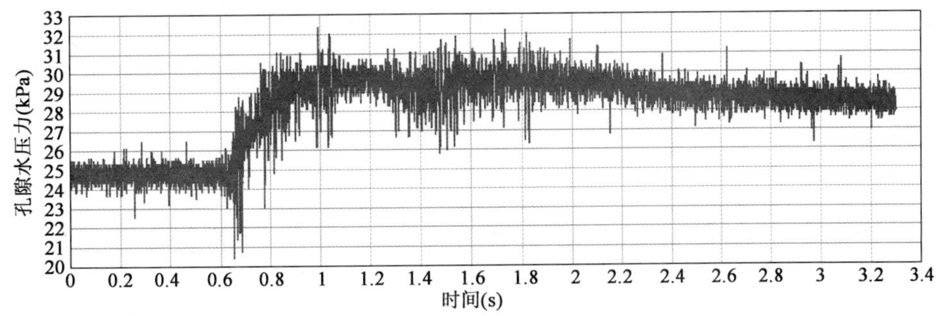

图 7.4-7　KY3-9 号监测点孔隙水压力变化曲线图

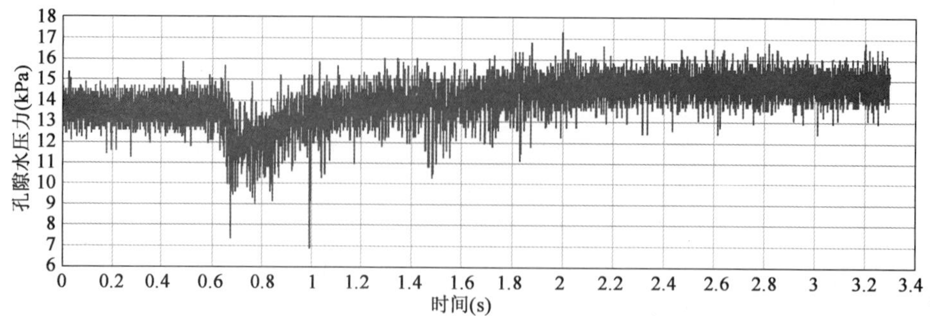

图 7.4-8　KY4-9 号监测点孔隙水压力变化曲线图

(4)位移。

WY1、WY4、WY6 和 WY8 号监测点位移数据如图 7.4-9 ~ 图 7.4-12 所示。

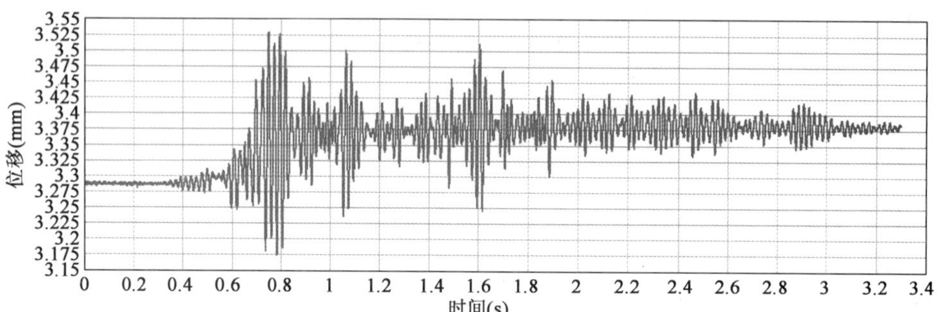

图 7.4-9　WY1 监测点位移变化曲线图

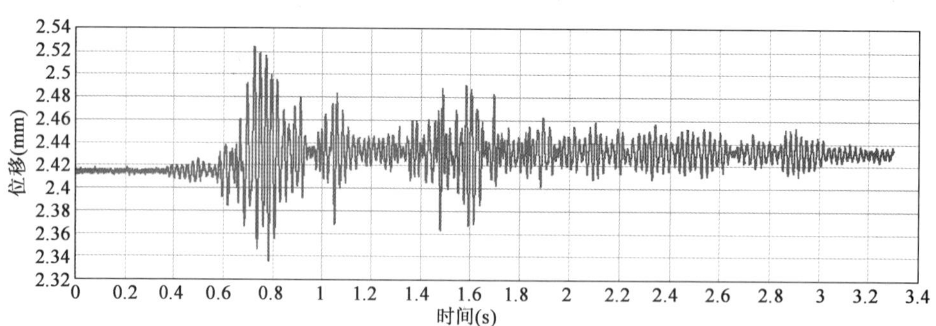

图 7.4-10　WY4 监测点位移变化曲线图

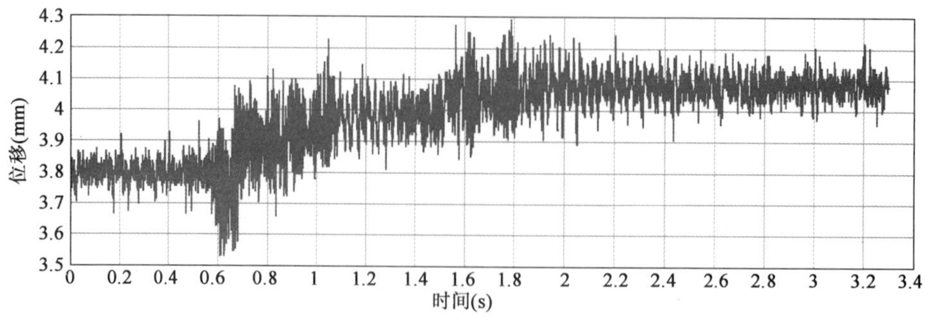

图 7.4-11　WY6 监测点位移变化曲线图

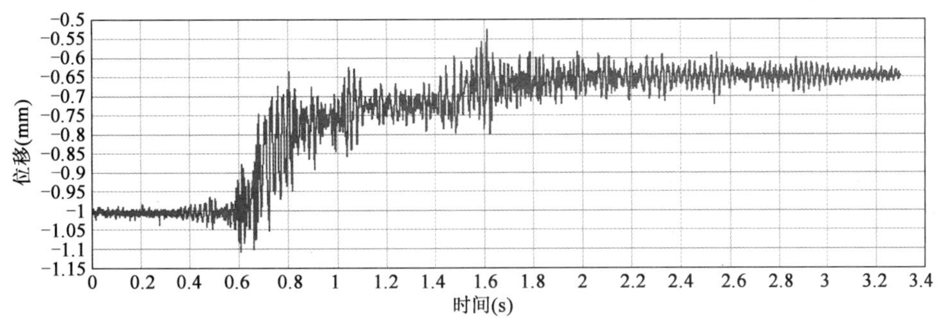

图 7.4-12　WY8 监测点位移变化曲线图

7.4.2　汶川波

(1)波形输入及台面反馈。

输入的波形及台面反馈加速度曲线如图 7.4-13 和图 7.4-14 所示。

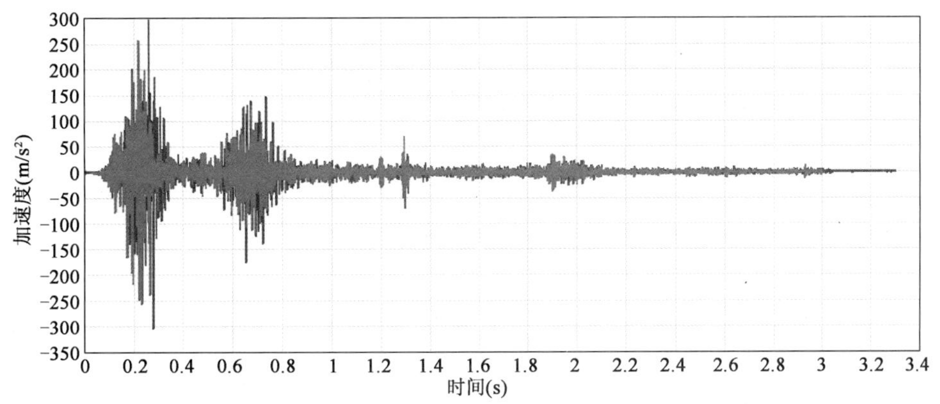

图 7.4-13　水平向波形输入及台面反馈加速度曲线图

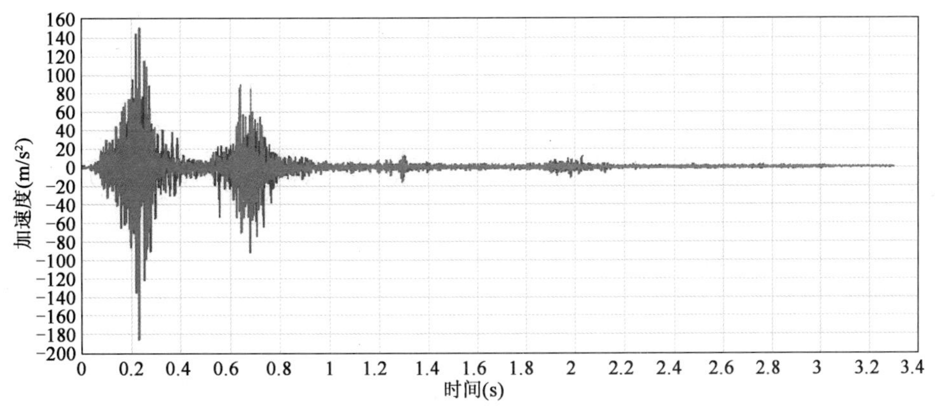

图 7.4-14　垂向波形输入及台面反馈加速度曲线图

(2)加速度。

8 号加速度监测点数据如图 7.4-15 和图 7.4-16 所示。

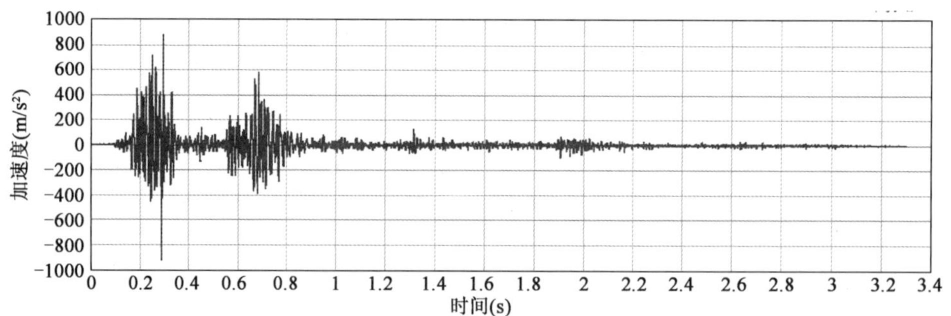

图 7.4-15　8 号监测点水平加速度变化曲线图

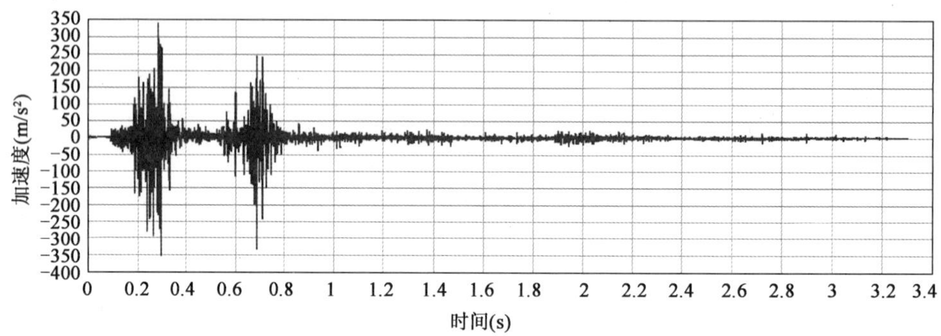

图 7.4-16　8 号监测点垂向加速度变化曲线图

9 号加速度监测点数据如图 7.4-17 和图 7.4-18 所示。

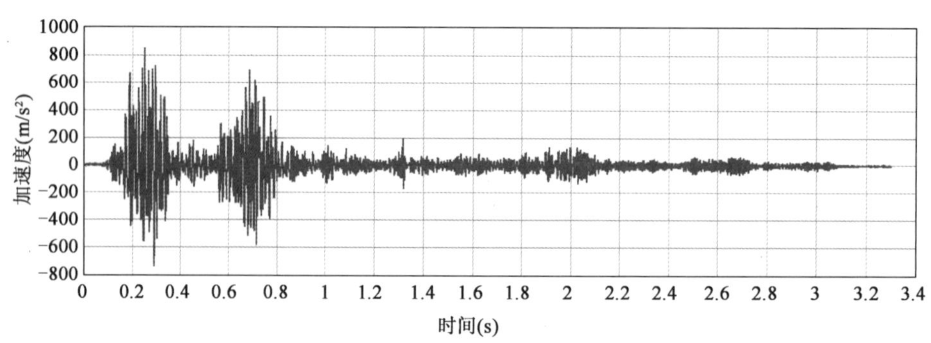

图 7.4-17　9 号监测点水平加速度变化曲线图

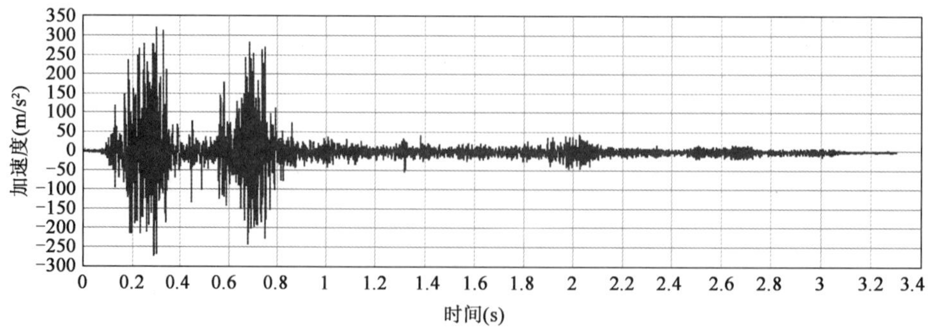

图 7.4-18　9 号监测点垂向加速度变化曲线图

(3)孔隙水压力。

KY3-9 和 KY4-9 号监测点孔隙水压力数据如图 7.4-19 和图 7.4-20 所示。

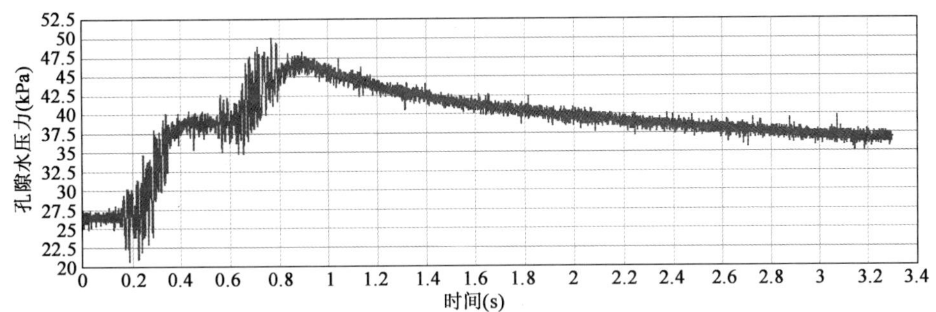

图 7.4-19　KY3-9 号监测点孔隙水压力变化曲线图

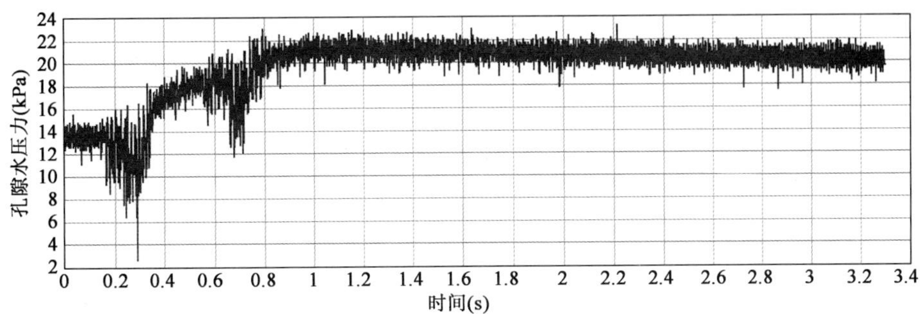

图 7.4-20　KY4-9 号监测点孔隙水压力变化曲线图

(4)位移。

WY1、WY4、WY6 和 WY8 号监测点位移数据如图 7.4-21 ~ 图 7.4-24 所示。

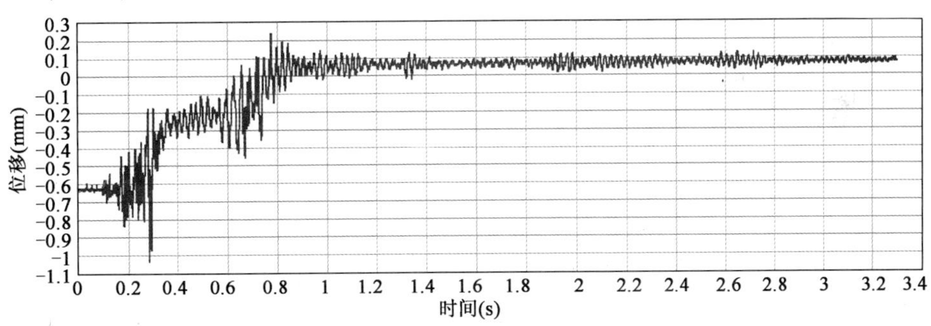

图 7.4-21　WY1 监测点位移变化曲线图

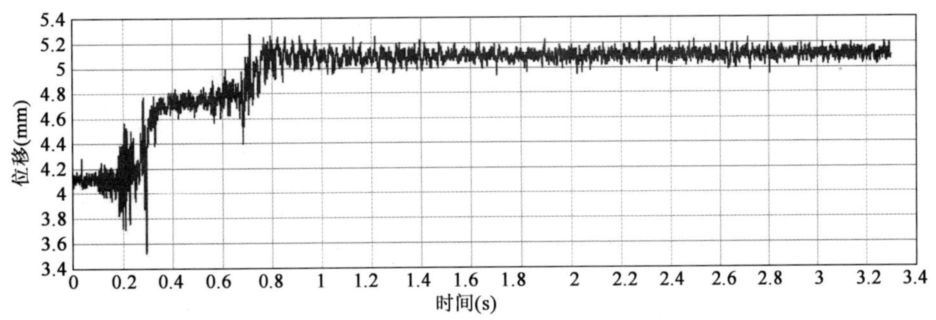

图 7.4-22　WY4 监测点位移变化曲线图

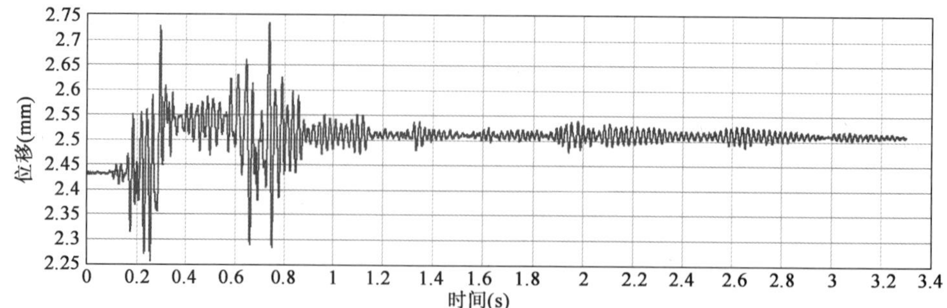

图 7.4-23 WY6 监测点位移变化曲线图

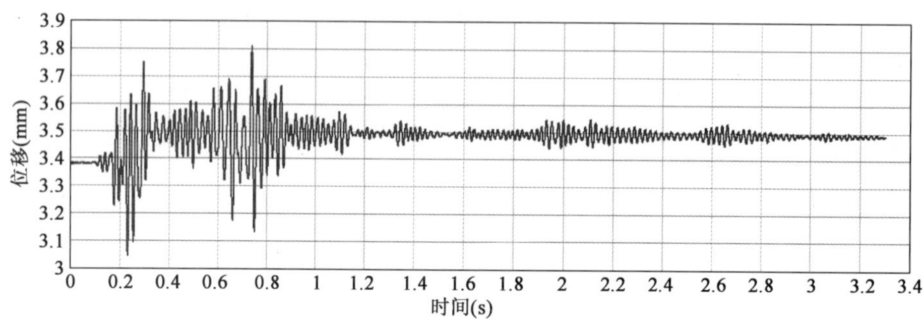

图 7.4-24 WY8 监测点位移变化曲线图

参考文献

[1] 贾普照. 稳态加速度模拟试验设备:离心机设计[J]. 航天器环境工程,2010 (2):34.
[2] 冉光斌. 土工离心机及振动台发展综述[J]. 环境技术,2007,25(3):25-29.
[3] 孙述祖. 土工离心机设计综述(一)[J]. 水利水运工程学报,2014 (1).
[4] 林明. 国内土工离心机及专用试验装置研制的新进展[J]. 长江科学院院报,2012,29(4):80-84.
[5] 王年香,章为民. 土工离心模型试验技术与应用[M]. 北京:中国建筑工业出版社,2015.
[6] 侯瑜京. 土工离心机振动台及其试验技术[J]. 中国水利水电科学研究院学报,2006,4(1):15-22.
[7] 洪建忠,冉光斌,余小勇,等. 土工离心机多轴机器人系统设计综述[J]. 装备环境工程,2015,12(5):34-39.
[8] Bolton M D. Ground displacement in centrifugal model[C]. Proceedings of 8th International Conference on soil Mechanics and Geotechnical Engineering,1973:65-70.
[9] Pokrovsky G I,Fiodorov I S. Studies of soil pressures and deformations by means of a centrifuge[C]. Proceedings of the 1st International Conference on Soil Mechanics and Foundation Engineering,1936:70.
[10] Avgherinos P J. Centrifuge testing of models made of soil[D]. Cambridge: University of Cambridge,1970.
[11] Endicott L J. Centrifuge testing of soil models[D]. Cambridge:University of Cambridge,1971.
[12] 马险峰,孔令刚,方薇,等. 砂雨法试样制备平行试验研究[J]. 岩土工程学报,2014,36(10):1791-1801.
[13] 李浩,罗强,张正. 砂雨法制备砂土地基模型控制要素试验研究[J]. 岩土工程学报,2014,36(10):1872-1878.
[14] 张耀东,Tan T S,Leung C F. PIV 技术在离心机模型试验中的校核及运用[C]. 重庆:2007 中国土木工程学会第十届土力学及岩土工程学术会议.
[15] Garnier J. Properties of soil samples used in centrifuge models[C]//Physical modelling in geotechnics:ICPMG'02. 2002:5-19.
[16] 包承纲,蔡正银,陈云敏,等. 岩土离心模拟技术的原理和工程应用[M]. 武汉:长江出版社,2011.
[17] 包承纲. 土力学的发展和土工离心模拟试验的现状[J]. 岩土力学,1988,9(4):23-30.
[18] Beasley D H,James R G. Use of a hopper to simulate embankment construction in a centrifugal model[J]. Geotechnique,1976,26:220-226.
[19] Campbell D J,Cheney J A,Kutter B L. Boundary effects in dynamic centrifuge model tests

[C]//Centrifuge. 1991,91:441-448.

[20] 胡黎明,劳敏慈,张建红,等. 离心模型试验技术在环境岩土工程中的应用现状与展望[J]. 土壤与环境,2001,10(4):327-330.

[21] Cheney J A, Hor O Y Z, Brown R K, et al. Foundation vibration in centrifuge models[C]// Proc. Centrifuge. 1988,88:481-486.

[22] Craig W H, Rowe P W. Operation of a geotechnical centrifuge from 1970 to 1979[J]. Geotechnical Testing Journal,1981,4(1):19-25.

[23] Craig W H, Yildirim S. Modelling excavations and excavation processes[C]. Proc. 6th Eur. Conf. Soil Mech. Found. Eng. 1976,1:33-36.

[24] 杜延龄. 土工离心模型试验基本原理及其若干模拟技术[J]. 水利学报,1993(8):19-28.

[25] Eid W K. Scaling effect in cone penetration testing in sand[D]. Virginia: Virginia Polytechnic Institute and State University,1987.

[26] Kutter B L, Sathialingam N, Herrmann L R. The effects of local arching and consolidation on pore pressure measurements in clay[C]. Proc. of the mt. Conf. on Geot. Centrifuge Modelling, Paris, ppllS-118. AA Balkeina. 1988.

[27] Law H. Development and performance of a laminar container for earthquake liquefaction-studies[J]. Proc. Centrifuge 91,1991:369-376.

[28] Schofield A N. Cambridge geotechnical centrifuge operations[J]. Geotechnique,20:227-268.

[29] Tsuchida T, Kobayashi M, Mizukami J. Effect of ageing of marine clay and its duplication by high temperature consolidation[J]. Soils and Foundations,31(4),133-147.

[30] TATSUOKA T. Progressive failure and particle size effect in bearing capacity of footing on-sand[J]. ASCE Geotechnical Special Publication,1991,27:788-802.

[31] 徐光明,章为民,赖忠中. 沉入式大圆筒结构码头工作机理离心模型试验研究[J]. 海洋工程,2001,19(1):38-43.

[32] 侯瑜京. 离心模型试验模拟塑料排水板处理软基的试验研究[J]. 大坝观测与土工测试,1995,19(5):18-20.

[33] 马少坤,陈欣,吕虎,等. 不同埋置位置隧道对群桩影响的离心模型试验[J]. 中国公路学报,2015,28(8):67-73.

[34] 邵羽,江杰,韦朝华,等. 双隧道不同开挖顺序对临近群桩的影响研究[J]. 地下空间与工程学报,2018,14(1):182-191.

[35] 邵羽,刘莹,江杰,等. 不同埋深双隧道开挖对邻近群桩承载能力的影响研究[J]. 现代隧道技术,2018,55(1):133-139,147.

[36] 王晋. 基于桩-土-上部结构相互作用的高桩码头结构性状研究[D]. 湖北:中国地质大学(武汉),2009.

[37] 徐大彬,刘晓平,王志鹏,等. 基于离心试验的斜顶桩接岸结构负摩阻力研究[J]. 人民珠江,2017,38(6):49-53.

[38] Shafieezadeh A, Desroches R, Rix G J, et al. Three-dimensional wharf response to far-field

and impulsive near-field ground motions in liquefiable soils[J]. Journal of Structural Engineering,2012,139(8):1395-1407.

[39] Andres F, Paul S. Elastic stability of pile-supported wharves and piers[J]. Engineering Structures,2015,97:140-151.

[40] 陈亮,卢亮. 土体干湿循环过程中的体积变形特性研究[J]. 地下科学与工程学报,2013,9(2):229-235.

[41] 刘小川. 降雨诱发非饱和土边坡浅层失稳离心模型试验及分析方法[D]. 浙江:浙江大学,2017.

[42] 李朝辉,程谦恭,王艳涛,等. 干湿循环下石灰改良膨胀土离心模型试验研究[J]. 水文地质工程地质,2017,44(4):111-117,123.

[43] 梁树,谢强,郭永春,等. 降雨入渗条件下膨胀土基坑边坡离心试验[J]. 地质科技情报,2019,38(2):249-255.

[44] 朱洵,李国英,蔡正银,等. 湿干循环下膨胀土渠道边坡的破坏模式及稳定性[J]. 农业工程学报,2020,36(4):159-167.

[45] 蔡正银,陈皓,黄英豪,等. 考虑干湿循环作用的膨胀土渠道边坡破坏机理研究[J]. 岩土工程学报,2019(11):1977-1982.

[46] 吴珺华,袁俊平,杨松,等. 干湿循环下膨胀土胀缩性能试验[J]. 水利水电科技进展,2013,33(1):62-65.

[47] 杨和平,肖夺. 干湿循环效应对膨胀土抗剪强度的影响[J]. 长沙理工大学学报(自然科学版),2005,2(2):1-5.

[48] 姚海林. 考虑裂隙及雨水入渗影响的膨胀土边坡稳定性分析[J]. 岩土工程学报,2001,23(5):606-609.

[49] 吴小锋,朱斌,汪玉冰. 水平环境荷载与地震动联合作用下的海上风机单桩基础动力响应模型试验[J]. 岩土力学,2019,40(10):3937-3944.

[50] 刘润,陈广思,刘禹臣,等. 海上风电大直径宽浅式筒型基础抗弯特性分析[J]. 天津大学学报:自然科学与工程技术版,2013,46(5):393-400.

[51] 闫澍旺,霍知亮,孙立强,等. 海上风电机组筒型基础工作及承载特性研究[J]. 岩土力学,2013,34(7):2036-2042.

[52] 黄占芳,王显耀,吴植安,等. 可液化砂土中单桩地震响应的振动台试验研究[J]. 振动与冲击,2012,31(20):189-192.

[53] 丁菲. 水下泥水盾构隧道开挖面稳定离心模型试验研究[D]. 北京:北京交通大学,2018.

[54] 刘维,张翔杰,唐晓武,等. 饱和沙土中土压盾构开挖面极限支护力[J]. 浙江大学学报(工学版),2012,46(4):665-671.

[55] 汤旅军,陈仁朋,尹鑫晟,等. 密实砂土地层盾构隧道开挖面失稳离心模型试验研究[J]. 岩土工程学报,2013(10):1830-1838.

[56] 陈仁朋,李君,陈云敏,等. 干砂盾构开挖面稳定性模型试验研究[J]. 岩土工程学报,2011,33(1):117-122.

[57] 李京爽,侯瑜京,徐泽平,等.砂土自由场地基水平垂直振动离心模拟试验[J].岩土力学,2011,32(增刊2):208-214.

[58] Degroot M B,Bolton M D,Foray P,et al. Physics of liquefaction phenomena around marine structures[J]. Journal of Waterway,Port,Coastal,and Ocean Engineering,2006,132(4):227-243.

[59] Seed H B. Soil moduli and damping factors for dynamic response analysis[J]. EERC,1970.

[60] 张雪东,侯瑜京,梁建辉,等.饱和砂土地基液化离心机振动台模型试验研究[J].水利学报,2014,45(增刊2):105-111.

[61] 于玉贞,李荣建,李广信,等.饱和砂土地基上边坡地震动力离心模型试验研究[J].清华大学学报(自然科学版),2008,48(9):1422-1425.

[62] 刘晶波,刘祥庆,王宗纲,等.砂土地基自由场离心机振动台模型试验[J].清华大学学报,2009,49(9):31-34.

[63] 汪兵业,封渊惟,陈小亮.地下结构物对饱和砂土地基液化的影响[J].佳木斯大学学报(自然科学版),2012,30(4):528-531.

[64] 吴小锋,汪玉冰,朱斌.地震序列作用下干砂与饱和砂地基动力响应离心模拟试验[J].岩土力学,2020,41(10):3385-3394.

[65] Chen Z F,Yu Y Z,Deng L J,et al. Dynamic centrifuge modelling of a subway tunnel in clayed ground[C]. Proceedings of the 2nd Sino-Japanese Symposium on Geotechnical Engineering,2005(11):15-16.

[66] Garnier J. Properties of soil samples used in centrifuge models[C]//Physical modelling in geotechnics:ICPMG'02. 2002:5-19.

[67] Lee F H,Schofiled A N. Centrifuge Modeling of Sand Embankments and Islands in Earthquakes[J]. Geotechnique,1988,38(1):45-58.